Dieu, les migrants et l'Afrique

Collection *Les mobilités africaines*

Collection *Les mobilités africaines*

La collection « *Les mobilités africaines* » a pour ambition d'appréhender la pluralité des formes de mobilités contemporaines dans les Afriques méditerrannéenne et subsaharienne – migrations, voyages initiatiques, touristiques ou d'affaires, navettes, circulations transfrontalières, nomadismes, pèlerinages, transports, transits – et d'apprécier dans quelle mesure elles contribuent à la transformation des sociétés et des territoires.

Elle a été initiée dans le cadre du LMI (Laboratoire Mixte International) MOVIDA (Mobilités, Voyages, Innovations et Dynamiques dans les Afriques méditerrannéenne et subsaharienne).

Les LMI sont co-construits et codirigés par des équipes d'institutions de recherche et d'enseignement supérieur des pays en développement, et une ou plusieurs unités mixtes de recherche affiliées à l'IRD (Institut de Recherche pour le Développement), autour d'une thématique scientifique ciblée.

Le projet MOVIDA se structure autour d'une question centrale : dans quelle mesure les formes de mobilités contemporaines (migrations économiques, politiques, voyages initiatiques, touristiques ou d'affaires, navettes, circulations transfrontalières, exils, nomadismes, transits, retours volontaires ou forcés, pèlerinages…) participent à la redéfinition des appartenances et hiérarchies sociales, à la recomposition des territoires et à la transformation des gouvernances politiques ? Et réciproquement à quelles conditions ces configurations sociales, spatiales et politiques façonnent-elles les mobilités et migrations en Afrique ?

Les travaux du LMI MOVIDA sont aussi présents sur le blog http://movida.hypotheses.org

Responsables de la collection Les mobilités africaines : Cheikh Oumar BA, Sylvie BREDELOUP, Jérôme LOMBARD et Aly TANDIAN

Sous la direction de
Sophie Bava

Dieu, les migrants et l'Afrique

Collection *Les mobilités africaines*

© L'Harmattan, 2018
5-7, rue de l'École-Polytechnique ; 75005 Paris

http://www.librairieharmattan.com
diffusion.harmattan@wanadoo.fr
harmattan1@wanadoo.fr

ISBN : 978-2-343-14921-9
EAN : 9782343149219

Présentation

Cet ouvrage est le fruit d'un travail d'abord individuel puis collectif qui marque un champ de recherche s'appuyant sur une problématique originale qui croise les champs de la migration et de la religion en sciences humaines et sociales entre Afrique de l'Ouest et Afrique méditerranéenne. Il s'inscrit directement dans la lignée d'un dossier de *l'Année du Maghreb* sur « Routes migratoires et dynamiques religieuses » (n° 11, 2014-II)[1] qui interroge les constructions religieuses musulmanes et chrétiennes sur les routes des migrations africaines.

Les recherches présentées dans cet ouvrage sont issues de plusieurs années de recherches de terrain (2008-2012) dans le cadre notamment d'un programme ANR[2]. Il s'organise autour des actes d'un colloque « Migrations et religions sur les routes africaines », organisé en octobre 2012 à Rabat en partenariat avec l'Institut des études africaines et porté par l'IRD. Il contient dix articles dont trois déjà publiés dans le numéro 2014-11 de *l'Année du Maghreb*, cité précédemment.

Nos recherches antérieures sur les circulations migratoires entre les deux rives du Sahara (Bredeloup, Pliez, 2005) montraient de façon liminaire comment les migrants convoquaient la religion pour impulser une nouvelle vigueur à leurs parcours ainsi que la manière dont ils recouraient aux instances religieuses ou confessionnelles pour

---

1. « Routes migratoires africaines et dynamiques religieuses », coordonné par Sophie Bava et Katia Boissevain : https://anneemaghreb.revues.org/2179.
2. Programme ANR « Instances religieuses et d'origine confessionnelle sur la route des migrations africaines » (ANR-09-JCJC-0126-01).

bénéficier d'une écoute, d'un soutien et parfois d'un réseau. Cet axe migration/religion compte peu de travaux en France, sans doute parce qu'il interroge la capacité des migrants à mobiliser leur religion et la propension des instances religieuses à s'impliquer dans la question migratoire plus que dans l'intégration des migrants dans les sociétés d'accueil (Bava, 2011 ; Bava, Capone, 2010). Il interroge davantage la diversité, la pluralité religieuse, que les « catégories du religieusement correct » (Fancello, Mary, 2010) portées par nos États. Pourtant, l'impact des références religieuses, des imaginaires mais également des institutions religieuses dans la constitution, la réorientation et l'accompagnement des trajectoires migratoires se révèle considérable. Cet ouvrage, qui fait également l'hypothèse de l'essor d'un marché religieux sur les routes de la migration africaine, met ainsi en lumière les motivations des instances religieuses et des ONG confessionnelles (ONGc) à redéployer leurs offres et leurs forces sur les routes de la migration africaine.

Il est le premier ouvrage de la collection « Mobilités africaines » initiée par Cheikh Oumar Ba, Sylvie Bredeloup, Jérôme Lombard et Aly Tandian chez L'Harmattan et marque les travaux d'une partie de l'équipe de Movida.

Références bibliographiques

BAVA Sophie, 2011, Migration-Religion Studies in France: Evolving Toward a Religious Anthropology of Movement, *Annual Review of Anthropology*, n° 40, 493-507.

BAVA Sophie, CAPONE Stéphanie (dir.), 2010, Migrations et transformations des paysages religieux, *Autrepart*, IRD éditions-Presses de Sciences-Po, n° 56, 271 p.

BREDELOUP Sylvie, PLIEZ Olivier (dir.), 2005, « Migrations entre les deux rives du Sahara », *Autrepart*, n° 36.

FANCELLO Sandra, MARY André, 2010, *Chrétiens africains en Europe : prophétismes, pentecôtismes et politique des nations*, Paris, Karthala, coll. Religions contemporaines.

Sommaire

Préface
Bouchra Sidi Hida 11

Introduction : Migrations, mobilisations religieuses et civiles en Afrique méditerranéenne
Sophie Bava 17

I. Instances religieuses et ONGc sur les routes de la migration africaine 25

Mobilisations d'Églises et recompositions territoriales : les migrants africains chrétiens du quartier de Maadi au Caire
Julie Picard 27

Migrer et réveiller les Églises : diversification des cultes chrétiens en Tunisie
Katia Boissevain 43

Buenos Aires : nouvelle borne sur la route des mourides
Régis Minvielle 69

Les migrants africains, acteurs d'une revitalisation religieuse sur les routes de la migration au Caire
Sophie Bava 87

II. Migration et réseaux de formation religieuse sur les routes 99

Étudiants arabophones de retour à Ouagadougou cherchent désespérément reconnaissance
Sylvie Bredeloup 101

Conditions migratoires et production de ressources symboliques :
le cas des *dahira-s* sénégalaises au Maroc
Nazarena Lanza, Abdourahmane Seck 133

Al Azhar, scène renouvelée de l'imaginaire religieux sur les
routes de la migration africaine au Caire
Sophie Bava 155

**III. Religion, mondialisation économique et dynamiques
cosmopolitiques dans la migration** 183

Pèlerinage et commerce transnationaux et leurs effets sur le lieu :
le cas de la zaouïa d'Ahmad al-Tijânî et son quartier
Johara Berriane 185

À la recherche du lien ténu : la mobilisation du religieux dans
les réseaux commerçants et migratoires entre Yiwu et Le Caire
Anne Bouhali, Olivier Pliez 205

Les migrants subsahariens au Maroc et sur la route de l'Europe :
de l'altérité au cosmopolitisme ?
Mehdi Alioua 225

Préface

Bouchra Sidi Hida
Sociologue, CODESRIA, Dakar. Chargée de recherche au CERSS, Maroc, et chercheure associée au LPED, CRIEC, LEPOSHS

« Migrations et mobilisations religieuses en Afrique méditerranéenne » est le thème du colloque qui a été organisé en 2012 au Maroc dans le cadre du programme ANR (Instances religieuses et d'origine confessionnelle sur la route des migrations africaines). Il nous interpelle à plus d'un titre parce qu'il met en relief la relation entre religion, institutions religieuses et migration dans un contexte africain méditerranéen.

La prise en compte de l'aspect religieux pour l'étude de la migration dans l'espace d'Afrique méditerranéenne a fait défaut à plusieurs recherches qui étaient le plus souvent descriptives, d'intérêts stratégiques ou d'aspect économique. Ces recherches négligent le plus souvent l'analyse de la migration à travers les hommes migrants dans leurs relations avec les institutions religieuses et celles liées à l'accueil. Ces migrants interagissent en effet entre eux et avec les instances religieuses (mosquées, églises…) et migratoires (ONG nationales et internationales…) qui se déploient sur la route migratoire en Afrique méditerranéenne. La pertinence du thème réside ainsi dans la compréhension et l'analyse du rapport entre la religion, la migration et les institutions religieuses où les migrants constituent un trait d'union. De même, le croisement entre les champs religieux, de migration et leurs institutions génère de nouvelles voies et des problématiques nouvelles en sciences sociales. L'approfondissement d'un champ croisant religion et migration est très peu exploré dans cette zone de la Méditerranée.

Aujourd'hui, la migration constitue un grand enjeu pour les différents pays de cet espace méditerranéen. Dans un communiqué, l'Organisation internationale pour les migrations (OIM) avance que plus de 100 000 migrants ont traversé la Méditerranée depuis 2017, année qui serait l'une des plus funestes avec 2 247 migrants qui s'y sont noyés ou sont portés disparus alors qu'ils projetaient d'atteindre l'Europe.

La crise économique que connaît l'Europe depuis 2008, sa politique d'externalisation des frontières, les accords de mobilité et de réadmission que l'Union européenne a conclus essentiellement avec le Maroc et la Tunisie sont autant de facteurs qui ont favorisé un contrôle rigoureux et croissant des frontières européennes et nord-africaines. Les flux migratoires provenant de pays secoués par les mobilisations civiles depuis 2011 (Tunisie, Libye…) ou les conflits (Syrie, Irak…) ont également influencé ces politiques restrictives et sélectives européennes. Paradoxalement, l'enquête de l'Institut européen des statistiques Eurostat a révélé le 10 juillet 2017 que l'immigration a compensé la baisse de la population dans l'Union européenne. L'UE a gagné 1,5 million d'habitants issus de la migration. Sa population atteint aujourd'hui 511,8 millions d'habitants, comblant aussi le manque de main-d'œuvre.

Le champ méditerranéen devient « un territoire circulatoire », tel qu'évoqué par Alain Tarrius, où les migrants développent une conscience d'appartenir autant à leurs pays d'origine qu'au pays d'accueil. Toutefois, dans un contexte économique difficile, les migrants semblent constituer l'une des cibles et subissent chômage, expulsions et discriminations dans les pays d'accueil. De plus, le traitement médiatique des flux migratoires dans les pays d'accueil est à l'origine de certains stéréotypes visant les migrants, générant rejet et xénophobie de la part des populations locales. De même, la fermeture des frontières contraint les migrants à prolonger leur séjour ou à s'installer dans les pays du Maghreb. La dynamique migratoire et son inscription dans l'espace africain et méditerranéen ont des effets sur les rapports que les migrants établissent avec ce même espace. On assiste ainsi à une recomposition de la migration selon diverses conduites adoptées par les migrants face notamment aux changements des politiques migratoires et des rapports entretenus avec la société locale.

Par ailleurs, les rapports Nord-Sud semblent pencher vers une migration du Nord vers le Sud, tel est le cas notamment de migrants espagnols expatriés au Maroc, et également vers l'accentuation d'une migration Sud-Sud. En 2015, le continent africain compte 15 632 366 Africains qui résident dans un pays autre que le leur selon la revue électronique *Jeune Afrique* publiée le 14 juillet 2017. La même source précise que l'Afrique de l'Ouest compte le plus grand nombre d'expatriés africains avec 5 927 519 habitants. Le Maghreb ne compte que 319 954 expatriés africains contre 98 952 Maghrébins qui s'installent en Afrique de l'Ouest.

Lors du 4ᵉ Forum social Maghreb sur la migration organisé du 16 au 18 décembre 2016 à Tanger, les différents participants provenant des pays du Maghreb mais également d'Europe ont soulevé les problèmes grandissants à l'origine de la migration. Les uns fuient les guerres et les conflits ethniques et religieux alors que d'autres sont contraints de partir à cause des risques climatiques et sécuritaires, du stress hydrique qui menace plusieurs régions d'Afrique, de la sécheresse ou des inondations… D'autres encore optent pour des « migrations d'aventures » comme le fait remarquer Sylvie Bredeloup dans son ouvrage paru en 2014. Ces migrations expriment une manière d'exister et de se construire à travers différentes formes selon les perceptions et les attentes de chaque individu (homme ou femme) mais aussi selon les lieux et les moments.

Par ailleurs, l'observateur du mouvement migratoire en Afrique méditerranéenne est intrigué par sa diversité qui foisonne inévitablement et invente de nouvelles pratiques selon les conditions économiques, politiques, culturelles et religieuses spécifiques à chaque contexte et à chaque pays. Dans le contexte étudié, des migrants adoptent des stratégies qui, selon des jeux d'interactions, varient entre négociations de sens et exploitation politique des symboles religieux.

Des migrants aux intérêts divergents mais complémentaires utilisent ainsi la religion à des fins symboliques pour s'affirmer dans leur nouvel espace d'accueil. D'autres essaient de recourir au religieux en s'appuyant sur les dimensions diplomatiques et s'imposent en tant qu'acteurs majeurs dans la coopération entre les pays d'origine et d'accueil en adoptant diverses stratégies et en tissant des relations à travers des réseaux religieux ou personnels. Dans ce champ relationnel, le religieux se pose en tant que facteur pertinent dans l'interaction entre la migration et les institutions. Et le migrant se positionne dans le champ de l'analyse des relations qui structurent les différents acteurs et institutions.

En tant qu'espace de migration, l'Afrique méditerranéenne, dans sa diversité culturelle, ethnique et religieuse, fait émerger une multitude de groupes de migrants qui au cours de leurs parcours migratoires portent ou réinventent des visions ou des perceptions religieuses. Les changements que la migration implique pour la religion ou la religiosité contribuent à renouveler et enrichir l'univers religieux à partir des pratiques de certains migrants. Ils font émerger de nouvelles figures et avec eux de nouveaux enjeux.

Dans leurs itinéraires migratoires, les migrants revivifient, découvrent, créent ou cultivent des compétences religieuses. Les unes interrogent les relations entre une quête de spiritualité ou de religiosité et l'expérience migratoire de chaque individu ou groupe de migrants. Elles peuvent être thérapeutiques devant le stress psychologique qui touche les migrants à cause de l'éloignement de leur pays d'origine, de la famille et à cause des contraintes qu'ils rencontrent dans leur périple. Les pratiques religieuses peuvent ainsi constituer une thérapie, un refuge, particulièrement pour des réfugiés ou ceux qui sont en situation administrative illégale.

Les instances religieuses et de migration peuvent s'avérer dans certains cas un relais, source de nouvelles significations collectives ; dans d'autres cas, elles sont comme un substitut à tout ce qui est perdu pour un nouvel espoir. Dans leur nouveau contexte, certains migrants réinventent de nouvelles croyances. Ils apprennent de nouvelles langues et pratiques culturelles faisant apparaître une culture imprégnée et renouvelée en permanence. Dans ce cas, la religion peut être considérée comme une traduction ou une interprétation interculturelles.

En tant que mécanisme d'appartenance, la religion peut être remarquée à travers des symboles, des rites que les migrants exploitent pour s'affirmer, transmettre ou réinventer une identité (individuelle ou collective) à la recherche d'un positionnement ou d'une situation dans leurs contextes nouveaux et anciens. Les migrants adoptent de nouveaux comportements mais également des modes de communication et de consommation. En quête d'un habitus, les pratiques religieuses sont liées aux mutations culturelles que subissent les migrants.

Par ailleurs, le choix d'une religion renseigne aussi sur les conduites qu'adoptent les migrants dans leur réinstallation et interroge les institutions religieuses et les ONG sur leur rôle et leur degré d'influence. En même temps, il pose la question de savoir si cette quête de spiritualité chez les migrants contribue à la revivescence et à la revitalisation des espaces religieux (mosquées ou églises).

Les itinéraires migratoires et les recompositions de l'espace en Afrique méditerranéenne incitent à s'interroger également sur les politiques adoptées par les pays concernés. Force est de constater que les pays du Maghreb ont ratifié les conventions internationales liées à la migration, mais la quasi-totalité d'entre eux souffre d'une absence de cadre juridique national et d'une stratégie renouvelés en adéquation avec les enjeux actuels. Un accompagnement est généralement développé par des ONG spécialisées pour des initiatives d'accueil et d'orientation, de scolarisation des enfants et de santé de migrants.

Le Maroc s'est démarqué par sa politique migratoire nationale mise en place en 2013, qui a permis le renforcement du cadre juridique, l'adoption d'une loi sur l'asile et la régularisation de 25 000 migrants en situation administrative irrégulière. Le programme de régularisation est reconduit en décembre 2016. Le Maroc a proposé également sa vision de la migration en Afrique lors du 29e sommet de l'Union africaine (juillet 2017) intitulée « Vision pour un Agenda africain pour la migration ». Dans une perspective continentale, la priorité est donnée à l'investissement dans la jeunesse africaine, à la mise en place d'une stratégie commune de la migration et d'un partenariat international. Toutefois, sans la volonté de chaque pays africain, cette vision ne peut se traduire en une politique globale inclusive et une stratégie commune qui rétablira la confiance des jeunes et le respect de la dignité humaine.

Introduction

Migrations, mobilisations religieuses et civiles en Afrique méditerranéenne

Sophie Bava

À partir des années deux mille, les contrôles croissants exercés aux frontières européennes et africaines incitent les migrants à prolonger leur séjour en Afrique méditerranéenne. Des dispositifs toujours plus sécuritaires liés à une redéfinition des politiques migratoires entre Europe et en Afrique (Perrin, 2014, 2016) inaugurent une nouvelle étape dans l'appréhension de la question migratoire à partir de laquelle certains pays vont devoir repenser, outre leurs lois, leur rapport à l'étranger et à l'altérité. L'installation des migrants dans des pays, jusqu'alors considérés comme des espaces de passage et très rarement étudiés comme des lieux d'ancrage, interroge les chercheurs[1]. Si les recherches soulignent les différents types de mobilité – migrations économiques, étudiantes, de femmes commerçantes, de « petites bonnes » – et montrent les multiples formes qu'elles prennent comme l'ancrage, la circulation, l'immobilité, les migrations saisonnières, il importe également de restituer les constructions qu'elles inaugurent dans la longue durée. L'observation par le religieux est une de ces entrées qui permettent de prendre la mesure non seulement des constructions sociales dans et par les migrations, mais aussi des continuités entre plusieurs territoires et des nouveaux défis sur le long terme que posent les migrations dans les sociétés d'installation (Bava, Boissevain, 2014).

---

1. Se référer aux travaux de Michel Péraldi, Sylvie Mazzella, Mehdi Alioua, Nazarena Lanza, Nadia Khrouz, Delphine Perrin, Sophie Bava, Mahamet Timera, Ali Bensaâd, Mohamed Berriane, Dorte Thorsen, Laurence Marfaing.

Cet ouvrage explore, entre le Sénégal, le Burkina Faso, l'Égypte, la Tunisie, le Maroc et l'Argentine, le rôle joué par le religieux dans l'évolution de la question migratoire mais également le rôle de la migration dans les recompositions religieuses contemporaines. Dans la migration, la religion façonne les identités, réoriente parfois les routes migratoires, revitalise les espaces religieux, questionne les projets des migrants, investit et redéfinit les territoires urbains, comme elle peut influencer les politiques d'accueil des étrangers. Si partir à l'aventure se fait souvent seul ou en petit groupe (Bredeloup, 2014), le long des routes migratoires et dans les pays d'ancrage, les migrants construisent des communautés de circonstance, et de nouveaux acteurs, issus principalement de la société civile et de la sphère religieuse, s'approprient la question sociale des migrations. Ce sont non seulement les membres de la diaspora regroupés en collectifs autonomes, les associations qui accompagnent les migrants et défendent leurs droits, mais aussi des ONG et des acteurs religieux de plus en plus dynamiques. En réponse aux migrations internationales, les institutions religieuses ou ONGc s'adaptent et se réorientent vers d'autres territoires. Cet ouvrage fait ainsi l'hypothèse de l'essor d'un marché du religieux sur les routes de la migration africaine mais l'aborde *via* les expériences des migrants et les constructions religieuses par le bas. En effet, les instances religieuses et d'origine confessionnelle ont accompagné le mouvement des hommes et adapté leurs prestations en créant de nouvelles bornes religieuses sur les routes empruntées par les migrants africains. Le développement de cette scène spirituelle c'est en outre manifesté par une redynamisation de certaines institutions religieuses chrétiennes et musulmanes, de la naissance d'associations religieuses, d'ONG confessionnelles et d'instituts de formation, se retrouvant parfois en situation de concurrence à mesure que les migrants se transformaient à leur tour en fidèles et adeptes potentiels. Face à cette offre religieuse renouvelée, des filières commerciales initiées ou non par des migrants se sont aussi organisées autour du commerce dit « ethnique » mais aussi du commerce des biens du salut.

L'émergence du religieux sur les scènes migratoires entre-africaines soulève donc des questions aussi bien sur les pratiques religieuses des migrants, les négociations opérées entre une religion héritée, transmise, que l'on amènerait avec soi et/ou une religion expérimentée dans la mobilité, sur les organisations religieuses nées dans la migration que sur les institutions religieuses en quête d'expansion et de reconnaissance. Bien que prolongeant des histoires religieuses ancrées dans des territoires, les constructions religieuses que nous observons sont aussi des réponses aux sociétés d'aujourd'hui.

Ces espaces de la migration africaine nous donnent à voir la place que prend la religion dans les parcours migratoires et l'impact de ces constructions dans les sociétés d'accueil autant que dans les pays de départ. Entre religion héritée et religion expérimentée dans la mobilité, les migrants vont chercher à s'inscrire ou se réinscrire dans un parcours de croyant malgré les distances qui les séparent de leur pays de départ, jusqu'à réhabiliter ou imaginer parfois une chaîne de transmission. Pour les acteurs religieux, comme nous le verrons, qu'ils soient sur place ou appelés par les institutions pour accompagner les migrants, le projet est de réaffirmer le poids de leur institution, voire même de réinscrire une religion dans un territoire qu'elle avait quitté avec les indépendances.

Partant de l'hypothèse que les espaces du religieux que nous décrivons dans cet ouvrage sont aussi des espaces-ressources pour les migrants, nous verrons que leur place est croissante dans la gestion des migrations entre l'Afrique sub-saharienne et les pays du monde arabe. En se proposant comme ressource, elles viennent en appui aux gouvernements qui ne savent pas comment gérer (ou ne veulent pas gérer) cette nouvelle question sociale. Les espaces religieux émergent *a priori* pour remédier ou renforcer la (non) présence de l'État sur le terrain de la solidarité et de la pauvreté comme la santé et l'accès aux soins des migrants, l'aide juridique, la formation des adultes, la scolarisation des enfants, l'insertion sociale et économique et l'aide financière (Bava, Barbary, Étienne, 2017). Les migrants évoluent dans ce nouveau paysage qui s'offre à eux et l'adaptent à leurs attentes en s'appuyant et/ou en devenant des acteurs-clefs. En effet, ce sont d'abord les individus, les migrants, les acteurs et les leaders religieux qui sont les entrepreneurs de cette religion en migration. Les instances et les organisations s'adaptent dans un second temps. Ces initiatives que nous observons autour d'une scène religieuse en pleine effervescence, et surtout à partir des pratiques religieuses des migrants, sont abordées dans ces travaux, de manière à penser les constructions religieuses en migration comme des ressources tant pour les migrants que pour les sociétés d'accueil. C'est ce que nous verrons en Égypte avec les articles de Julie Picard et Sophie Bava qui montrent, d'un côté, à partir d'un quartier au Caire comment les migrants chrétiens vont re-territorialiser leur religion et les enjeux de ce phénomène et, de l'autre, comment les migrants revitalisent les espaces religieux musulmans et chrétiens par leur présence. En Tunisie, l'article de Katia Boissevain présente également la redynamisation du christianisme et de certains cultes en particulier par la présence des migrants africains chrétiens qui croisent les convertis tunisiens. Elle observe la manière dont les pratiques religieuses chrétiennes sont re-questionnées, ainsi que les changements qui affectent les églises chrétiennes en Tunisie depuis une dizaine d'années. Face au foisonnement religieux en Afrique, la scène évangélique est particulièrement présente dans les pays de passage et d'ancrage des migrants. C'est en Argentine que Régis Minvielle rencontre des migrants africains musulmans, et mourides pour certains, qui ont amené avec eux leur religion mais qui se sont également appuyés sur les mosquées existantes pour l'épanouir. Par leur présence, ils sont aussi les acteurs de la mise en place d'un réseau de *dahira-s* mourides comme dans bien d'autres pays, mais ils sont également à l'initiative de la redynamisation d'une mosquée dite turque ou libano-syrienne installée au début du siècle dernier dans le pays. Au Maroc, nous prolongeons la dynamiques des *dahira-s* mourides mais aussi tijanes avec Nazarena Lanza et Abdourahmane Seck qui montrent à quel point les ressources symboliques jouent un rôle important dans la migration. Aujourd'hui, la position du Maroc remobilisant une histoire africaine de l'islam permet aussi de donner une visibilité médiatique à cette circulation musulmane intra-africaine peu interrogée jusque-là entre l'Afrique de l'Ouest et au Maroc, comme le montrent les articles de Nazarena Lanza, Abdourahmane Seck et Johara Berriane.

Dans la deuxième partie de l'ouvrage, nous nous demanderons s'il est possible d'envisager les instances religieuses ou d'origine confessionnelle comme des supports de réseaux pour les nouvelles migrations subsahariennes. C'est en ce sens que Sylvie Bredeloup va à la rencontre des étudiants formés dans le monde arabe et de retour au Burkina Faso, tandis que Sophie Bava observe les étudiants africains inscrits à l'université Al Azhar du Caire. Ces réseaux religieux de formation, souvent vus comme prestigieux, sont aussi des réseaux qui permettent aux jeunes diplômés de « sortir » de chez eux afin d'expérimenter d'autres opportunités. Souvent discriminés dans le pays d'accueil mais aussi par l'institution religieuse qui ne les accueille pas toujours en fonction de leur niveau d'études, la formation religieuse offre finalement peu de débouchés aux étudiants à leur retour dans leur pays, ce qui pousse certains à rester de plus en plus longtemps dans le pays d'accueil.

Les migrants sont aussi et avant tout des sujets moraux pouvant ainsi prendre place dans les sociétés de passage et d'installation, où les codes culturels et religieux diffèrent et où bien souvent les discriminations sont la norme. La religion peut ainsi donner une légitimité aux actions et aux engagement des migrants, comme il en est question dans l'ouvrage, mais l'activité économique et l'action citoyenne sont aussi liées à ces mobilités croisant les religions, comme cela est abordé dans la troisième partie.

Les mobilités contemporaines observées dans les Afriques subsaharienne et méditerranéenne sont l'objet de nouvelles dynamiques sociales et identitaires au sein des groupes de migrants, lesquels, par leurs pratiques, travaillent également les sociétés des pays qu'ils traversent, celles des pays où ils s'installent mais aussi, au retour, celles d'où ils viennent. En migration, les individus ne se regroupent pas nécessairement au sein de réseaux liés à leurs anciennes appartenances mais innovent, créant des communautés de circonstance (étudiants, sportifs, entrepreneurs, artistes, etc.) ou des communautés religieuses de destin (protestants évangéliques, catholiques, mourides, tijanes, etc.). Ces nouvelles manières de faire ensemble, construites par les migrants, sont celles que nous avons interrogées. Les appartenances s'affirment, se recomposent, loin des aînés et des hiérarchies sociales héritées. Du point de vue des sociétés dans lesquelles ils s'installent, les migrants sont identifiés comme entités juridiques et sont alors renommés « clandestins », « réfugiés », « sans papiers », « aventuriers » ; ou encore ils sont repérés en fonction de leurs origines ou de la couleur de leur peau, désignés alors comme « Subsahariens », « Ebola », « Aazi », « Ouest-af » et autres terminologies stigmatisantes. Même si les liens ne sont jamais complètement coupés avec les structures familiales et sociales d'origine, l'expérience du voyage transforme les migrants qui, à leur tour, questionnent les hiérarchies établies. C'est ce que nous verrons dans la troisième partie dans le travail de Johara Berriane qui, à partir du pèlerinage des Sénégalais tijanes à Fès, questionne les interactions notamment commerciales avec la société locale et les liens que cela crée. Anne Bouhali et Olivier Pliez montrent que, si parfois éthique économique et éthique religieuse sont liées, dans les réseaux commerçants entre Yiwu et le Caire, ce lien est plutôt ténu, même si les étudiants migrants sont souvent des interprètes et des intermédiaires ou si parfois le commerce des articles religieux pourrait donner envie de creuser encore ce sujet. Finalement, le religieux n'est pas présent partout dans les mobilités, d'autres appartenances sont parfois plus importantes à mobiliser dans les circuits commerciaux. Enfin, au Maroc Mehdi Alioua expose la place des migrants originaires d'Afrique subsaharienne au Maroc dans leur face à face avec une politique migratoire européenne hyper-sécurisée, leurs souffrances mais aussi leurs engagements et leur rôle dans la lutte pour les droits des migrants au sein d'une société civile qui se veut et se vit comme cosmopolite.

Références bibliographiques

ALIOUA M., 2009, « Le passage au politique des transmigrants subsahariens au Maroc », *in* A. Bensaad (dir.), *Le Maghreb à l'épreuve des migrations subsahariennes*, Paris, Karthala.

BAVA S., BARBARY C. et ETIENNE A., 2017, « Les ONG confessionnelles en Égypte comme alternative ou entité de l'État social ? », *in* L. Chelly (dir.), *Les Acteurs confessionnels du développement : spécificités, places, méthodes et Avenir*, Paris, l'Harmattan.

BAVA S. et BOISSEVAIN K., 2014, « Routes migratoires africaines et dynamiques religieuses », *L'Année du Maghreb*, 11, http://anneemaghreb.revues.org/2179.

BAVA S. et PICARD J., 2014, « La migration, moment de mobilité religieuse ? Le cas des Africains au Caire », *in Cahiers d'études du religieux : recherches interdisciplinaires*, numéro spécial, *Les Conversions religieuses en Méditerranée.*

BAVA S., 2009, « Être étudiant africain à Alger et au Caire au seuil du troisième millénaire », in S. Mazzella (dir.), *La Mondialisation étudiante : le Maghreb entre Nord et Sud,* Paris, IRMC-Karthala, p. 347-360.

BERRIANE J., 2011, « Les étudiants subsahariens au Maroc : des migrants parmi d'autres ? », *Méditerranée*, p. 47-150.

BENSAAD A. (dir.), 2008, *Le Maghreb à l'épreuve des migrations subsahariennes : immigration sur émigration*, Karthala.

CHEIKH M., PÉRALDI M. (dir.), 2009, *Des femmes sur les routes : voyages au féminin entre Afrique et Méditerranée*, éd. Le Fennec.

MARFAING L., WIPPEL S. (dir.), 2003, *Les Relations transsahariennes à l'époque contemporaine : un espace en constante mutation*, Paris/Berlin : Karthala-ZMO.

LANZA N., 2011, « Les domestiques sénégalaises au Maroc : le travail servile entre pratiques traditionnelles et modernité », in M. Péraldi (dir.), *D'une Afrique à l'autre : la migration subsaharienne au Maroc*, Paris, Karthala.

KHROUZ N., LANZA N. (dir.), 2015, *Migrants au Maroc : cosmopolitisme, présence d'étrangers et transformations sociales*, Rabat, KAS-CJB-UIR.

MAZZELLA S. (dir.), 2009, *La mondialisation étudiante : le Maghreb entre Nord et Sud,* Paris, IRMC-Karthala.

PÉRALDI M., 2011, D'une *Afrique à l'autre : migrations subsahariennes au Maroc*, Paris, Karthala-CJB-CISS.

PERRIN D., 2016, « Regulating Migration and Asylum in the Maghreb : What Inspirations for an Accelerated Legal Development ? », *in* S. Trevisanut et F. Ippolito (éd.), *Migration in the Mediterranean,* Cambridge, Cambridge University Press, p. 192-214.

PERRIN D., 2014, « Struggles of Citizenship in North Africa », *in* E. Isin, P. Nyers (dir.), *The Routledge Handbook of Global Citizenship Studies*, Londres, Routledge.

THORSEN D., 2017, Is Europe really the dream? Contingent paths among sub-Saharan migrants in Morocco, *Africa*, vol. 87, n° 2, p. 343-361.

TIMERA M., 2011, « La religion en partage, la couleur et l'origine comme frontière : les migrants sénégalais au Maroc », *Cahiers d'études africaines*, n° 201, p. 145-167.

I.
Instances religieuses et ONGc sur les routes de la migration africaine

Sur les routes, de nombreuses instances religieuses ou d'origine confessionnelle s'organisent afin de faciliter l'accueil, la formation et l'accompagnement social et spirituel des migrants venus d'Afrique subsaharienne. Ce marché religieux s'appuie sur un fait incontournable : de manière générale, durant la migration, la foi et les pratiques religieuses se renforcent, s'ancrent ou trouvent parfois de nouvelles directions. Il s'agit souvent de donner un sens à l'expérience migratoire. Face au défaut de reconnaissance juridique, aux discriminations vécues au quotidien, aux difficultés économiques rencontrées dans les pays d'accueil, la reconnaissance passe souvent par les communautés religieuses. Les appartenances religieuses deviennent une ressource autant pour supporter l'éloignement que pour continuer la route. Quelles sont les instances religieuses (musulmanes et chrétiennes) ou d'origine confessionnelle qui s'établissent sur les routes de la migration africaines et comment s'organisent-elles ? Espaces-ressources, lieux d'accueil, de rencontres, de prière, de soins ou de revendications, centre d'accès aux droits, à l'éducation, nous verrons que les espaces-ressources sont multiples mais aussi que les migrants sont les véritables acteurs des revitalisations religieuses chrétiennes ou musulmanes. Ils sont les acteurs de nouveaux paysages religieux, combinant des lieux de culte inhabituels, informels, et de vocations religieuses originales, de pratiques liturgiques et cultuelles qui s'accommodent de la pluralité rencontrée et d'une organisation religieuse qui interroge la question religieuse dans les sociétés d'accueil.

Mobilisations d'Églises et recompositions territoriales : les migrants africains chrétiens du quartier de Maadi au Caire

Julie Picard
Géographe, Maîtresse de conférence, Université de Bordeaux, ESPE Aquitaine

L'Égypte est depuis une trentaine d'années concernée par l'arrivée de réfugiés et de migrants originaires d'Afrique subsaharienne. À l'inverse des pays du Maghreb (Bredeloup, Pliez, 2005), la présence réfugiée, notamment soudanaise et originaire de la Corne de l'Afrique, y est plus importante (Fabos, 2008 ; Le Houérou, 2004). Cette présence ainsi que celle du Haut-Commissariat aux réfugiés de l'ONU (HCR) au Caire ont récemment influencé d'autres Africains dans leur décision de quitter leur pays et dans leur parcours migratoire. Ils sont également majoritairement chrétiens[1]. Comme dans d'autres régions du monde (Fiddian-Qasmiyeh, 2011 ; Escoffier, 2008 ; Audebert, 2002), différentes instances religieuses (majoritairement chrétiennes), ONG, ONG confessionnelles et Églises, se sont mobilisées afin de venir en aide à ces migrants et leur proposer un certain nombre de services sociaux. Le gouvernement égyptien, lui, a transféré au HCR l'essentiel des responsabilités en termes de gestion des demandes d'asile ; il considère généralement les réfugiés et les étrangers non arabes comme étant des individus uniquement de passage. Pourtant, qu'ils soient Soudanais, Érythréens, Nigérians ou Congolais, beaucoup ont amorcé un processus d'installation durable dans le pays. L'Égypte est à la fois devenue une étape, un nœud important des réseaux migratoires africains, ainsi qu'une impasse située aux portes de l'Europe. Au

---

1. Concernant les migrants africains de confession musulmane au Caire, notamment étudiants à l'université d'Al Azhar, voir : Bava, Pliez, 2009.

sein de cette situation de « blocage » vécue par les Africains, nous pouvons nous interroger sur les recompositions territoriales nées, dans la capitale égyptienne, de la rencontre de ces deux types d'acteurs, migrants et religieux « humanitaires ».

À partir du recueil de données empiriques et de méthodes empruntées aux disciplines socio-anthropologiques[2], la question des interrelations entre christianisme, migration africaine et ancrage urbain s'est posée de manière probante, notamment à l'échelle du quartier de Maadi. Celui-ci est situé à une dizaine de kilomètres au sud du centre-ville de la métropole du Caire, c'est-à-dire à bonne distance des foyers historiques de l'accueil des migrants originaires de l'Afrique de l'Est et du réseau caritatif que les Églises ont mis en place. L'exemple juxtapose deux Maadi, le Maadi riche des expatriés et de la haute bourgeoisie égyptienne (bassin d'emploi notable) et le Maadi populaire (foyer de main-d'œuvre, notamment d'origine étrangère).

Nous tenterons d'éclairer les interrelations précitées en présentant tout d'abord l'histoire et la géographie de ce quartier, marqué par une forte présence chrétienne, occidentale et africaine ; nous identifierons ensuite les rôles et les nécessaires adaptations des différentes Églises d'origine missionnaire de Maadi, confrontées depuis une vingtaine d'années à l'arrivée des migrants africains ; enfin, nous verrons comment, du fait des défaillances du système de l'assistance, une certaine autonomisation des migrants, religieuse, économique et sociale, est en cours de réalisation, à Maadi comme au Caire en général.

I. Maadi, un quartier attractif pour les migrants africains

Maadi (pluriel de *ma'addiya* en arabe, « ferry ») a été créé au début du XXe siècle sur la rive droite du Nil, au niveau de l'actuel district (*qism*) d'al-Bassatin. Sous le khédive Tawfiq, l'influence des Britanniques grandit et la société anglaise *Egyptian Delta Land and Investment Company* acquit de nombreuses terres dans l'ensemble

---

2. Observations et entretiens semi-dirigés, menés en 2005, 2009, 2010 et 2011, sur un total d'environ dix mois, dans le cadre de ma thèse de doctorat en géographie et du programme MIGRELI.

du delta du Nil. La création *ex nihilo* du quartier de Maadi avait pour objectif d'accueillir une population essentiellement aisée et européenne. Une importante communauté juive égyptienne y résida également. Des règles urbanistiques strictes furent imposées (distance minimum entre les villas, toutes dotées de jardins ; hauteur du bâti limitée ; rues larges, rectilignes et numérotées ; trottoirs), afin de permettre aux Européens de vivre dans un environnement familier, végétalisé et aéré (Raafat, 1994). Cet « îlot de verdure dans le désert » était initialement relié au centre-ville par une voie de chemin de fer, qui sera réutilisée lors de la construction des premières lignes de métro dans les années quatre-vingt.

Reculée et protégée, la zone servit également à l'accueil des troupes australiennes et néo-zélandaises lors des Première et Seconde Guerres mondiales. Progressivement, le quartier s'est doté de nombreux établissements internationaux, anglophones ou francophones (écoles, églises, hôpitaux, commerces, librairies, restaurants) et représente aujourd'hui l'espace de prédilection des familles occidentales expatriées et d'une partie de la bourgeoisie égyptienne (photos 1 et 2).

Photos 1 et 2 : rues arborées de Maadi (J. Picard, 2010).

Progressivement rattrapé par l'urbanisation dans les années soixante-dix (à la limite nord, dans le quartier populaire de Hadayek el Maadi : installation de ruraux égyptiens, puis de citadins du centre et de travailleurs émigrés de retour des pays du Golfe), Maadi est également devenu pour les migrants africains un quartier attractif. À l'arrivée (par voie terrestre) des premières vagues de réfugiés somaliens et soudanais dans les années quatre-vingt, ce sont les quartiers d'Abbassiya et de Sakakini, plus proches du centre-ville, qui représentent les premières portes d'entrée de la ville (carte 1). Fuyant la guerre civile et l'oppression, les Soudanais du Sud (opposants politiques, étudiants, familles), majoritairement chrétiens, connaissent déjà ces quartiers avant même leur arrivée, du fait de la présence de l'ordre religieux des Comboniens[3], bien implantés entre Khartoum, Assouan et Sakakini. Les premiers réfugiés sont logés dans l'enceinte de l'église du Sacré-Cœur, puis, progressivement, ils trouvent à louer des appartements à plusieurs, à proximité de l'église, notamment à des propriétaires coptes. Les coûts des loyers augmentant et les arrivées se faisant plus massives durant les années 1990-2000 (tableau 1), d'autres quartiers, plus populaires et périphériques, sont investis par les Soudanais, mais aussi par les Érythréens, les Éthiopiens et d'autres migrants originaires d'Afrique subsaharienne (franges de Maadi, mais aussi Zeitoun, Ain Shams, Arba'a wa Nus, etc.) (carte 1).

---

3. La congrégation catholique des « Missionnaires comboniens du Cœur de Jésus » a été fondée au XIXe siècle par le premier évêque italien d'Afrique centrale, Daniel Comboni. Visant initialement la libération des esclaves et l'évangélisation du Soudan, la congrégation intervient aujourd'hui au service des populations les plus pauvres sur tous les continents. Après des négociations avec le khédive Ismaïl, Daniel Comboni obtient en 1888 un terrain à Zamalek, près du domaine de l'ambassade du Vatican. Une « colonie agricole » y est fondée et accueille dès la fin du XIXe siècle des esclaves libérés et des réfugiés de la révolution mahdiste. La petite chapelle locale devient l'église Saint-Joseph en 1939. N'étant pas en mesure de recevoir davantage de réfugiés lorsque la guerre de 1983 éclate au Soudan, les Comboniens prennent la responsabilité d'une paroisse francophone supplémentaire, celle du Sacré-Cœur, délaissée par la Société des missions africaines, dans le quartier de Sakakini.

Tableau 1

Principaux groupes de réfugiés et de demandeurs d'asile en Égypte depuis vingt ans[4]

	1993	1996	1999	2002	2005	2013
Soudanais :						
- réfugiés	n.c.	1 500	2 600	7 600	13 500	11 500
- demandeurs d'asile	n.c.	n.c.	5 200	6 300	2 400	12 500
Somaliens :						
- réfugiés	6 100	3 500	2 600	1 600	4 000	7 500
- demandeurs d'asile	n.c.	n.c.	650	2 000	500	1 500
Total des personnes assistées par le HCR	6 700	6 000	11 200	22 600	30 000	46 700
- dont Soudanais et Somaliens (en %)	91 %	83 %	99 %	77 %	68 %	71 %

La présence africaine se diversifie dès la fin des années quatre-vingt-dix, tandis que l'impasse migratoire se renforce. Les politiques migratoires onusiennes et occidentales se durcissent, et la délivrance de cartes de réfugié tout comme les opérations de réinstallation dans un pays tiers[5] sont freinées. Nombreux sont les demandeurs d'asile, soudanais et non soudanais, qui subissent la fermeture de leur dossier. D'autres Africains (Congolais de la République démocratique du Congo, Camerounais, Nigérians, Ghanéens), venus tenter leur chance au Caire et espérant trouver des opportunités afin de continuer leur route hors d'Égypte, voire hors d'Afrique, se retrouvent bloqués et deviennent, pour certains, irréguliers (expiration de leur visa touristique). Ils seraient, selon une estimation basse, 100 000 migrants irréguliers en Égypte (Fargues, Fandrich, 2012). Pour Edmond, arrivé directement en février 2000 de RDC, « c'est l'attente générale ».

---

4. Cf. les annuaires statistiques du HCR et les estimations du HCR-Égypte du mois de janvier 2013. Les Palestiniens assistés par le HCR (environ 70 000 personnes) n'ont pas été pris en compte. Les demandeurs d'asile syriens (environ 10 000 personnes) ne figurent pas dans le total de l'année 2013.

5. Les autorités égyptiennes ne considèrent pas le pays comme un pays d'installation définitive ou comme un pays où l'intégration est possible ; de ce fait, le HCR a organisé entre 1999 et 2004 d'importants transferts de réfugiés statutaires vers les États-Unis, le Canada ou l'Australie.

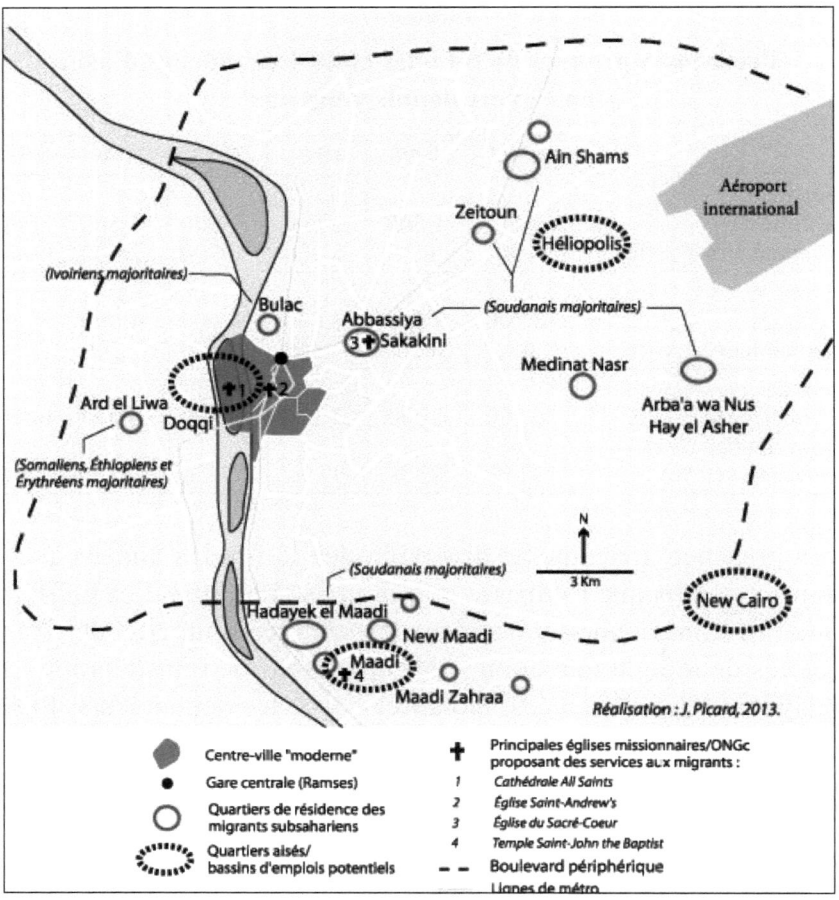

Carte 1 : Entre offres de services et possibilités d'emplois : logiques résidentielles des Africains du Caire.

Les stratégies résidentielles des Africains subsahariens s'orientent donc vers le sud de l'agglomération et participent à la recomposition des marges du « Vieux Maadi ». Le quartier est attractif car il représente un bassin d'emploi important ; en effet, la plupart trouvent à se faire embaucher en tant que domestiques (jardinage, garde d'enfants, ménages…) dans les familles expatriées. La proximité linguistique entre anglophones ou francophones facilite l'émergence de ces niches économiques localisées. Dans les zones plus populaires de Hadayek el Maadi, Maadi Arab, New Maadi, Maadi Nerco ou Maadi Zahraa (cartes 1 et 2), des migrants se sont installés et mêlés à la population égyptienne, participant à l'étalement du quartier sur ses franges désertiques.

« J'ai vécu au début avec ma cousine à Sakanat el Maadi. Je travaillais pour des Allemands, dans une boulangerie près de la station de métro de Maadi. Je faisais le ménage. […] [il vit désormais entre Maadi et Hadayek el Maadi, rue Ahmed Zaki] J'ai dû déménager quand ma cousine est partie aux États-Unis. Je connaissais plus de monde ici et j'aime ce quartier. Mon propriétaire est bien, le prix est correct. Les voisins sont gentils, ils me reconnaissent. J'utilise toujours mon vélo pour aller à Maadi. »

Les allers-retours (à pied, en vélo, en métro, en microbus ou en taxi) entre ces franges et le Vieux Maadi (ou le « Maadi riche ») sont réguliers et participent à la structuration de territoires originaux. Parallèlement aux ressources en termes d'emploi, l'attractivité de Maadi s'explique par la présence d'anciennes Églises missionnaires et/ou occidentales, proposant désormais un certain nombre de services aux migrants.

II. Diversité des services sociaux et religieux proposés par les Églises de Maadi

Plusieurs anciennes Églises missionnaires (catholiques, anglicanes ou protestantes), situées près du centre-ville moderne, se sont reconverties dans l'accueil des migrants et des réfugiés dès les années quatre-vingt. La cathédrale All Saint's à Zamalek, l'Église Saint Andrew's à Isa'af et l'église du Sacré-Cœur de Sakakini ont créé leurs propres ONG confessionnelles ; elles figurent aujourd'hui parmi les principaux partenaires du HCR et sont chargées d'apporter une assistance quotidienne, prioritairement aux réfugiés et demandeurs d'asile (éducation, soins, conseils juridiques) (Étienne, Picard, 2012). L'accès à l'emploi, aux écoles ou aux hôpitaux publics étant restreint et les discriminations raciales fréquentes, ces églises sont devenues des repères, des refuges, des lieux de vie pour les Africains. Parallèlement, des messes sont célébrées pour chacun des groupes de migrants chrétiens, dans la langue et suivant les rites du pays d'origine. Les églises missionnaires du centre-ville ont ainsi connu, suite à une période de délaissement, une véritable revitalisation.

Mouvante, la géographie de l'assistance chrétienne s'est rapidement adaptée à celle des quartiers africains. Dans le Vieux Maadi, faute de lieux de culte importants en marge du quartier, les Comboniens ont dû négocier ardemment dès le début des années quatre-vingt-dix avec les Franciscains de l'Église de la Sainte-Famille afin de pouvoir célébrer une messe soudanaise chaque dimanche. Cette dernière n'accueillait alors que quelques groupes d'expatriés catholiques (italiens, espagnols et français) : « A Maadi, on a eu du mal à trouver une place. Un des Franciscains avait dit qu'il y aurait du bruit, que ça allait déranger les étrangers » explique José, un prêtre combonien d'origine mexicaine, désormais installé au siège français de la congrégation, à Issy-les-Moulineaux. Le temple Saint-John, lui (carte 2), situé à deux rues de la Sainte-Famille, accueille depuis les années trente une communauté britannique, une communauté évangélique américaine depuis 1947 et, enfin, la communauté francophone protestante du Caire (ou Église évangélique du Caire) depuis le début des années quatre-vingt-dix (photos 3 et 4).

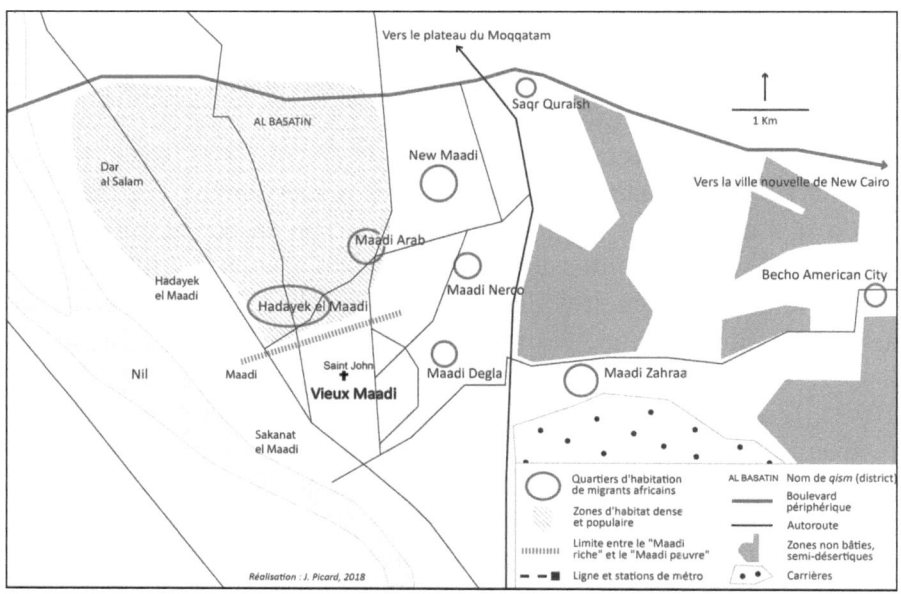

Carte 2 : Territorialités africaines entre le Maadi riche et le Maadi pauvre.

Photos 3 et 4 : Saint-John, Église internationale de Maadi (J. Picard, 2011)

Cette dernière existe depuis 1909 mais a dû procéder à la vente de son temple situé dans le centre-ville en 1986, du fait du vieillissement et de la réduction du nombre de ses fidèles (suisses, belges et français). Ce n'est pas un hasard si, lors de sa fusion avec un groupe de protestants africains francophones, l'Église évangélique du Caire a cherché des locaux en direction de Maadi. Le but était de trouver un lieu stratégique qui permette de satisfaire à la fois les besoins spirituels des occidentaux et ceux des Africains. La communauté américaine, elle, s'est constituée en Église indépendante, Maadi Community Church (MCC), mais continue de prier et de se rassembler dans le temple Saint-John. Au sein de MCC, un service religieux (en anglais) a été ouvert en 1996 spécialement pour les Africains. Puis en 2000, les Soudanais arabophones ont fait scission pour fonder leur propre groupe. Une esplanade couverte, une scène extérieure (photos 3 et 4) ainsi que des emplois du temps ont ainsi été aménagés afin de pouvoir accueillir le plus grand nombre tout au long de la semaine. Si les Franciscains ne font que prêter leurs locaux, MCC est devenu une centralité socio-religieuse pour l'ensemble des Africains du Caire, catholiques et protestants : « J'ai connu MCC un an après mon arrivée. Je voulais au moins fêter Noël ! J'étais catholique mais je cherchais juste une Église », explique John, un Camerounais anglophone arrivé en 1996 et désormais membre actif de l'Église. Soutenue financièrement par diverses organisations internationales chrétiennes, MCC a créé une école élémentaire et un lycée, situés à Maadi et à New Maadi, regroupant plus de 500 élèves africains. Le personnel enseignant et administratif, nécessairement chrétien, est lui aussi essentiellement soudanais ou congolais. D'autres ont été embauchés par l'Église en tant que secrétaires, musiciens, techniciens, femmes de ménage ou « hommes à tout faire ». Rémunéré à la hauteur de 150 euros par mois, Robert, un Sud-Soudanais, est parmi eux, et c'est lui que les expatriés appellent lorsqu'ils sont à la recherche d'un(e) domestique. Le ministère de la prison, quant à lui, organise des dons et des visites régulières aux détenus étrangers.

Le personnel et les membres occidentaux de MCC coordonnent également des œuvres de charité comme la distribution ou la vente de vêtements aux plus démunis ou des marchés éphémères lors desquels les Africains peuvent commercialiser leurs fabrications artisanales (bijoux, peintures, tricots…). Alors que les agences onusiennes, les ONG confessionnelles du centre-ville et de nombreux magasins ont temporairement été fermés lors du Printemps arabe de 2011, MCC a organisé pendant plusieurs semaines la distribution de nourriture aux Africains et aux Irakiens du Caire (sacs contenant de la farine, de l'huile, des haricots et du riz). De nombreuses familles expatriées étant reparties, le chômage a brutalement touché les différentes communautés africaines. Des déguerpissements d'appartement, des arrestations policières et des actes de racket se sont multipliés durant cette période.

Enfin, l'originalité de MCC vient du fait qu'une école biblique a été mise en place au début des années 2000, dans le but de former des leaders de groupes religieux (*cell groups* ou *LIFE groups*[6]) et des pasteurs. La demande spirituelle augmentant et se diversifiant parmi les Africains, les responsables occidentaux de MCC ont encouragé ces néo-pasteurs (Bava, Picard, 2010) à créer leur propre groupe de prière, parfois leur propre Église. Si les premiers candidats ont été directement rémunérés par MCC, des formations plus institutionnalisées sont peu à peu devenues payantes (environ 6 euros par mois). Celles-ci ont connu un véritable succès, particulièrement auprès des Soudanais, autour de 2002-2005. Aujourd'hui, plusieurs petites Églises évangéliques africaines indépendantes (de 10 à 50 fidèles environ), dont les pasteurs sont issus de ces formations, parsèment la capitale. Réinstallés par le HCR ou encouragés à approfondir leur formation pastorale à l'étranger[7], certains de ces leaders poursuivent leur mission et réimplantent leur Église hors d'Égypte.

Cette Église d'origine occidentale et connectée à différents réseaux transnationaux a donc suscité de nouvelles vocations, religieuses et professionnelles, chez les migrants. Dans un espace-temps particulier d'impasse migratoire et de perte de repères, le religieux a ainsi permis aux Africains de retrouver une certaine

---

6. Un réseau international, *Cells church*, s'est constitué autour de 2008 à partir du Caire. L'acronyme LIFE est ainsi défini par ce réseau : *Living In Fellowship to Evangelize*.
7. MCC entretient les liens avec d'anciens pasteurs ou formateurs, occidentaux, africains ou égyptiens, résidant en Australie, aux États-Unis et en Roumanie.

dignité, un sens à leurs parcours migratoires ainsi qu'un rôle à jouer auprès de leur communauté, ethnique ou nationale, voire au-delà. Plutôt qu'un système d'assistance et de mise en dépendance des individus, MCC a favorisé à sa manière l'autonomisation de nombreux Africains.

III. Vers une autonomisation des Africains de Maadi et du Caire ?

Si certaines familles de réfugiés statutaires comptent davantage sur les aides fournies par les ONGc ou bien sur les fonds régulièrement envoyés par des proches réinstallés dans un pays du Nord, ce système d'assistance n'est plus satisfaisant pour l'ensemble des migrants installés au Caire. Les non-réfugiés « butinent » occasionnellement au sein des différentes ONGc quelques cours d'anglais ou d'informatique mais ne sont pas prioritaires : « Caritas aide surtout les Soudanais. Nous survivons grâce à l'entraide à l'intérieur de notre communauté. Il n'y a aucune assistance sociale pour nous ! C'est trop difficile de trouver du travail ici. Les femmes africaines ont plus d'opportunités », explique Simon de RDC. Les stratégies résidentielles s'orientent donc, pour les réfugiés comme pour les autres migrants, en fonction des possibilités d'emploi dans des familles aisées résidant à Maadi, mais aussi à Héliopolis, Zamalek, Doqqi ou New Cairo (carte 1). La création de leurs propres Églises (en passant ou non par MCC) est synonyme à la fois d'autonomisation sociale et d'autonomisation spatiale des migrants vis-à-vis des institutions traditionnelles. En effet, si les recompositions territoriales restent discrètes, les petits groupes africains protestants évangéliques utilisent peu les locaux des Églises missionnaires officielles ; ils partagent de plus en plus les mêmes lieux de culte que les coptes évangéliques[8]. Ces Églises locales, nombreuses, dispersées et invisibles dans le paysage urbain, sont elles aussi revitalisées par l'arrivée des migrants africains. Les

---

8. Sous l'effet des missions occidentales, les coptes se divisèrent en une branche majoritaire orthodoxe (près de 4 millions de personnes aujourd'hui), une branche catholique (100 000 personnes) et une protestante (290 000 personnes). Les coptes protestants se disent eux-mêmes « coptes évangéliques ».

cultes restent séparés, mais des interrelations, des croisements et des échanges inédits se réalisent en ces lieux entre les deux minorités. L'appropriation du territoire et les ancrages urbains s'effectuent donc par le biais d'Églises aussi bien missionnaires que coptes.

A propos de leur autonomisation sociale, John, arrivé du Cameroun en 1996, a créé, après avoir suivi une formation pastorale à MCC, sa propre Église mais également son propre centre social à Hadayek el Maadi. Il propose depuis 2006 des cours de catéchisme pour les enfants, des cours bibliques mais aussi des cours d'anglais, d'informatique et la distribution de nourriture : « C'est ça qui fait l'Église. Les activités vont avec. On contribue à occuper les gens, spirituellement mais aussi matériellement. » Les financements et les sponsors manquent, mais les dons, l'argent gagné par John ou récolté lors de l'exercice des cultes servent à acheter des fournitures et à payer le loyer de l'appartement où sont installés les locaux de l'association. Les séances de prière étant interdites hors des lieux de culte officiels, il arrive que les locaux soient aussi sous-loués à d'autres Églises africaines pour des cérémonies funéraires par exemple, plus silencieuses.

Concernant leur situation juridique, les stratégies varient : quelques-uns s'inscrivent à l'université afin d'obtenir un visa étudiant à l'expiration de leur visa touristique ou bien réussissent à se munir de faux papiers. Si elles restent précaires, d'autres niches économiques apparaissent depuis quelques années : il s'agit de sociétés multinationales exerçant dans le domaine des technologies de l'information et de la communication (TIC), telles que Xceed, fournisseur canadien multilingue de services par téléphone. Les marchés visés étant notamment la France, la Suisse ou le Québec, une centaine d'Africains francophones sont actuellement employés par la firme, située au sein du parc technologique Smart Village, à l'ouest du Caire[9]. Perçu comme un travail temporaire par certains, d'autres y voient l'opportunité de trouver une certaine stabilité en Égypte : « C'est une terre de transit mais de plus en plus une terre de résidence. Car il y a les sociétés de téléphonie canadiennes, européennes... Donc on trouve un peu de boulot » explique Jean-Paul, de RDC. Enfin,

---

9. En fonction des primes, la rémunération mensuelle varie autour de 400 euros.

devenue une centralité africaine, le quartier d'Hadayek el Maadi concentre depuis quelques années de plus en plus de boutiques, tenues par des Soudanais ou des Nigérians. Il s'agit généralement d'étroits locaux situés en rez-de-chaussée, abritant des centres d'appels, des ateliers de couture, des salons de coiffure, des épiceries africaines ou des restaurants (photos 5 et 6).

Photos 5 et 6 : Boutiques soudanaises d'Hadayek el Maadi. (J. Picard, 2010).

Conclusion

Le religieux, sous forme d'Églises, d'ONG confessionnelles ou sous sa forme plus immatérielle, apparaît donc comme une ressource fondamentale dans la migration africaine. La situation d'impasse migratoire en Égypte est particulière du fait de l'histoire coloniale, missionnaire, mais aussi chrétienne et biblique du pays. Les empreintes chrétiennes du pays et de la ville ont pu orienter les trajectoires migratoires des Africains, tout comme leurs logiques résidentielles intra-urbaines. Pour des raisons religieuses mais aussi sociales et économiques, le quartier occidentalisé aisé de Maadi a attiré sur ses franges une population africaine diversifiée et internationale. Les anciennes Églises missionnaires jusque-là quelque peu délaissées – notamment Saint-John au sein du Maadi riche – se sont mobilisées à son arrivée et ont ainsi connu une véritable revitalisation. En proposant des services sociaux, du réconfort, des séances de culte multilingues, ainsi que des formations religieuses très attractives pour les migrants, Maadi Community Church a participé au rayonnement du lieu tout comme à sa re-christianisation. Mais les Églises coptes, évangéliques en particulier, ne sont pas en reste et gagnent en visibilité au fur et à mesure que les migrants s'autonomisent.

À l'échelle de l'agglomération, à celle du « Grand Maadi », comme au sein des micro-espaces que sont les lieux de culte, des recompositions territoriales sont nées de l'articulation des territoires chrétiens de la ville et de ceux des Africains ; celles-ci sont inédites, discrètes mais semblent en cours de consolidation, du fait de la reconnaissance mutuelle que se portent les différents acteurs chrétiens de la ville.

Références bibliographiques

AUDEBERT C., 2002, « Le fait religieux dans l'insertion et l'organisation spatiale de la communauté haïtienne de Miami », *Géographie et cultures,* n° 43, p. 107-127.

BAVA S., PICARD J., 2010, « Les nouvelles figures religieuses de la migration africaine au Caire », *Autrepart,* n° 56, p. 153-170.

BAVA S., PLIEZ O., 2009, « Itinéraires d'élites musulmanes africaines au Caire : d'Al Azhar à l'économie de bazar », *Afrique contemporaine,* n° 231, p. 187-207.

BREDELOUP S., PLIEZ O. (dir.), 2005, « Migrations entre les deux rives du Sahara », *Autrepart,* n° 36.

ESCOFFIER C., 2008, *Transmigrant(e)s africain(e)s au Maghreb : une question de vie ou de mort*, Paris, L'Harmattan.

ÉTIENNE A., PICARD J., 2012, « Réfugiés et migrants subsahariens "en transit" au Caire : le monopole chrétien de l'assistance ? », *A Contrario,* n° 18-2, p. 61-77.

FABOS A., 2008, *Brothers' or Others? Muslim Arab Sudanese in Egypt*, Oxford-New York, Berghahn Books.

FARGUES P., FANDRICH C., 2012, « Migration after the Arab Spring », Migration Policy Centre Research Report, 2012/09.

FIDDIAN-QASMIYEH E. (dir.), 2011, « Faith-Based Humanitarianism in Contexts of Forced Displacement », *Journal of Refugee Studies*, n° 24-3.

LE HOUÉROU F., 2004, *Migrants forcés éthiopiens et érythréens en Égypte et au Soudan : passagers d'un monde à l'autre*, Paris, L'Harmattan.

RAAFAT S.W., 1994, *Maadi 1904-1962. Society and History in a Cairo Suburb*, Le Caire, The Palm Press.

Migrer et réveiller les Églises : diversification des cultes chrétiens en Tunisie [1]

Katia Boissevain
Anthropologue, chercheur au CNRS, Idemec, AMU

Introduction

L'implantation d'Églises africaines au nord du Sahara est une conséquence évidente de la migration subsaharienne dans cette région du monde. Cependant, la variété de leurs modes d'ancrage au Maghreb est encore mal connue car peu étudiée par les sciences sociales. En effet, les travaux sur les pratiques religieuses des migrants africains et la diversification des Églises qui en découle sont plus nombreux en ce qui concerne la France et l'Europe (Fancello, 2008 ; Maskens, 2008 ; Mottier, 2010 ; Ter Haar, 1998 ; Harris, 2006 ; Simon, 2010) car le phénomène y est plus ancien. Depuis une quinzaine d'années, les travaux en sociologie et en anthropologie qui se sont intéressés à ce nouveau flux migratoire vers le Maghreb se sont prioritairement attelés à éclairer d'autres dimensions de la vie de ces migrants, plus matérielles, telles que leurs situations juridiques ou leurs conditions d'accès à l'éducation ou aux soins, (Bensaad, 2008 ; Lahlou, 2005). Il est désormais entendu que le Maghreb n'est pas uniquement une région de transit pour des individus dont le projet migratoire serait entièrement tourné vers l'Europe (Bredeloup, Pliez, 2005). En effet, des étudiants camerounais, sénégalais ou ivoiriens s'établissent à la

---

1. Les terrains de recherches pour cet article ont été financés par l'ANR *Instances religieuses ou d'origine confessionnelle sur les routes de la migration africaine* (ANR-09-JCJC-0126-01) (MIGRELI) et prennent place dans un travail plus large qui étudie les liens entre la migration subsaharienne en Tunisie et les conversions au protestantisme évangélique. Cet article a déjà été publié dans *Routes migratoires africaines et dynamiques religieuses, quels enjeux sociaux ?*, *L'Année du Maghreb*, n° 11, Paris, CNRS Editions, 2014.

faveur de séjours universitaires, d'autres convertissent leurs diplômes en un emploi plus ou moins pérenne ou tombent parfois dans une précarité financière et juridique qui interdit toute mobilité (Berriane, 2012). Les réalités du terrain, quant aux conditions d'arrivées ou aux politiques d'accueil, sont très contrastées, que l'on se trouve au Maroc, en Algérie ou en Tunisie. Cependant, dans ces pays tout comme en Égypte, la vie religieuse s'organise, musulmane ou chrétienne (Bava, Picard, 2013), que l'on soit catholique ou protestant.

Je n'aborderai pas dans cet article la question de l'organisation religieuse des migrants africains musulmans, qui fréquentent diverses mosquées dans la capitale tunisienne. Je propose ici d'interroger les changements importants qui ont affecté les églises chrétiennes en Tunisie au cours des dix dernières années, en lien avec l'arrivée de migrants d'Afrique subsaharienne principalement d'Afrique de l'Ouest. Je tenterai d'analyser les changements vécus par l'Église catholique (principalement à Tunis mais aussi à Sousse, Sfax ou Gabès) et les transformations que l'Église protestante[2] et ses multiples dénominations traversent et mettent en œuvre. Avant de mettre au jour ces transformations, insistons sur le fait que le premier et le plus grand changement pour toutes les églises chrétiennes du territoire tunisien est l'augmentation considérable et régulière de leur fréquentation.

En Tunisie, la migration est principalement le fait d'étudiants aux statuts administratifs variés et aux situations économiques très différentes, allant de modestes bourses pour certains à des revenus mensuels confortables pour d'autres (Mazzella, 2009). De plus, ceux qui restent à la fin de leurs études sans encore avoir d'emploi peuvent vite se retrouver dans une situation de grande précarité. À ces deux catégories s'ajoutent celles des migrants clandestins et des travailleurs africains en Libye, réfugiés dans les pays voisins depuis la chute du régime de Kadhafi.

À l'autre bout de l'échelle sociale, et contrairement aux autres pays maghrébins, la Tunisie connaît également la figure de l'expatrié subsaharien, incarnée par le cadre international de la Banque africaine

---

2. Les protestants en Tunisie n'appellent jamais leurs lieux de culte « temples », mais « églises ».

de développement (BAD). En effet, les quelque deux mille salariés et leurs familles, arrivés peu à peu depuis 2003 à Tunis, ont amplement contribué à redessiner le paysage religieux de la ville. Chrétiens dans leur grande majorité, originaires de Côte d'Ivoire, du Ghana, du Nigeria ou du Cameroun, bon nombre de ces migrants particuliers tiennent la pratique religieuse comme un élément essentiel de leur routine hebdomadaire. Les églises revivifiées donnent à voir une forme de diversité religieuse que la Tunisie n'avait plus connue (ou dans des proportions moindres) depuis les années 60. Depuis l'Indépendance en 1957 et le départ des Européens, la composante chrétienne demeurait très diminuée, et les prêtres et pasteurs responsables des quelques églises restées en activités étaient souvent réduits à dire le culte dans des lieux vides de fidèles. Seules les fêtes telles que Noël ou Pâques attiraient un peu plus de monde parmi les Européens ou les Américains travaillant sur place ou parmi les quelques Français ou Italiens restés à la fin du Protectorat. À l'inverse, à l'heure actuelle, les églises doivent multiplier le nombre de services pour accommoder la foule de fidèles.

Parallèlement à cette activité religieuse, les églises du pays deviennent également des espaces-refuges pour des migrants nécessiteux, espaces dans lesquels ils peuvent trouver une assistance pour des problèmes concrets (santé, éducation, aides financières)[3]. Pour autant, ces migrants démunis, craignant l'expulsion, font montre d'une grande discrétion et sont donc moins visibles que leurs compatriotes de la BAD.

1. Les « Africains » en Tunisie : une figure d'altérité ambivalente

L'arrivée des mille premiers salariés de la Banque africaine de développement à Tunis en 2004 se déroula sur une période de quelques mois. Ils furent rapidement rejoints par leurs familles et parfois par un employé de maison, portant rapidement le nombre des personnes rattachées à la BAD à quatre mille. Au fil des ans, d'autres familles

---

3. C'est dans le sud du pays que l'aide sociale de l'Église catholique est la plus importante et plus encore depuis l'intervention militaire en Libye (mars-novembre 2011) qui provoqua l'arrivée de réfugiés par centaines de milliers (l'UNHCR parle de 600 000 Libyens et 200 000 ressortissants d'autres nationalités).

suivirent, tandis que le nombre d'étudiants augmentait également[4]. Bien que le nombre précis des installations des individus originaires de pays d'Afrique subsaharienne entre 2004 et 2006 soit inconnu, il faut imaginer qu'en quelques mois, le centre-ville de Tunis fut pour la première fois fréquenté par des hommes et des femmes noirs, africains, aux situations économiques privilégiées et aux modes de consommation étonnants pour les Tunisois.

Choc culturel, racisme et admiration

La BAD, initialement installée à Abidjan, a déménagé ses bureaux et son personnel à cause de la guerre civile en Côte d'Ivoire. Les changements provoqués dans la capitale, que Boubakri et Mazzella ont restitués dès 2005, se sont amplifiés par la suite. Tout d'abord, d'un point de vue économique, les liaisons aériennes avec plusieurs pays d'Afrique subsaharienne – presque inexistantes auparavant – ont augmenté, le prix du marché locatif dans les quartiers prisés par les « Africains » également, et des classes supplémentaires ont rapidement dû être ouvertes dans les écoles françaises et américaines de la ville pour y scolariser les enfants francophones et/ou anglophones.

Par ailleurs, de nouveaux lieux de distraction se sont ouverts, tournés vers cette clientèle plus fortunée, plus internationale, à la recherche de goûts et de sons « africains ». Dans un premier temps, les soirées de musique africaine (principalement ivoirienne) étaient organisées dans des boîtes de nuit une fois par semaine. Aujourd'hui, un lieu spécifique (le *Black and White*), tenu par un Tunisien et un Ivoirien, ouvre tous les soirs de la semaine. D'autres commerces se sont installés plus récemment (restaurants, coiffeurs ou tailleurs africains), aux alentours de la BAD dans le centre-ville ou dans les quartiers de Hay el Nasser ou à La Marsa, qui sont les principaux lieux de résidence des Africains.

---

4. S. Pouessel (2014) relaye les chiffres du ministère de l'Enseignement supérieur tunisien pour 2007, faisant état de 786 étudiants à l'université et dans les instituts en précisant qu'ils n'incluent pas les inscriptions dans les établissements privés.

Au-delà des changements concrets provoqués par leur installation, cette migration d'expatriés noirs hautement qualifiés a aussi eu un effet symbolique aux conséquences très puissantes. En effet, elle a eu pour résultat de réinscrire la Tunisie en Afrique, continent auquel le pays tournait jusqu'alors le dos. Pour s'en convaincre, l'historiographie nationale tunisienne, entièrement orientée vers la Méditerranée, n'accorde aucune attention particulière aux échanges qui ont eu cours entre le pays et le reste du continent (Pouessel, 2014), pas plus qu'elle n'interroge autrement que par le biais de la religion populaire les apports de sa propre population noire, notamment à travers les rituels de Stambeli (Rahhal, 2000 ; Boissevain, 2006). Rares sont les travaux qui se penchent sur la place des Tunisiens noirs dans la société (Mrad Dali, 2005 ; Boissevain, 2010 ; Pouessel, 2013). Aussi, grâce à une convergence d'éléments historiques – auxquels la Révolution de janvier 2011 et les revendications démocratiques ne sont pas étrangères – la présence des « Africains » en Tunisie a contribué à un déplacement du regard sur les « Noirs » en général[5]. Pour autant, l'intérêt et la curiosité des Tunisiens à leur égard sont restés tout relatifs, comme en témoignent les modes de désignation qui demeurent globalisants. Dans le meilleur des cas, ils sont appelés *'Afriqiyin* ; sinon, ils sont désignés par les termes insultants mais courants d'*usfân, khôl, 'abd*[6], sans parler des insultes nombreuses telles que « singes » ou « sauvages ». Très rarement, ils sont identifiés par rapport à leurs pays d'origine, qui sont mal connus. Et la crise économique aidant, les pratiques et les attaques racistes se sont multipliées ces deux dernières années, comme en témoignent les nombreux faits divers rapportés par la presse.

Enfin, et c'est ce que cet article illustrera, un autre changement notable dans la capitale est celui de la visibilité chrétienne, due à une augmentation fulgurante du nombre de pratiquants, à un accroissement du nombre des cérémonies religieuses et à des sorties d'église

---

5. On notera la naissance de plusieurs associations, telles l'Association de défense des droits des Noirs (ADAM) ou, bien antérieure, l'Association des étudiants et stagiaires africains en Tunisie (AESAT), créée en 1993. Le 1er mai 2013 eut lieu la première marche de Tunisiens noirs contre les discriminations raciales.
6. Esclave, noir, serviteur.

chrétienne désormais animées par les fidèles qui s'attardent après le culte, contrairement à leurs coreligionnaires tunisiens qui, pour leur part, après le culte du samedi qui leur est dédié, ne tardent pas devant les églises[7]. Bien entendu, les clandestins, étudiants et expatriés africains se divisent entre anglophones et francophones, et au sein de chaque communauté linguistique on dénombre des catholiques et des protestants.

2. Une identité chrétienne composite en terre musulmane

En ce qui concerne les cultes autres que musulmans, on dénombre à Tunis et dans sa banlieue quatre églises catholiques, deux églises protestantes (une réformée, l'autre anglicane – mais toutes deux accueillant des évangéliques), une église orthodoxe grecque[8], une église orthodoxe russe et une synagogue[9]. Dans le reste du pays, les églises catholiques de Hammamet, Sousse, Gabès et Sfax ont continué à vivoter grâce à quelques prêtres dévoués. Pendant des années (entre 1970 et 2005), les messes étaient dites dans des églises vides, répondant ainsi à leur mission de « témoignage de la présence de Jésus ». Aujourd'hui, la situation est radicalement différente.

Expatriés déterritorialisés et étudiants impliqués

Chaque semaine, à contretemps de la société environnante, une forte proportion des migrants subsahariens en Tunisie se rend le dimanche dans les églises de Tunis, de Sousse, de Sfax ou de Gabès. Entre amis étudiants ou en famille, vêtus de beaux habits et

---

7. Boissevain, 2013.
8. Sur la présence des Grecs en Tunisie, voir Kazdaghli, 2002.
9. Au lendemain de l'Indépendance, la Tunisie comptait encore une centaine d'églises dans tout le pays ; mais en 1964, le Vatican et le nouveau gouvernement tunisien signèrent un accord appelé le *Modus Vivendi* de l'Église (le site suivant donne le détail des biens cédés lors de cet accord : http://www.profburp.com/tunis1900/eglises/modus_vivendi.htm) dans le cadre duquel la Tunisie autorisa l'Église catholique à se maintenir dans le pays, sous quelques conditions. La première fut la cession d'un grand nombre d'églises à l'État ainsi que d'autres biens immeubles. Sept églises furent laissées au culte. La seconde condition fut que l'Église catholique renonce définitivement à toute forme de prosélytisme.

parfumés, ils communient et rendent grâce à Dieu et à Jésus par leurs prières et leurs chants. Dans ce cadre religieux, contrairement aux témoignages recueillis à Rabat au sujet des églises pentecôtistes[10], les manifestations d'hostilité de la part du voisinage sont rares et liées à des circonstances particulières. Aux premiers temps de l'installation de l'Église des Champions, église pentecôtiste dont il sera question plus loin, dans une villa située dans un quartier résidentiel de la banlieue nord de Tunis (Marsa-les-Pins), certains voisins supportaient très mal les attroupements des fidèles dans la rue, leurs allées et venues, à pied ou en voiture, les voix, rires et interjections et ont plusieurs fois fait intervenir la police. En revanche, dans le centre-ville de Tunis, aux abords des églises historiques, catholiques comme protestantes, identifiées en tant que telles et respectées à ce titre, les habitants et les rares commerçants du dimanche considèrent plutôt ces cultes comme des animations bienvenues, gaies et colorées. Il arrive même que des Tunisiens musulmans curieux (plus souvent des femmes) se glissent un instant dans l'église pour observer et écouter une partie du culte dominical. À l'inverse de cette ambiance conviviale et détendue, les sorties de cultes du samedi matin, dédiés aux convertis tunisiens, attirent parfois des individus insultants et querelleurs[11].

Plusieurs salariés et cadres chrétiens de la BAD évoquent la vive inquiétude ressentie à l'annonce du déménagement de leur banque dans un pays musulman. Non seulement ils devaient quitter la Côte

---

10. Un court séjour financé par l'ANR Migreli m'a permis de prendre connaissance de l'augmentation du nombre d'églises pentecôtistes dans le quartier périphérique de Takaddoum, où de nombreux migrants africains, souvent clandestins (Nigérians, Ivoiriens, Gabonais, Camerounais, Burkinabè), résident. Les policiers sont alors appelés pour intervenir lors de rituels considérés bruyants par le voisinage, qui perçoivent ces regroupements comme menaçants. Ces réactions sont encouragées par des discours médiatiques qui tendent à criminaliser cette migration.
11. Les incidents de ce type semblent avoir augmenté depuis janvier 2011 (début de la Révolution tunisienne). Ils seraient souvent le fait de « jeunes hommes barbus ». L'Église réformée de Tunis, qui est en fait une Église évangélique, rue Charles de Gaulle, est située à deux pas du commissariat central. Les convertis tunisiens qui la fréquentent considèrent cette proximité à la fois comme une source de surveillance et de protection. Sur les conversions au protestantisme évangélique en Tunisie, voir Boissevain, 2013.

d'Ivoire à cause d'une guerre civile, parfois se séparer de manière temporaire de leurs enfants ou de leur conjoint, mais ils craignaient aussi de devoir s'installer dans un pays censément hostile à leur pratique religieuse. C'est ce qu'exprime Ann, une Nigériane de 44 ans, cadre à la BAD : « *I was so relieved when I realized there were churches here ! I had no idea and that was one of my main worries in coming here. I cannot have one Sunday without going to church. Not one Sunday, or I fall ill.* »

Peu de nos interlocuteurs s'attendaient à trouver des églises, et tous furent soulagés de constater l'existence de lieux de culte chrétiens dans la ville ainsi que la présence d'un clergé catholique et protestant. Le maintien de leur pratique religieuse hebdomadaire était ainsi garanti. Bien entendu, le degré de pratique religieuse n'est pas homogène parmi les salariés de la BAD, mais ce qui ressort d'un grand nombre d'entretiens auprès du personnel de cette banque est que si le groupe de fidèles est important, le fait de pouvoir prier dans une église chaque dimanche l'est plus encore. Le discours porte donc sur l'idée que se retrouver entre chrétiens à l'église, partager des repas ou des sorties organisées par l'Église, certes nourrit la vie d'expatriés, en lui assurant un cercle d'interconnaissance confortable, mais ce n'est pas la dimension sociale qui prime, mais bien le besoin de prière et de relation à Jésus. Plusieurs fois, cette affirmation a été renchérie de la manière suivante : pour ces hommes et ces femmes très souvent en déplacements professionnels, qui passent une semaine à New-York, à Lagos ou à Paris, le fait de trouver l'adresse d'une église dans une nouvelle ville est un des premiers renseignements à obtenir. Ainsi, Valérie, cadre ivoirienne de 35 ans, raconte : « Une fois j'étais même au Japon et j'ai été au culte ! C'était fabuleux de ressentir Dieu tout en étant si loin. De vraiment avoir la preuve qu'il est partout avec moi. »

Il est intéressant de noter que ce discours est proche de celui tenu par les chrétiens africains en Europe, même lorsqu'il n'est pas question de déplacements professionnels aussi fréquents. Un discours convenu donc, stéréotypé, qui tient de la présentation de soi pour assoir l'intensité et la sincérité d'une relation fusionnelle à Jésus et à l'Église. Pourtant, les observations faites à l'issue des cultes tendent à montrer que la dimension sociale est tout à fait fondamentale pour ces croyants expatriés.

Établir une continuité, une régularité du culte pour confirmer et maintenir une relation constante et suivie avec Dieu vient parfois compenser l'impression d'une vie décousue à cause d'un mode de vie hyper-mobile. John, un Ghanéen de 42 ans, insiste sur cet aspect : « *People come and go from Tunisia, they hop on and off planes. This relation in Christ is crucial.* » Bien qu'il s'agisse d'un discours, celui-ci nous informe sur la place idéale qu'occupe le culte hebdomadaire.

La conséquence de cette hyper-mobilité est également énoncée par un prêtre catholique, d'origine espagnole, résidant en Tunisie depuis trente ans. Il décrit les « Badois » comme étant « hors-sol », plus comme un constat que comme un reproche :

« Ils ne vivent pas ici ! Ils vivent à La Marsa et travaillent en ville. Ils connaissent le chemin pour l'aéroport, mais ne savent pas aller à la poste ou à la gare ! Ils sont en Tunisie mais pourraient être n'importe où ailleurs. Pourtant, ils viennent à l'église, ça oui. Les enfants viennent au catéchisme et les messes sont vivantes. En plus, ils participent financièrement à la vie de l'Église comme ils savent qu'ils doivent rendre grâce pour leur réussite sociale et professionnelle, ils sont généreux. »

Il arrive que ces salariés fortunés aident des étudiants, soit en leur fournissant un emploi (entretien occasionnel d'un jardin, petits travaux de peinture), soit par une aide financière plus ou moins régulière.

Contrairement aux salariés de la Banque, les étudiants soulignent leur ancrage « réel » dans le pays. Ces derniers participent aux chorales et ont plus de temps pour échanger et discuter avec leurs collègues étudiants tunisiens. Malgré le racisme ambiant et les brimades régulièrement subies auprès des administrations ou dans la rue, ils sympathisent avec des étudiants tunisiens et sont parfois invités à manger dans leur famille[12].

---

12. Il est vrai que les relations entre hommes et femmes d'origines différentes sont très difficiles à accepter par les familles tunisiennes, surtout si c'est la jeune femme qui est Tunisienne. Un couple mixte dans la rue se fera fréquemment insulter. Les Africains (étudiants ou non) sont accusés de « dévoyer » les jeunes femmes tunisiennes. Ce qui est amplifié par la prostitution féminine dans les lieux fréquentés par ces hommes argentés.

Au sein de toutes les églises, les étudiants sont plus impliqués dans l'organisation que les adultes installés en famille. Chez les protestants, le Groupe biblique universitaire (dirigé par Armand Latte, de Côte d'Ivoire) et, chez les catholiques, la Jeunesse chrétienne à Tunis (JCAT) œuvrent au rapprochement entre Tunisiens et étudiants chrétiens africains en organisant des journées d'échanges, des rencontres, des sorties à la plage ou à la campagne. Leur statut d'étudiant leur permet d'avoir plus de temps pour les discussions, les promenades en ville, les moments de détente et de loisirs, les sorties entre amis, et il en ressort une plus grande connaissance de la ville, une meilleure appréhension de la société tunisienne que celle de leurs aînés. Plus de temps et moins d'argent aussi, ce qui suppose que contrairement aux « Badois », ils empruntent les transports en commun, marchent, font la queue dans les administrations, vivent dans des quartiers moins résidentiels, bref, ils interagissent plus avec la société locale.

L'Église catholique de Tunisie transformée

Depuis le milieu des années 2000, de nombreux changements ont touché cette Église. Il y eut tout d'abord un changement d'évêque, en 2005, avec le remplacement de Fouad Twal (Jordanien) par Maroun Lahham (Palestinien), qui resta à la tête de l'Église de Tunisie de 2005 à 2012, d'abord en tant qu'évêque, puis en tant qu'archevêque de 2010 à 2012, avant d'être lui-même remplacé en 2012 par Illario Antoniazzi.

De plus, la cathédrale St-Vincent-de-Paul et Sainte-Olive (qui fait face au bâtiment de l'ambassade de France sur l'artère principale de la capitale) a fêté en 2013 les dix ans de présence de l'Institut du Verbe incarné, une congrégation argentine qui, depuis son arrivée en 2003, a changé le ton des cérémonies religieuses. Selon les Sœurs blanches, la coloration du culte en est devenue plus « traditionnaliste », avec certaines modifications rituelles importantes telle que la communion à la bouche ou la célébration de la messe en latin le jour de Noël. La branche féminine du Verbe incarné, par l'intermédiaire des Sœurs bleues (appelées ainsi à cause de la couleur de leurs robes) a changé les habitudes des Sœurs blanches, présentes en Tunisie en tant que congrégation depuis 1875 et à titre individuel pour certaines depuis trente ans. Sœur I. se souvient : « Avant, nous avions une Église française, si ce n'est au niveau des fidèles, qui étaient mélangés entre Européens du sud, mais au moins au niveau du personnel ecclésiastique. Aujourd'hui, le gros des fidèles est constitué des salariés de la BAD et des membres de leurs familles, ou d'étudiants africains, tandis que les religieux sont en grande partie Argentins. Ça pourrait être bien, mais avec les Argentines, nous ne voyons pas les choses de la même manière. »

Ces changements de clergé ont également amené des changements esthétiques qui ne sont pas appréciés par tous. Par exemple, une nouvelle fresque orne un des murs de la cathédrale. Elle représente le Père de Foucauld courbant la tête vers un jeune indigène accroché au pan de sa robe, d'un air implorant. Pour les Sœurs blanches européennes, présentes en Tunisie depuis longtemps, cette représentation de « l'indigène » famélique et dépendant est dépassée et contrarie leur perception d'égalité entre elles et les habitants du pays qui les accueille. En revanche, elle reflète, selon elles, les conceptions passéistes de leurs consœurs sud-américaines quant aux relations entre missionnaires et autochtones.

Aux changements rituels et esthétiques vient s'ajouter l'augmentation du nombre de chrétiens en Tunisie, qui a pour corollaire la baisse d'interconnaissance entre coreligionnaires. En décrivant la semaine œcuménique annuelle de 2012 entre les différentes Églises, les représentants de la synagogue et les responsables des Églises orthodoxes russe et grecque, quelques Sœurs blanches présentes semblaient regretter le passé, celui où « on connaissait tout le monde ».

Parallèlement à ces transformations, le clergé chrétien a assisté à l'installation de la BAD et à l'affluence de ses employés vers les églises. Les églises se remplirent de manière continue et régulière, et les cultes s'adaptèrent pour tenir compte des habitudes religieuses des uns et des autres, notamment par la constitution de nouvelles chorales.

L'Église catholique de Tunisie comptait déjà des prêtres africains en son sein, mais lorsqu'il s'est agi d'encadrer les nouveaux arrivants, l'évêque s'est opposé à l'idée de désigner un prêtre noir pour le service d'une assemblée à majorité africaine. Derrière ce refus, on retrouve l'idée, avancée par M., prêtre français, de l'égalité absolue des êtres humains au service de Dieu et de leur interchangeabilité : « Un prêtre est un prêtre, peu importe sa couleur et son origine », explique-t-il. Dans le même temps, il affirmait le risque de renforcer les spécificités culturelles et celui d'instaurer une forme de ségrégation en confiant une congrégation à majorité africaine à un prêtre africain. Au fil des ans, de plus en plus de diacres et autre personnel religieux africains sont intégrés à l'église. Les ordinations de diacres africains sont fréquentes, et trois prêtres africains sont en poste. Le site internet de la cathédrale St-Vincent-de-Paul et Sainte-Olive donne lui-même, en la mettant en scène, la mesure du changement[13] : on y voit l'image d'une chorale des années 50, petits enfants et adolescents européens, sous la direction d'un adulte blanc, suivie d'une deuxième photographie de la chorale d'aujourd'hui, composée de jeunes adultes africains (étudiants ou enfants des employés de la BAD) qui posent autour de Monseigneur Illario Antoniazzi.

Cette Église bénéficie donc aujourd'hui de forces plus nombreuses, mais alors que les étudiants et salariés d'Afrique subsaharienne jouent un rôle actif dans la vie de la paroisse, d'autres, dans des situations de détresse, y cherchent une aide humanitaire qu'elle s'emploie à fournir, par exemple auprès des migrants clandestins ou des familles tunisiennes en difficulté. Présente depuis les années 40, Caritas en Tunisie devient un « service social de la Prélature » à partir du *Modus Vivendi* de 1964. Ses activités dépendent grandement des routes et des filières d'immigration clandestine qui varient elles-mêmes en fonction de la situation internationale. Par exemple, Caritas a été très sollicitée après la guerre en Libye en 2011 pour aider à la gestion des camps de réfugiés à la frontière tunisienne, notamment au camp de Shousha. Dans ce contexte de crise intense, quelques étudiants africains résidant en Tunisie (à Tunis mais aussi à Sousse, Sfax et surtout Gabès) se sont mobilisés, portant secours aux réfugiés. Par ailleurs, l'Église peut également intervenir en prison, car l'administration pénitentiaire a autorisé le père Jean Fontaine, un prêtre catholique, à pénétrer dans les prisons en tant qu'aumônier pénitentiaire auprès des « Africains » chrétiens incarcérés pour irrégularités ou crimes et délits (sans pour autant l'autoriser à rencontrer les Tunisiens chrétiens convertis).

---

13. http://www.cathetunis.org/

En dehors de ces situations de crise, à Tunis comme dans les villes moyennes du pays, l'Église catholique jouit d'un nouveau dynamisme grâce aux jeunes étudiants, aux activités des Jeunesses chrétiennes à Tunis (JCAT). À Sfax par exemple – mais Sousse et Gabès connaissent des évolutions comparables –, le père Simon Amy Gornah, un Père blanc originaire du Ghana, favorise l'intégration de l'Église à la société tunisienne par le biais d'un travail avec les associations sfaxiennes sur l'environnement. Il a également créé un « groupe d'amitié dans la différence » et une « table ouverte du mardi » qui organise des repas à l'occasion desquels jeunes Sfaxiens et membres des JCAT partagent ce temps de convivialité. Bien que ce prêtre bénéficie de l'aura des Pères blancs (qui continuent d'être perçus de manière très favorable par la population tunisienne), ces journées d'échanges demeurent, pour les Tunisiens, légèrement suspectes car le doute sur le travail d'évangélisation plane.

Les protestants évangéliques et anglicans : aménager la diversité croissante

Jusqu'au début des années 2000, la situation était assez simple : les protestants de Tunis, principalement Français, Suisses, Belges, Américains ou Anglais, s'organisaient autour des deux Églises protestantes de la ville, l'Église réformée de Tunis (Kazdaghli, 2003) qui est aujourd'hui une église évangélique et l'Église St-Georges (anglicane devenue *non-dénominational*). Avec l'arrivée des migrants africains et une multiplication des cultes et des services, la ligne de démarcation principale reste une frontière linguistique, les francophones d'un côté, les anglophones de l'autre, chaque église accueillant également un ou deux cultes hebdomadaires en arabe tunisien, à destination des convertis tunisiens, dirigés par des pasteurs tunisiens. À l'intérieur de chaque communauté linguistique, l'assemblée est composée de méthodistes, baptistes, presbytériens, et adventistes du septième jour et m'a souvent été décrite par les intéressés eux-mêmes comme un « cocktail ».

Comme Harris (2006) et Hunt et Lightly (2001) ont pu le décrire dans les Églises pentecôtistes en Angleterre, ici aussi, et ce dès 2005, des pasteurs d'Afrique noire furent spécialement appelés pour seconder les pasteurs locaux qui ne trouvèrent pas tout de suite le bon ton pour des prêches qui ne correspondaient pas aux souhaits et aux habitudes de ces nouveaux chrétiens. De plus, dans le souci de satisfaire le plus grand nombre de fidèles, des hymnes communs aux différentes congrégations furent choisis. Les premières années, faute d'offre distincte, un certain flou rituel régnait, mais l'inconfort lié à cette situation par les pasteurs était contrebalancé par l'enthousiasme de voir des églises pleines. Afin d'illustrer l'ambiance des premiers temps, voici l'extrait d'un entretien de 2005 accordé par le pasteur Raymond Kayij-A-Mutombu, détaché à l'Église réformée de Tunis (originaire du Cameroun), à J.P. Waechter pour le *Bulletin d'information francophone* de l'Église évangélique méthodiste :

« Nous avons des professeurs, ingénieurs, médecins ou banquiers. Toutes les nationalités : au début, c'était terrible, les uns aiment leur culte et leurs prières traditionnelles dans le silence et la méditation, d'autres sont plus expressifs : ils aiment crier, font prier tout le monde à la fois. Ça a créé des problèmes. Il a fallu trouver un équilibre. On a nos différences de dénomination, nos cultures religieuses : il y a des pentecôtistes, des méthodistes, des mennonites des baptistes, etc. On s'y retrouve, tous[14]. »

Dès 2006, les nouveaux venus protestants débordaient de leurs églises à contenance limitée et décidèrent de célébrer le culte dans des salles des fêtes qu'ils louaient pour l'occasion, voire dans des salles de réception de grands hôtels, surtout lors de fêtes importantes, telle celle de Pâques. Ils y organisaient également diverses activités sociales à caractère moins directement religieux comme les dîners de gala visant à récolter des fonds pour une action sociale, des voyages d'étude biblique ou des concerts. Autour des grands hôtels, certains pasteurs africains (et des Tunisiens déjà convertis) se mirent à distribuer de l'information religieuse, initiative qui est assimilable à du prosélytisme actif et donc interdite par la loi. Aussi, le ministère de l'Intérieur exigea que ces rassemblements religieux soient soumis à des demandes d'autorisation. Depuis, ces autorisations sont régulièrement demandées et très souvent rejetées, obligeant les Églises à une plus

---

14. http://enroute.umc-europe.org/2005/14/tunis1405.html#interview%20raymond

grande coopération (par exemple les catholiques prêtent leur espace de culte aux protestants) ou à louer des habitations afin de les transformer en églises.

Parallèlement à ces réunions très visibles se développèrent également des « groupes de maison », cercles de prières composés de quelques fidèles se retrouvant chaque semaine dans des logements privés pour prier et lire la Bible. Ces groupes de prières sont propices à une évangélisation discrète : des individus curieux du christianisme, cherchant à échanger avec des chrétiens en chair et en os plutôt que sur Internet, peuvent s'y rendre avant de pousser la porte d'une église[15]. Lors d'un culte dominical, un pasteur camerounais rappelle avec joie et emphase que deux pasteurs tunisiens se relaient une semaine sur deux à Jendouba pour y assurer le culte et invitent l'assemblée à prier « pour que cette Église soit un ministère joyeux ». Les protestants évangéliques tiennent pour essentielle la diffusion de la « Parole de Dieu » et sont donc plus enclins que les catholiques à entrer en relation avec des Tunisiens sur des thèmes religieux, que cette relation aboutisse ou non à une conversation plus poussée, voire à une conversion. Pourtant, les succès de l'évangélisation sont relatifs, et les velléités de missionnaire de certains sont délicates à gérer dans un pays qui, selon la dernière Constitution, autorisait la liberté de culte mais non le prosélytisme. Les pasteurs européens et américains sont très prudents face aux possibles accusations d'évangélisation. Ils se tiennent à bonne distance des convertis tunisiens et relatent avec empathie les quelques expulsions de chrétiens au Maroc. À ce sujet, un des pasteurs de l'Église réformée, tout en saluant la présence et l'enthousiasme des pentecôtistes en Tunisie, regrettait leur approche « trop franche et directe » de l'évangélisation, expliquant qu'ils faisaient montre d'un manque de compréhension du contexte local. « Les enjeux religieux et politiques sont trop sensibles pour qu'on aborde les gens ainsi. »

De plus, sans penser au cas particulier des convertis tunisiens mais plus généralement à la conduite du culte devant une assemblée

---

15. Ce mouvement – d'une ampleur limitée – est principalement urbain, bien que quelques églises de convertis tunisiens existent en milieu rural, notamment à Jendouba dans le sud et à Aïn Draham dans le nord du pays.

multiculturelle, le pasteur évoque la tension, avec laquelle il doit composer, entre la transmission d'habitudes culturelles, de traditions imbriquées intrinsèquement à la religion chrétienne et la volonté de livrer uniquement la parole et le message de Dieu, dépouillé de son emballage culturel : « J'aimerais pouvoir présenter Jésus. Que si quelqu'un rejette Jésus, alors c'est son message qu'il rejette, ou qu'il accepte. Que ce ne soit pas à cause d'un arbre de Noël, ou à cause de l'Amérique, ou parce que les Occidentaux boivent du vin. » Cette question du sapin de Noël, si elle peut sembler anodine, concentre toute la complexité entre religion et traditions culturelles. Lors des préparatifs de Noël 2010, le pasteur, président du Conseil de l'Église, était opposé à l'installation d'un arbre de Noël, mais le Conseil en a décidé autrement. Malgré les discussions et négociations, la majorité était favorable à maintenir la « tradition », contre l'avis du pasteur, qui choisit pourtant de se ranger à l'avis majoritaire. Ce dernier souhaite cependant « garder la culture à bonne distance », ce qui ne l'empêche pas, *a contrario*, d'avoir intégré de nombreux chants aux rythmes d'Afrique de l'Ouest en *senoufo* ou en *dioula*.

La question de la musique est d'ailleurs très souvent un objet sensible qui, tout comme les styles de prêche, amène dans certains cas les Églises à scissionner. Dès 2006, les fidèles habitués à des cultes plus charismatiques décident de se séparer et de créer leur propre Église. Par la suite, et en gage de bonne entente avec les autres protestants, malgré la scission, il y eut quelques occasions de retrouvailles lors de rituels communs. Elles m'ont été contées à plusieurs reprises comme peu concluantes. Beaucoup d'évangéliques font état de leur malaise face aux « manifestations spectaculaires » (expression du pasteur évangélique de l'Église réformée), comme les transes de certaines femmes membres de l'*Agape Fellowship* ou de la *Redeemer Church of Champions*, ou le parler en langues (glossolalie).

Malgré la prise en compte par le pasteur des tensions au sein de son Église réformée et de la nécessité de la scission, il exprime quelques regrets quant à l'enthousiasme des premiers temps. Il souligne l'écart qu'il constate entre sa volonté de faire communier « tous les enfants de Dieu » ensemble et une autre dynamique, également valide d'un point de vue religieux, qui est de fonder une autre église si besoin. En se séparant pour fonder l'Église des Champions, ce sont des Nigérians,

Ivoiriens ou Ghanéens qui s'y retrouvent et non des Français, Belges ou Américains, comme c'est le cas dans les églises du centre-ville (évangélique ou anglicane). On y croise quelques Tunisiens convertis, qui agissent comme preuve de l'entreprise de re-conversion d'une Afrique du Nord originellement chrétienne.

3. *Redeemer Church of Champions* : un nouvel arrivé à Tunis

L'Église pentecôtiste qui est située à La Marsa s'appelle l'Église des Champions. C'est une église d'origine nigériane, affiliée aux Assemblées de Dieu. Installée depuis 2006 dans une villa louée cher à cet effet auprès d'une propriétaire tunisienne non chrétienne[16], l'assemblée atteint désormais près de cent cinquante fidèles les dimanches matins, lors d'offices assez longs, qui commencent à 9 heures 30 et finissent vers 13 heures.

À l'inverse des évangéliques, assez discrets sur les questions d'évangélisation, les pasteurs pentecôtistes proclament ouvertement vouloir jouer un rôle déterminant dans la « reconquête chrétienne de l'Afrique du Nord ». Pendant le culte, on entend scander haut et fort : « Du nord au sud, de l'est à l'ouest, nous prions à la Gloire de Dieu et nous témoignons de la présence de Jésus le Sauveur ! »

Cette dimension de mission conquérante est très présente tout au long du culte. Tout comme Sabine Jaggi le montre dans son travail sur une église africaine en Suisse (2010, p. 287), une des modalités de la prise de conscience de l'appartenance religieuse comme ressource identitaire passe par la re-conversion, ou le baptême d'adulte. Aussi, dans cette église de La Marsa, parallèlement au culte, la *Sunday Bible school* se déroule à l'étage supérieur, destinée aux nouveaux convertis (Africains catholiques ou *re-born* pour la plupart), qui se préparent à recevoir le baptême. L'Église des Champions (*Redeemer Church of Champions*) se vit comme une entreprise de conversion dont la mission la plus importante est de croître. « Une Église qui ne croît pas est une Église morte » me dira un des pasteurs ivoiriens lors d'une

---

16. Il semblerait que la police ait même tenté de dissuader la propriétaire de la villa de louer à ce groupe religieux mais qu'elle ne se soit pas laissé intimider, convaincue de son bon droit… et de son intérêt financier.

conversation au sujet de l'Église catholique et de ses « vieux prêtres » en Tunisie. Afin de croître, il est important que le plus grand nombre se sente concerné. Aussi certains individus s'investissent-ils dans un travail de missionnaire soutenu. C'est le cas d'Hervé qui explique :

« J'ai 57 ans. Je suis venu une première fois à Tunis en 1973. À l'époque, c'était très différent. Les gens ne connaissaient pas l'Afrique, et lorsque je montrais une carte postale d'Abidjan, avec des gratte-ciels, ils me traitaient de menteur et disaient que c'était New-York ! J'étais venu faire des études dans une école hôtelière. Après, je suis reparti à Montréal. J'étais un jeune homme. J'aimais sortir, faire la fête. J'y ai rencontré d'autres Ivoiriens, des Camerounais, et, surtout, j'ai rencontré le Seigneur. Je me suis converti en 1989. Quelques années plus tard, je suis rentré à Abidjan et me suis marié à une chrétienne, comme moi. Notre retour à Tunis est un plan de Dieu. La venue de la BAD est le dessein de Dieu. Nous ici, nous faisons bouger les choses. Je sais que mon téléphone est sur écoute, mais ce n'est pas grave ! Je ne fais rien de mal : j'annonce la Bonne Nouvelle ! Celui qui croit et se fera baptisé sera sauvé. C'est simple, et la Constitution de ce pays laisse la liberté aux gens de croire. Les Tunisiens ont peur de vivre leur foi. Pourtant ils voient bien la vérité dans l'Évangile, ils s'en rendent compte mais ils ont une famille, un travail, etc. Je fais partie de l'Assemblée de Dieu de Côte d'Ivoire, mais nous nous réunissons aussi avec l'Église des Champions. Il y a beaucoup de dénominations, mais c'est fluide. On se regroupe tous dans une villa transformée en église. Il y a des Tunisiens avec nous. Ils sont à l'aise en Christ, mais pas au dehors. Pas encore. Nous évangélisons. C'est notre but. Il faut aller vers les âmes, c'est la Grande Commission : Mathieu 28, verset 18-19 ! Allez !! Mais nous touchons aussi des étudiants africains musulmans[17]. »

Cet homme est aussi actif dans plusieurs cellules de prière et soutient certains « frères et sœurs tunisiens » en difficulté morale et spirituelle. En me présentant l'importance de sa mission en Tunisie, il opère un travail de resymbolisation de la parenthèse migratoire, comme ce qui est observé au sein des Églises africaines en Europe

---

17. Extrait d'un entretien de mars 2010.

par la plupart des travaux sur le sujet. Ici, le déménagement de la BAD (la guerre civile en Côte d'Ivoire ?) s'inscrit dans le « plan divin », le « dessein de Dieu », comme il l'appelle lui-même. De manière comparable à ce que de nombreux chercheurs ont observé au sein des Églises africaines en Europe, les migrants sont enjoints à diriger leur énergie vers l'évangélisation des personnes dans le pays d'accueil. Dans l'optique d'être « une Église qui croît », il faut gagner de nouvelles âmes, annoncer « la Bonne Nouvelle » et ainsi contribuer à l'établissement du « Royaume de Dieu ». Pourtant, la donne est ici singulière par rapport aux situations décrites dans les divers pays d'Europe. En effet, il ne s'agit pas tant de régénérer spirituellement des chrétiens dont les valeurs se seraient émoussées avec la modernité que de ré-évangéliser l'Afrique du Nord. Aussi, l'évangélisation d'un Tunisien revêt un enjeu très fort car elle permet de faire « coup double », d'une part, en lui permettant de récupérer sa véritable identité chrétienne (en se référant à l'histoire antique) et, d'autre part, de faisant reculer l'islam en reprenant (tel un butin) des frères et sœurs égarés par l'histoire (souvent présentés sous les traits de Satan) et devenus infidèles.

Outre l'animation de cellules de prière à travers la ville, le pasteur ivoirien dirige également le culte du dimanche à l'église de La Marsa, qui regroupe un grand nombre de nationalités et de dénominations. Nous verrons la manière dont les jeux de langues s'y déroulent et la place particulière qu'y occupent les quelques Tunisiens convertis. Mes observations mettent en évidence la dimension rhétorique quant à l'importance de la conversion des Tunisiens ainsi que les dispositifs cultuels mis en œuvre pour leur valorisation.

Un culte en sous-sol : les soldats de Dieu

L'Église des Champions se réunit dans le sous-sol d'une villa réaménagée en vue d'y accueillir les croyants. On passe la porte d'entrée du jardin, monte les quelques marches du perron avant de se retrouver dans une pièce spacieuse et vide qui aurait été le salon. Dans l'angle droit de la pièce se trouve un poste de télévision qui retransmet le culte en sous-sol pour les jours de grande affluence. Le premier étage est dédié aux cours bibliques, et la salle de bain fait office de baptistère, tandis que le sous-sol est la salle de culte. Le déroulement du culte se fait selon une trame pentecôtiste, où témoignages et prêches enflammés sur le caractère conquérant de Jésus sont suivis par des chants dansés sur des rythmes d'Afrique de l'Ouest, des séances d'adoration proches de la transe, à l'occasion desquelles il peut y avoir des épisodes de glossolalie. Les séances de guérison occupent également une place importante. Les réunions se font le dimanche matin, ainsi que les mercredis et vendredi soirs. Il y a un jeûne mensuel, le dernier vendredi du mois, rompu par un repas collectif auquel se joignent des Tunisiens chrétiens ou musulmans.

Le dimanche matin, deux pasteurs officient debout côte à côte. Le pasteur nigérian prêche en anglais, tandis que le pasteur ivoirien traduit en français, face aux rangs de fidèles africains, assis sur des chaises en plastique blanc, Bible en main. À leur gauche se trouvent les musiciens et les chanteurs, vêtus de longues robes blanches satinées, tandis qu'à leur droite quelques rangées de chaises sont parsemées de Tunisiens (neuf femmes pour un homme) qui portent des écouteurs. Le nombre relativement modeste des Tunisiens est contrebalancé par la place et la visibilité qui leur sont accordées. Tout d'abord, pendant le culte, une femme tunisienne d'une soixantaine d'années, vêtue d'une robe aux motifs « africains » et d'une coiffe en tissu, traduit à voix basse, de manière simultanée, les paroles, prières, invocations et conseils des pasteurs vers l'arabe tunisien. Sa traduction passe par les écouteurs. Sa parole se calque sur celle des pasteurs, son rythme d'élocution s'efforce d'être aussi rapide et son style aussi enthousiaste. Ensuite, chaque dernier dimanche du mois, la présence des Tunisiens est mise à l'honneur, car c'est cette même femme qui dirige le culte, en tunisien, tandis que quelqu'un d'autre se charge de la traduction vers le français. Il semblerait que le nombre de fidèles tunisiens augmente ces jours-là. Comme je l'ai signalé, les Tunisiens qui participent à ce culte sont peu nombreux. Certains s'y rendent pour des raisons de commodité géographique (le centre de Tunis se trouve à vingt minutes en voiture de La Marsa ou à une bonne heure en transport en commun). D'autres y ont été orientés par le pasteur de l'Église réformée à Tunis, car leur comportement a été jugé trop volubile, trop « enthousiaste ».

Les pasteurs soulignent avec insistance l'importance spirituelle sinon numérique de la présence tunisienne parmi eux. Contrairement à la gêne manifestée par les pasteurs anglais et canadien lorsqu'il est question de conversions de Tunisiens, gêne qui doit bien entendu être nuancée par la satisfaction ressentie sur le plan théologique, les pasteurs africains ne s'embarrassent pas de considérations politiques. Ils se situent dans un cadre où la dimension post-coloniale ne se pose pas dans les mêmes termes, où la relation entre chrétiens noirs et musulmans ne charrie pas les mêmes réminiscences coloniales qu'entre chrétiens blancs et musulmans. Ici, la présence des Africains à Tunis se présente clairement comme s'inscrivant dans le dessein de Dieu : la migration africaine au Maghreb s'expliquerait donc par la reconquête chrétienne.

Nous voyons donc que le rôle des langues est ici central. Ceci s'explique bien entendu par la diversité des origines des fidèles mais également par le souhait de maintenir un culte commun. Il eut été possible de scinder à nouveau le groupe afin de se retrouver avec une assemblée majoritairement francophone ou anglophone. Il me semble que le fait d'opter pour un culte commun en favorisant l'anglais et le français au dépend des langues africaines répond à une stratégie d'ouverture. L'Église, à travers la virtuosité linguistique des pasteurs, veut montrer qu'elle est amenée à s'étendre, à gagner d'autres fidèles. Du point de vue exprimé par les pasteurs, il serait possible de dire que peu importe la langue, c'est l'expression des fidèles qui prime. La place laissée aux diverses langues se veut un gage d'égalité entre les « enfants de Dieu » et une preuve de la toute-puissance et de l'omniscience de celui-ci. La communication entre Dieu et les hommes et entre les hommes eux-mêmes, qu'elle se fasse en anglais, en français, en diola, en yoruba ou en tunisien, voire même « en langue » (dans le sens de glossolalie), est dense et prolixe. Dans ce contexte, la satisfaction forte liée à une virtuosité linguistique est manifeste, et cette dernière contribue au charisme et à la légitimité des pasteurs. Si les langues sont un cadeau de Dieu, en maîtriser plusieurs accroît sa grâce propre, et savoir parler en public est un signe supplémentaire de Sa présence. Cette forme de valorisation est tout à fait adaptée à ce contexte migratoire africain où le multilinguisme est la règle. De la même manière, tout comme Oro et Mottier l'avaient noté à Montreuil lors d'un congrès en 2008 (2012, p. 204), l'insistance avec laquelle les pasteurs annoncent le nombre de voyages faits, le nombre de pays traversés, les kilomètres parcourus, est une garantie de la sincérité de leur mission et du charisme que Dieu leur a accordé.

Ce culte, comme tous les cultes pentecôtistes et à l'inverse des assemblées dans les Églises évangéliques, laisse peu de place au silence ou au recueillement, et même les prières silencieuses sont accompagnées d'un murmure sonore, parfois d'une gestuelle appuyée. L'usage d'une multiplicité de langues est particulièrement intéressant lorsqu'on observe la manière dont le Tunisien est inclus dans la ronde des langues. En accordant une place à la langue locale, les pasteurs font plus que rendre hommage à une réalité migratoire complexe, ils mettent en scène la reconquête de l'Afrique du Nord. Dans ces cultes, le vocabulaire de la conquête, voire de la re-conquête, est mobilisé constamment, dans le but premier d'une remoralisation des chrétiens eux-mêmes mais aussi des autres, les « renégats », les « scélérats ». Les thèmes abordés, outre ceux de l'amour de Dieu et du choix qu'il a opéré en amenant les fidèles à lui, sont principalement la bataille contre la fornication, contre le stupre et la luxure. En tant que « soldats de Dieu » il faut combattre ces maux et les extirper des vies des croyants, par la prière et la discipline. Tout ici est comparable aux nombreuses études faites ailleurs sur des églises africaines (Fancello, 2008 et 2010 ; Maskens, 2010 ; Mossière, 2008 ; Enzo et Butticci, 2010 ; Mary, Fouchard, Otayek, 2005), si ce n'est la dimension de microcosme que revêt cette église et que le contexte est à la fois musulman, arabe et très anciennement chrétien, trois caractéristiques dans lesquelles les pasteurs puisent la légitimité de leur action missionnaire.

Conclusion

À travers l'étude des bouleversements profonds connus par les églises chrétiennes en Tunisie ces dix dernières années, nous avons un aperçu des nouveaux rapports qui se construisent lentement au sein de la société tunisienne en ce qui concerne la place de l'immigration et l'altérité (qu'elle soit culturelle, religieuse ou linguistique). De plus, les églises présentes en Tunisie depuis le XIXe siècle en tant que vestiges bienveillants et bien tolérés d'une religion d'anciens colons sont secouées et interrogées par un christianisme africain, différent dans sa forme et dans son style. Pourtant, ce ne sont pas tant ces variations liturgiques qui changent, mais surtout le rapport politique au Maghreb, à la Tunisie et aux Tunisiens qui est fondamentalement différent. Les Églises chrétiennes en Tunisie sont passées en une décennie d'une posture que l'on pourrait qualifier de « profil bas » à une position rayonnante, confiante et affirmée. Fortes de leurs cultes dynamiques et énergiques, les Églises ont opéré une révolution progressive, qui les ont fait passer d'Églises sans objet (pour les Tunisiens), à part celui de trace du passé, à des lieux essentiels de sociabilité, de foi et de ferveur en direction des Africains.

En aménageant une place à la langue tunisienne au sein du culte, l'Église pentecôtiste se positionne de plain-pied dans une religiosité globale, contrairement à l'Église réformée qui préfère juxtaposer les cultes pour ne pas être accusée de prosélytisme. La dimension conquérante du pentecôtisme, tournée vers l'universel et l'international, est annoncée et assumée. Cette Église se situe dans une géographie où la Tunisie n'est qu'un petit pays, une province de « l'Afrique du Nord » dans son acception ancienne, un pays dans lequel les individus ne font que passer, certes, mais un pays à conquérir. Depuis le début de 2014 le retour de la BAD en Côte d'Ivoire est engagé, il faudra observer ce qui demeure du passage des chrétiens d'Afrique.

Références bibliographiques

BAVA S., PICARD J., 2010, « Les nouvelles figures religieuses de la migration africaine au Caire », *Autrepart*, n° 56, p. 153-170.

BENSAAD A., 2008, *Le Maghreb à l'épreuve des migrations subsahariennes : immigration sur émigration*, Paris, Karthala.

BERRIANE J., 2012, « La formation des élites subsahariennes au Maroc », *in* A. Mokhefi M., A. Antil, (dir.), *Le Maghreb et son Sud : vers des liens renouvelés*, CNRS Éditions.

BOISSEVAIN K., 2006, *Sainte parmi les saints : sayyda Mannûbiya ou les recompositions cultuelles dans la Tunisie contemporaine*, Paris, IRMC, Maisonneuve et Larose, coll. Connaissance du Maghreb.

BOISSEVAIN K., 2013, « Devenir chrétien évangélique en Tunisie : quelques aspects d'une conversion en pays musulman à la veille de la révolution (2009-2010) », *in* Ch. Pons, (dir.), *Jésus, moi et les autres : la construction collective d'une relation personnelle à Jésus dans les Églises évangéliques : Europe, Océanie, Maghreb*, Paris, CNRS Éditions, p. 147-187.

BOUBAKRI H., MAZZELLA S., 2005, « La Tunisie entre transit et immigration : politiques migratoires et conditions d'accueil des migrants africains à Tunis », *Autrepart*, n° 36, p. 149-165.

BREDELOUP S., PLIEZ O. (dir.), 2005, « Migrations entre les deux rives du Sahara », *Autrepart*, n° 36, p. 3-20.

CORTEN A., MARY A. (dir.), 2000, *Imaginaires politiques et pentecôtisme. Afrique /Amérique latine*, Paris, Karthala.

FANCELLO S., 2008, « Les pentecôtismes indigènes : la double scène africaine et européenne », *Archives de sciences sociales des religions*, n° 143, *Christianisme du Sud à l'épreuve de l'Europe*, p. 69-89.

FANCELLO S., MARY A. (dir.), 2010, *Chrétiens africains en Europe : prophétismes, pentecôtismes et politiques des nations*, Paris, Karthala.

FANCELLO S., 2010, « « Afrique élève l'Europe » : pentecôtisme, afrocentrisme et démocratie », *in* S. Fancello, A. Mary (dir.), *Chrétiens africains en Europe : prophétismes, pentecôtismes et politiques des nations*, Paris, Karthala, p. 207-242.

FOURCHARD L., MARY A., OTAYEK R., 2005, *Entreprises religieuses transnationales en Afrique de l'Ouest*, Paris, Karthala-IFRA, coll. « Hommes et sociétés ».

HUNT S., LIGHTLY N., 2001, « The British black Pentecostal "revival" : identity and belief in the "new" Nigerian churches », *Ethnic and Racial Studies*, vol. 24, n° 1, p. 104-124.

HARRIS H., 2006, *Yoruba in Diaspora. An African Church in London*, Palgrave Macmillan, London.

KAZDAGHLI H., 2003, « Les églises chrétiennes non catholiques et l'État tunisien depuis 1956 », *in* Ph. Delisle, M. Spindler (dir.), *Les Relations Églises-États en situation post-coloniale : Amérique, Afrique, Asie, Océanie*, Paris, Karthala, p. 203-227.

LAHLOU M., 2005, « Le Maroc et les migrations du sud du Sahara : évolutions récentes et possibilités d'action », *Critique économique*, n° 16, p. 109-136.

MASKENS M., 2008, « Migration et pentecôtisme à Bruxelles : expériences croisées », *Archives de sciences sociales des religions*, n° 143, p. 49-68.

MAZZELLA S. (dir.), 2009, *La mondialisation étudiante : le Maghreb entre Nord et Sud*, Paris, IRMC-Karthala, .

MOTTIER D., 2010, « Réveils prophétiques et entreprenariat charismatique : creuset congolais et prophétisme ivoirien en France », in S. Fancello, A. Mary (dir.) *Chrétiens africains en Europe : prophétisme, pentecôtismes et politique des nations*, Paris, Karthala, p. 155-178.

MOTTIER D., ORO A.P., 2012, « Entrepreneuriat charismatique et dynamiques transatlantiques de reconquête spirituelle (Amérique du Sud/Afrique/Europe) », in K. Argyriadis, S. Capone, R. de la Torre, A. Mary (dir.), *Religions transnationales des Suds,* Academia Bruylant, coll. Investigations d'anthropologie prospective, Louvain-la-Neuve, p. 193-212.

PACE E., BUTTICCI A., 2010, *Le Religioni pentecostali*, Roma, Carocci.

POUESSEL S. (dir.), 2012, *Noirs au Maghreb : enjeux identitaires*, Paris, Karthala-IRMC.

POUESSEL S., 2014, « L'islam au nord : jeux de frontières Afrique/Maghreb à partir des étudiants subsahariens en filière arabisante et islamique à Tunis », *Cahiers d'études africaines*, n° 211, p. 571-594.

RAHAL A., 2000, *La Communauté noire de Tunis : thérapie initiatique et rite de possession*, Paris, L'Harmattan.

SIMON B., 2010, *From migrants to missionaries : Christians of African origin in Germany*, Frankfurt, Germany.

TER HAAR G., 1998, *Halfway To Paradise : African Christians in Europe*, Cardiff, Cardiff Academic Press.

Buenos Aires :
nouvelle borne sur la route des mourides

Régis Minvielle
Socio-anthropologue, chercheur associé au LPED (IRD/AMU)
et à l'Université de São Paulo
Fundação de Amparo à Pesquisa do Estado de São Paulo

Depuis le début des années 90, mais surtout durant la dernière décennie, la mise en place d'une forteresse aux portes de l'Europe ou des États-Unis oblige les migrants à repenser leurs itinéraires. Sous l'effet conjoint du renforcement des contrôles migratoires et de la mondialisation économique, les migrations prennent désormais un caractère multipolaire. Les vieux couples migratoires (Maghreb/ France, Mexique/États-Unis d'Amérique, Inde et Pakistan/Royaume-Uni) dérivés des accointances historiques s'étiolent au profit de nouvelles circulations qui se déploient de plus en plus entre les Suds. Certes, les migrations Sud-Sud sont anciennes, mais elles se limitaient essentiellement aux seuls espaces régionaux. Aujourd'hui, les parcours des migrants dépassent ces espaces, chevauchent les continents et prennent des formes multidirectionnelles. Alors que des hommes d'affaires et des étudiants africains s'installent en Chine, des commerçants chinois effectuent le chemin inverse en s'implantant à Kinshasa ou à Dakar. Le Brésil s'impose comme une puissance attractive en accueillant aussi bien des réfugiés syriens que des commerçants coréens et angolais, ou encore haïtiens qui abandonnent leur île suite au séisme de 2010. Toutes ces mobilités qui se développent à l'ombre des projecteurs médiatiques aveuglés par le « couloir » sud-nord expriment en creux l'accélération d'une globalisation des Suds. L'émergence récente d'un dispositif migratoire africain en Amérique du Sud témoigne également de ces transformations (Minvielle, 2015). Dans cette contribution, il s'agira d'interroger ce nouvel élargissement de l'espace migratoire africain et plus particulièrement sénégalais à l'aune de la question religieuse. L'objectif est non seulement de rendre compte du redéploiement du culte mouride dans la capitale argentine à travers la mise en œuvre du *dahira* et le rôle des objets du quotidien mais aussi d'appréhender les effets de cette nouvelle présence musulmane sur une mosquée de Buenos Aires.

Des profils en mutation

Bien que dérisoire au regard des flux régionaux[1], la migration africaine en Argentine, estimée à 5 000 individus dont plus de 3 000 Sénégalais (Maffia, Monkevicius, 2012), se singularise cependant par sa visibilité. En investissant le créneau de la vente ambulante, ces camelots des temps modernes (Péraldi, 2007) qui transportent leurs marchandises sur les artères et les places de Buenos Aires transforment l'espace public en marchés populaires cosmopolites.

Aujourd'hui privilégiée par les nouveaux venus en provenance du Sénégal, la vente ambulante n'entrait pas dans les prérogatives de leurs prédécesseurs arrivés de manière éparse à la suite de détours ou de rencontres, tout au long des années 90. Généralement dotés de qualifications et d'un vécu migratoire, ces pionniers de la migration africaine en Argentine, ressortissants du Mali et du Sénégal pour la plupart parvinrent à se frayer une voie dans les secteurs du bâtiment, de l'automobile ou encore dans les emplois de service, à une époque où l'Argentine avait pris un virage libéral qui, avant de se solder en 2001 par une crise financière et politique sans précédent, avait occasionné un cycle de croissance et un boom de l'immobilier (développement des quartiers résidentiels selon le modèle nord-américain *gated community*). Des Maliens et des Sénégalais, déjà habitués aux métiers de la construction depuis leurs passages en Libye ou en Arabie saoudite, ont pu alors monnayer leurs compétences dans une filière en plein essor.

S'ils imaginaient seulement l'Argentine comme une étape nécessaire à la reconstitution d'un capital bien entamé par le coût du voyage, tous n'atteignent pas cet objectif de ré-émigration vers

---

1. Selon le recensement officiel de la population effectué en 2010, le pays compte 550 713 Paraguayens, 345 272 Boliviens ou encore 157 514 Péruviens.

les États-Unis ou vers l'Europe. Ceux-là s'installent durablement à Buenos Aires en poursuivant leurs carrières ouvrières ou en se reconvertissant en commerçants. Le profil de leurs successeurs diffère sensiblement. Victoria Ebin à New York (1992) ou encore Ottavia Schmidt di Friedberg en Italie (1993) ont bien montré que chaque épisode migratoire donne lieu à de nouvelles figures. L'histoire de la migration africaine à Buenos Aires confirme cette tendance : si leurs aînés provenaient des grands centres urbains de Dakar, Bamako ou Conakry, les nouveaux arrivants des années 2000 et 2010 sont plutôt d'origine rurale, issus principalement du bassin arachidier sénégalais autour des villes de Diourbel, de Touba, de Thiès et de Kaolack. Jeunes hommes (entre 20 et 30 ans) et peu instruits hors de l'éducation au sein des *daara-s*[2], ils appartiennent majoritairement à la confrérie mouride et reproduisent à Buenos Aires un « idéal-type » migratoire, fondé sur le commerce et déjà éprouvé dans les grandes villes d'Afrique (Copans, 1980) d'Europe occidentale (Bava, 2005 ; Riccio, 2006) ou encore des États-Unis d'Amérique (Ebin, 1992) et où le religieux est au cœur de leur condition migrante.

Le *dahira* : un pont entre ici et là-bas
Recréer la foi en milieu urbain

Apparu à la fin du XIXᵉ siècle, le mouridisme est une organisation soufie qui se structure autour de relations verticales entre les marabouts (*cheikh*) et leurs disciples (*talibés*). La vie communautaire est particulièrement intense. Fondée par Cheikh Ahmadou Bamba, cette doctrine établit comme fondamentales l'assiduité au travail et l'éthique de la solidarité. « Travaille comme si tu ne devais jamais mourir et prie comme si tu devais mourir demain » est le précepte fondamental que chaque membre de la confrérie doit s'efforcer de mettre en application.

Dès sa fondation, à la fin du XIXᵉ siècle, la confrérie constitue un espace de rassemblement des paysans wolof et d'opposition au

---

2. La majorité d'entre eux n'ont reçu comme seul enseignement que l'étude du coran dans les *daara-s* (maison, en arabe) à l'intérieur desquelles les enfants consacrent une partie du temps à étudier les principes de la religion islamique et l'autre aux tâches agricoles.

colonisateur français. Mais elle saura aussi utiliser l'administration coloniale pour étendre son pouvoir économique. Jusqu'au milieu des années 60, les marabouts assurent ainsi les deux-tiers de la production totale d'arachide du Sénégal et jouent un rôle d'intermédiaire entre la paysannerie et l'État (Cruise O'Brien, 1970). À cette époque, la communauté mouride est essentiellement rurale, mais, suite aux sécheresses successives des années 1968, 1970 et 1972 et à la chute du cours de l'arachide, les mourides se lancent à grande échelle dans le commerce, en premier lieu à Dakar, autour du marché Sandaga, puis dans les villes de migration africaines et, enfin, dans les villes d'Europe et d'Amérique du Nord. Par ailleurs, le manque de débouchés sur le marché du travail, lié à une absence de qualifications et à une pénurie d'emplois, consacre le commerce comme la principale source de revenus. Certains de ces *talibés* vont dès lors emprunter les chemins de la migration internationale et tisser des liens commerciaux grâce, en partie, à la figure du marabout qui, par son autorité, joue un rôle d'intermédiation entre des disciples éparpillés dans le monde entier.

Au sein de la confrérie, le *dahira* est une structure d'encadrement social et religieuse des *talibés* qui a vu le jour avec l'implantation urbaine des mourides. L'objectif des mourides était d'exporter le système des *daara-s*, lieux d'enseignement du coran et du mouridisme, du milieu rural vers les villes (Bava, 2004).

L'éparpillement de la diaspora mouride à Dakar a conféré au *dahira* un rôle de lieu de rencontre par excellence. Les *talibés* pouvaient se réunir dans cet espace pour des séances de *dhikr*[3] ou pour réciter des chants religieux appelés *khassaïdes*[4]. Les rassemblements dans les *dahira-s* sont aussi l'occasion de discuter des affaires courantes, de

---

3. Prière de type soufi qui s'attache à répéter les noms du Prophète et à réciter des versets coraniques.
4. Le mot *khassaïde* a comme étymologie *qasida,* qui signifie poème en arabe. Ces poèmes écrits par Cheikh Ahmadou Bamba constituent le pilier principal de l'enseignement mouride. En énonçant les valeurs à respecter et en expliquant le sens de certains versets coraniques, ces poèmes structurent la pensée mouride, enfermée dans pas moins de sept tomes d'ouvrages, selon ce que rapporte la tradition. Des traductions du Coran et autres pamphlets de cette œuvre colossale sont comparables aux poèmes des grands maîtres soufis (Bava, 2005).

lire et d'apprendre le coran et d'aider ceux qui sont dans le besoin. Le *dahira* donne lieu à des collectes destinées au financement d'événements religieux comme le pèlerinage annuel à Touba pour célébrer le souvenir de Cheikh Ahmadou Bamba (le grand *magal*) ou encore les *ziyara-s*, ces visites pieuses des marabouts venues apporter la baraka[5] aux *talibés*. Les sommes réunies par les *talibés* sont également envoyées dans la ville sainte de Touba, considérée comme la capitale des mourides, en vue de participer au financement d'infrastructures (hôpitaux, écoles, travaux d'assainissement, rénovation de la grande mosquée, etc.). L'objectif pour ces migrants était alors de « reconstruire en ville les bases de l'unité et de la solidarité villageoises » (Diop, 1981, p. 79). Le *dahira* permet ainsi de recréer en milieu urbain des liens de solidarité inhérents au monde paysan entre les membres de la confrérie.

Ce modèle d'organisation religieuse et communautaire, initié à Dakar, a été ensuite reproduit à l'échelon national puis international, balisant ainsi les parcours urbains des migrants mourides. De Marseille à New York ou encore de Niamey à Rimini, les *talibés* fabriquent, au moyen du *dahira*, un dispositif religieux transnational qui connecte plusieurs territoires entre eux mais qui ne se détournent jamais de Touba, la capitale des mourides. Ce lieu saint accompagne de manière constante les mourides dans leur migration ; l'immatériel suit ainsi le déplacement physique. Le *dahira* symbolise le mieux cette migration

---

5. La baraka représente, chez les adeptes de l'islam soufi, un pouvoir magique. Héritée du Prophète, la baraka se transmet par la filiation biologique et/ou spirituelle, de Dieu vers les saints. Elle est le résultat de la révélation qui dote le messager de Dieu d'un pouvoir « surnaturel » de transmission de la grâce. Ainsi lorsque la révélation a eu lieu, le messager de Dieu reçoit le pouvoir « surnaturel » de transmettre la grâce. Chez les mourides, la baraka peut se transmettre de diverses manières : recevoir la bénédiction du khalife, visiter la tombe de Cheikh Ahmadou Bamba et le baobab de la révélation sont pour les disciples les meilleurs moyens de l'obtenir, mais il existe d'autres canaux de transmission comme ramasser du sable dans la ville de Touba, le boire, toucher un personnage saint ou encore l'habit porté par un marabout. En réalité, tout ce qui a un lien avec le fondateur, que ce soit des personnes ou des éléments, considérés comme sacrés, peut apporter la baraka (Bava, 2002). Dans ce contexte d'application, cette pratique peut aussi se répandre dans la migration avec les visites des marabouts.

de la religion, à travers la mobilisation des *talibés* qui ont ainsi la possibilité de réaffirmer collectivement la transcendance du lien qui les unit à Touba.

À Buenos Aires mais sur les traces du fondateur

Buenos Aires n'échappe pas à cette logique d'ancrage urbain et religieux incarné par le *dahira*. Comme ailleurs, la communauté mouride ré-agence dans la capitale argentine des formes d'entraide et de solidarité à partir d'une base religieuse. Mais en migration, le *dahira* est soumis aux aléas tels que la difficulté pour les disciples à trouver un lieu adéquat ou encore à rassembler une communauté dispersée dans une mégapole de plus de 13 millions d'habitants. À Buenos Aires, deux lieux sont privilégiés par la communauté mouride pour le *dahira* :

Le premier est une salle de réunion situé dans le centre-ville. Peu de disciples se rendent à ces rassemblements hebdomadaires ; entre vingt et trente personnes tout au plus se succèdent les uns après les autres sur une durée de deux heures. L'horaire tardif (21 heures 30 chaque mercredi), consécutif à une journée de travail harassante, mais aussi la volonté de ne pas perdre la face lors de la quête, expliquent cette défection. Bien que les donations s'effectuent selon les moyens de chaque disciple[6], la pression sociale du groupe invite les *talibés* à faire preuve de générosité. Or, l'activité économique des mourides se caractérise par une certaine précarité et des gains incertains. Le coût de la quête, auquel il faut ajouter celui du transport, peuvent alors dissuader des *talibés*, déjà fortement sollicités économiquement par leurs familles, de se rendre au *dahira*.

Le second lieu est au sous-sol d'un *kiosco*[7] tenu par un commerçant mouride qui l'utilise pour stocker sa marchandise. Située sur l'avenue Corrientes, artère commerçante du centre-ville, la salle peut accueillir

---

6. Au moment de l'enquête en 2010, les sommes déboursées variaient généralement entre 10 et 30 pesos, correspondant à l'époque à des montants compris entre 1,60 euro et 5 euros, hors cotisations exceptionnelles.
7. Très répandues en Argentine, ces boutiques possèdent généralement une gamme de produits très diversifiés tels que des barres chocolatées, des biscuits, des boissons, des glaces, des chips, mais aussi des cartes téléphoniques prépayées.

une soixantaine de personnes. Le *dahira* s'y déroule de manière exceptionnelle lorsque la communauté mouride doit prendre des décisions importantes. Au cours de nos observations à Buenos Aires en 2010, des discussions tournaient autour de la nécessité d'une acquisition immobilière. Selon un scénario bien rôdé, l'achat d'une « maison Serigne Touba », comme il en existe à Paris, en Italie ou aux États-Unis, sera consacré à l'accueil du *dahira*, aux différentes cérémonies religieuses et aux visites des marabouts. Ses fonctions ne s'arrêtent pas seulement au cadre religieux mais englobent également la solidarité communautaire à travers l'accueil des nouveaux venus (hébergement, soutien dans leurs démarches administratives, etc.).

Pour concrétiser ce projet, les mourides doivent récolter une somme comprise entre 150 000 et 200 000 dollars. Chaque *talibé* est invité à soutenir le projet en apportant une contribution financière selon les moyens de chacun. À l'image de la Maison de l'islam à Harlem, immeuble de deux étages (Ebin, 2008) acheté par les mourides de New York après avoir réussi à récolter la somme d'environ un demi-million de dollars, l'ouverture d'un espace similaire à Buenos Aires exprimerait une volonté de s'inscrire durablement dans la capitale argentine. La création d'un tel lieu et son appropriation, dédiée en grande partie à la pratique religieuse, matérialisent à travers son empreinte physique, sa dénomination, sa décoration, l'ensemble de ses activités (lecture et apprentissage du Coran, *dahira*, etc.), mais aussi la ritualisation de l'accueil des marabouts, la reterritorialisation de Touba à l'étranger. Il est encore prématuré, au vu de la jeunesse de cette migration, de considérer cette inscription spatiale des mourides comme le signe d'une stabilisation ou d'une intégration (Halbwachs, 1941 ; Kepel, 1987) et/ou, comme à Marseille, d'un ancrage qui favorise la circulation des mourides (Bava, 2005). En d'autres termes, l'existence d'un tel lieu, par sa fonction d'accueil, peut aussi contribuer à favoriser le mouvement. Les mourides sachant qu'ils seraient accueillis à Buenos Aires pourraient ainsi entreprendre plus facilement des va-et-vient avec d'autres provinces de l'Argentine et des pays voisins. On peut donc faire l'hypothèse que l'ouverture d'une maison Sérigne Touba dans la capitale Argentine est susceptible de générer une extension du réseau mouride au sud du continent américain.

Outre sa fonction religieuse, le *dahira* est aussi un lieu de sociabilité. La dispersion des Sénégalais dans une mégalopole telle que Buenos Aires, leur mobilité permanente du fait de la vente ambulante ainsi que l'amplitude de leurs horaires de travail ne favorisent guère les rencontres avec ceux qui ne fréquentent pas les mêmes quartiers. Les rassemblements hebdomadaires du *dahira* donnent ainsi l'occasion aux migrants de se réunir dans un cadre différent de celui lié à la sphère domestique ou du travail. Le *dahira* permet de faire connaissance avec d'autres membres de la confrérie ou bien de retrouver de vieilles connaissances. Le *dahira* est le biais par lequel on peut obtenir des informations non seulement sur la vie de la confrérie à Touba, au Sénégal et dans les autres lieux de la migration, mais aussi sur la vie de la communauté en Argentine : on peut ainsi s'enquérir des nouveaux arrivants, de ceux qui sont sur le point de ré-émigrer ou de repartir au Sénégal.

En fondant des *dahira-s*, les disciples réinventent, à l'image des salles de prière destinées aux communautés musulmanes d'Europe et d'ailleurs, un espace du sacré, chargé de spiritualité. Une salle de quartier, un gymnase, l'arrière-salle d'un restaurant peuvent ainsi fonctionner comme des mosquées. Les *dahira-s* accompagnent ainsi les *talibés* dans leur migration et permettent de délocaliser le mouridisme et faire revivre Touba partout sans nécessité de créer un centre à vocation institutionnelle. Au-delà de la simple identification à un lieu sacré, le rituel des *dahira-s* crée les conditions d'une « reterritorialisation continue » c'est-à-dire d'une capacité à recomposer continuellement leurs propres points de référence en les reliant à un contexte vers lequel ils tendraient à retourner occasionnellement ou définitivement (Riccio, 2006 : 104), de sorte que les mourides se sentent chez eux, même en vivant à l'étranger.

Dans ce besoin de ré-agencer la pensée mouride à l'étranger et de préserver le lien avec Touba, les *talibés* peuvent s'appuyer sur la maxime du fondateur : « Tu peux habiter à Touba mais être loin de Touba et tu peux habiter loin et en être près. » Cet adage rejette l'idée de frontière physique entre la ville de Touba et le reste du monde. Elle décloisonne le mouridisme d'un terroir en lui donnant un caractère supra-national, sans pour autant l'affaiblir et fournit un cadre de légitimité à la migration qui ne représente pas un frein à la pratique religieuse. De cette manière, les fidèles qui se trouvent à l'étranger peuvent se convaincre de demeurer de bons mourides. Mieux, ils interprètent leurs parcours migratoires comme une expérience initiatique en suivant les traces de Cheikh Ahmadou Bamba, lui-même confronté à l'exil en de nombreuses occasions. Les *talibés* s'enorgueillissent d'ailleurs de comparer leurs trajectoires à celle du fondateur. Ils voient ainsi une occasion, dans la migration, d'imiter le guide spirituel exilé à trois reprises par les colonialistes français : d'abord au Gabon de 1895 à 1902, puis en Mauritanie de 1903 à 1907 et enfin à son retour de Mauritanie où, à sa demande, il se rend dans le Djolof mais sous l'étroite surveillance des administrateurs du Bureau des affaires musulmanes[8]. Perçus par la population comme des épreuves envoyées par Dieu, ces exils eurent pour effet de renforcer ses pouvoirs religieux et d'asseoir définitivement son prestige. L'exode est alors une opportunité de recréer la vie passée de Cheikh Ahmadou Bamba.

Pour ces raisons symboliques et spirituelles qui les conduisent à imiter Cheikh Ahmadou Bamba, certains *talibés* que nous avons interrogés rêveraient, après dix ans de voyage, de rentrer au Sénégal et d'acheter un immeuble pour ouvrir une *daara* dans leur village d'origine. Cheikh Ahmadou Bamba est donc le modèle de réussite qu'il faut suivre. C'est lui qui a ouvert la voie à l'exil, et en imitant le fondateur, non seulement on gagne son salut dans l'au-delà, mais on espère aussi retourner au Sénégal, auréolé d'un nouveau prestige. En migration, Touba incarne ce lieu de retour, réel ou imaginaire, qui agit comme un socle commun ou comme un point d'unicité entre les mourides, dispersés à travers le monde.

Sur la route, les objets du quotidien jouent un rôle essentiel dans la permanence de l'identification à un lieu sacré, en accompagnant non seulement les migrants dans leurs déplacements, mais aussi dans les intentions et les actions.

---

8. Le Bureau des affaires musulmanes est un service de l'administration coloniale fondé en Afrique du Nord et dirigé par Robert Arnaud. Ce dernier l'exporte en Afrique occidentale française (AOF) en 1906. L'objectif de ce service était de recueillir des informations afin d'analyser la situation de l'islam en AOF (Bava, 2002).

Le portable : un connecteur de mondes pluriels

En migration, la dimension religieuse constitue une ressource immatérielle qui permet de légitimer les événements, les destins individuels et collectifs et de baliser les parcours, en leur conférant du sens. Elle devient omniprésente et se matérialise dans les prières quotidiennes et par la présence de signes religieux : des *kourouss*[9] que l'on serre dans ses doigts, les photos de Cheikh Ahmadou Bamba qui figurent sur les téléphones portables. De ces mêmes téléphones retentissent des chants mourides. Outre sa fonction majeure de communiquer avec les siens et de maintenir ainsi le lien social avec les membres de sa famille, le téléphone portable, à travers ses usages dérivés comme le stockage d'informations en tout genre, contient toute une gamme d'images et de musiques qui renvoient à l'iconographie mouride. Objet du local, en ancrant l'individu dans la société dans laquelle il vit à travers les interactions qu'il induit, le téléphone portable est aussi un objet du transnational, dans le sens où il relie, sans discontinuité, le migrant à sa terre d'origine (photos de la famille, des amis). La possibilité de naviguer sur la grande toile d'Internet qu'offre désormais la téléphonie mobile permet de suivre en direct l'évolution des affaires toubiennes depuis les faubourgs de Buenos Aires. Le portable fait ainsi émerger la figure du migrant connecté (Diminescu, 2010) en prise constante avec des référents de sa culture d'origine et à l'intérieur desquels le religieux occupe une place prépondérante.

En raison de son caractère nomade et précaire, l'activité de la vente de rue interdit de s'encombrer d'effets personnels. Dans ces conditions de mobilité constante et du fait de ses qualités éclectiques et de sa petite taille, le téléphone portable acquiert une importance capitale pour les *talibés*. Lorsque le client se fait rare, cet objet permet de mieux supporter l'ennui grâce à sa large palette de divertissements (jeux, connexion à internet, photographie, etc.). Il incarne aussi et surtout le moyen de recréer Touba. Sur l'asphalte de Buenos Aires, c'est donc par l'unique biais du téléphone portable que les *talibés*

---

9. Terme wolof qui désigne un chapelet constitué de perles enfilées en collier sur un cordon.

font revivre Touba, en regardant des photos à l'effigie du fondateur ou en écoutant des chanteurs qui déclament le Coran et les poèmes de Cheikh Ahmadou Bamba. Après une longue journée de labeur, les *talibés* rejoignent leurs domiciles à l'intérieur desquels des postes de télévisions prennent le relai des téléphones, projetant des vidéos amateurs de cérémonies mourides.

Ces instruments technologiques, s'ils permettent de faire migrer le sacré, révèlent également des identités métisses ou cosmopolites. En effet, des chants du Coran côtoient directement Fifty Cent ou Two Pac[10] ou encore du rock argentin et l'icône sénégalaise Youssou N'Dour. Les morceaux peuvent s'enchaîner les uns après les autres. Les « branchements » (Amselle) sur la culture *hip-hop* américaine s'expriment aussi à travers des signes extérieurs de connivence tels que le port de jean *baggy* et de chaînes brillantes. Ainsi on peut être issu d'un village du Baol, *talibé* mouride, fervent pratiquant de l'islam et faire partie intégrante d'une jeunesse mondiale consommatrice de produits issus d'une globalisation culturelle qui tisse sa toile sur l'ensemble de la planète. L'exil se conjugue désormais selon le mode de la co-présence, « l'ici et le là-bas », favorisant l'expression d'identités fluides ou nomades, qui se substitueraient au « ni d'ici, ni de là-bas » convoqué par Sayad (Sayad, 1999).

Certes Touba et sa dimension spirituelle, ainsi que la confrérie et la vie communautaire, constituent des piliers fondamentaux de l'identité des jeunes mourides en Argentine. Nombreux sont ceux qui entretiennent le sentiment d'appartenance à un terroir, à leur village d'origine, au voisinage, à la parenté, à la ville sainte. Ils restent entièrement liés à leur culture d'origine et aux lieux significatifs à leurs yeux. Ce sont ces convictions et le partage de valeurs communes qui leur donnent cette capacité à s'organiser malgré l'adversité et l'hostilité rencontrées dans les territoires où ils s'installent. Le mouridisme encadre ainsi la migration, en agissant comme une charte éthique enracinée dans le travail et le devoir de solidarité envers Touba et leurs familles. Ces principes se vérifient dans les très longues

---

10. Icônes du rap américain.

journées de labeur, parsemées de faibles plages de repos hebdomadaire ainsi que par l'envoi régulier de mandats.

Il serait cependant réducteur de contenir les migrants sénégalais dans un seul et englobant *ethos* du *talibé*. La circulation dans des espaces sociaux transnationaux dans lequel s'opèrent des logiques métisses traverse leur expérience quotidienne, fabrique de nouvelles représentations et imprègne leurs pratiques. L'activité de colporteur, à travers les interactions quotidiennes qu'elle implique avec des univers sociaux et symboliques distincts, préserve de tout repli communautaire. La mosquée peut aussi jouer ce rôle de passerelle entre les communautés musulmanes de l'Argentine.

La nouvelle vie de la mosquée Al Ahmad

L'histoire de l'islam en Argentine est directement liée à l'émigration des populations de l'Empire ottoman qui s'amorce dans la seconde moitié du XIXe siècle et qui s'est accélérée autour de la Première Guerre mondiale. S'ils sont qualifiés de « Turcs » en Argentine comme dans toute l'Amérique latine, ils sont majoritairement issus de la Syrie du Liban et, dans une moindre mesure, de la Palestine. Entre 1911 et 1920, après les Espagnols et les Italiens, les immigrés de langue arabe forment le principal flux d'entrée en Argentine. En 1914, ils sont environ soixante-cinq mille (Devoto, 2009). Cette population reste stable avant de décroître considérablement jusqu'au tarissement définitif du flux en 1947 (Biondi-Assali, 1991). Progressivement, les immigrés musulmans[11] organisent et institutionnalisent leur foi en Argentine.

En 1931, un groupe de musulmans originaires de la petite ville de Yabrud, située dans la région de Rif Dimashq, à environ quatre-vingt kilomètres au nord de la capitale, Damas, décident de créer un centre islamique avec l'objectif de représenter et d'organiser la communauté musulmane d'Argentine. Après avoir utilisé plusieurs bâtisses comme espaces de prière (prière du vendredi essentiellement) et de rencontre,

---

11. Certains de ces Syro-libanais sont des chrétiens orthodoxes qui fuient les persécutions religieuses exercées à l'encontre des non-musulmans dans l'Empire ottoman du début du xxe siècle.

la communauté syro-libanaise de Buenos Aires entreprend de construire une mosquée en septembre 1985, dans le quartier San Cristobal. La création de la mosquée fait écho à une demande d'islam en hausse, en lien avec un contexte global de progression de cette religion. Pour diriger les prières, des imams formés à l'université Al-Azhar se succèdent depuis les années cinquante.

La mosquée permet d'offrir un lieu de culte sur la base d'une foi commune et participe d'un ancrage de l'islam en Argentine, en complément d'une institution comme le centre islamique, qui se consacre aujourd'hui au développement d'activités culturelles (cours d'arabe, de religion, etc.) et d'enseignement, avec la création en 1994 du collège « argentino arabe ». Cet établissement voit le jour dans le but d'être une institution éducative, en lien avec une culture d'origine, en proposant notamment des cours d'arabe et de religion. Alors qu'il ne comptait que cent trente élèves à ses débuts, le collège en recevait plus de quatre cents en 2009.

L'immigration africaine vient élargir les profils des musulmans en Argentine, jusque-là composés de descendants de Syriens et de Libanais, d'Argentins convertis. Ces conversions peuvent s'expliquer aussi bien par le déclin de la religion catholique en Amérique du Sud que par la globalisation ou plutôt la déterritorialisation des religions. Pour affirmer leur foi, de jeunes *talibés* n'hésitent pas à suivre la prière du vendredi à la mosquée Al-Ahmad. Entre deux ventes, ces colporteurs s'accordent bien volontiers une pause spirituelle et un réconfort nécessaire pour surmonter les difficultés liées au métier de vendeur ambulant. La prière du vendredi à la mosquée ou encore le ramadan, *laylat al-Qadr*, et d'autres fêtes musulmanes telles que la *tabaski* (*aïd-el-kébir*)[12] permettent à la fois de resserrer les liens

---

12. *Laylat al-Qadr*, ou « nuit du destin », correspond à la veille du 27ᵉ jour du mois de ramadan. C'est au cours de cette nuit que le Coran aurait été révélé à Mahomet par l'ange Djibril. La nuit du destin doit son nom aux prédictions de Dieu qui annoncent, cette nuit-là, tout ce qui arrivera l'année suivante. C'est également durant la nuit du destin que Dieu prescrit auprès du prophète Mahomet les cinq prières journalières auxquelles doivent se soumettre les croyants. L'*aïd-el-kébir*, renommée *tabaski* en Afrique de l'Ouest, a lieu le 10ᵉ jour du dernier mois du calendrier musulman et marque la fin du pèlerinage à La Mecque. À cette occasion, les musulmans

de la communauté sénégalaise et de fournir des cadres spirituels et symboliques à un exil imaginé comme temporaire. Quel que soit l'événement, la mosquée Al-Ahmad est très régulièrement fréquentée par les Africains musulmans, dont les Sénégalais et, plus particulièrement, les mourides constituent le noyau principal.

La hausse de la fréquentation de la mosquée est directement corrélée à l'augmentation du flux de Sénégalais, observée à la fin des années 2000. Alors qu'au début des années quatre-vingt, la prière du vendredi n'attirait qu'une vingtaine de fidèles, ce sont aujourd'hui environ trois cents musulmans qui y viennent régulièrement. Et parmi ces trois cents fidèles, plus de la moitié sont des Africains. Sous l'effet de l'afflux africain, la mosquée est devenue trop étroite. Pour faire face à cette nouvelle fréquentation, le conseil d'administration du centre islamique a décidé d'agrandir la mosquée en 2009, avec l'appui financier de l'association des Syriens d'Argentine. La fin des travaux a été célébrée en août 2009, et la capacité d'accueil des fidèles a été doublée : prévue initialement pour recevoir au maximum trois cents fidèles, la salle de prières peut désormais en accueillir six cents. Malgré des liens peu développés entre les communautés, les Africains, et surtout les Sénégalais de par leur nombre et leur assiduité à la mosquée, ont donc contraint les autorités musulmanes d'Argentine à repenser l'espace de leur jeune mosquée.

Si l'espace se transforme, il est en revanche plus difficile d'en observer les conséquences sur les relations sociales entre les communautés. Les observations menées à la mosquée, notamment au moment de la rupture du jeûne pendant la période du ramadan, laissent penser que les relations entre musulmans argentins et africains demeurent sommaires. En effet, pendant les repas, l'entre-soi s'érige bien souvent en norme, puisque les fidèles se regroupent à table, essentiellement en fonction de leurs origines. Les rares tables qui mettent en scène des populations mixtes se caractérisent par des échanges verbaux qui se résument à de simples formules de courtoisie.

égorgent un mouton (ou un bélier, mais parfois aussi une vache ou une chèvre) pour commémorer le sacrifice d'Ibrahim. Selon le Coran, Ibrahim était sur le point de sacrifier son fils Ismaël lorsque l'archange Djibril remplaça Ismaël par un mouton.

Ainsi, si une foi commune permet de se rencontrer, l'altérité demeure et la participation des Africains à la vie de la mosquée, en dehors des prières et de la prise des repas, est inexistante. Un représentant de la branche culturelle du centre islamique confirme cette observation : « Il y a un problème, c'est qu'il y a un monde entre les uns et les autres : c'est comme s'il y avait un abîme. Les Sénégalais ont leur monde et les Argentins ont leur monde. Et il n'y a pas de pont. Les uns (les Sénégalais) ont leur propre culture et leur propre vision et les autres aussi et ne transmettent pas leur culture aux Sénégalais. Il y a un bon voisinage, c'est-à-dire qu'il n'y a pas de chocs ou de conflits, mais la communication est minime, pourrait-on dire[13]. »

Il convient cependant de nuancer ces propos en soulignant, d'une part, que cette visibilité africaine au sein des communautés musulmanes d'Argentine est un phénomène très récent et que, d'autre part, si les autorités religieuses ont décidé d'agrandir la mosquée en lien avec cette présence, elles n'ont pas encore mis en œuvre des actions destinées à un rapprochement des communautés. Par ailleurs, la population africaine constitue une nouvelle manne financière car, à l'occasion de grandes fêtes religieuses comme le grand *magal* ou encore *laylat al-Qadr*, le centre islamique loue, en échange de deux mille pesos[14], sa cuisine et son gymnase, transformés à l'occasion en salle de prière et lieu de cérémonie mouride au sein desquels des prêches vantant le courage et l'intégrité du charismatique Cheikh Ahmadou Bamba succèdent aux chants des *kassaïdes*. Loin des explications culturalistes souscrites par le représentant du centre islamique, c'est peut-être bel et bien cette charge économique que doit supporter la confrérie mouride qui serait à l'origine de la distance entre les communautés. À cet égard, si la création d'une « maison Sérigne Touba » exprime chez les mourides une volonté d'affirmer leur foi et la solidarité confrérique, elle traduit également une volonté de s'affranchir de ce type de contrainte financière.

À l'image de ce qu'ont décrit Bava (2002, 2004, 2005), Diop (1981) et Salem (1981) en France, et Riccio (2006) en Italie, ou encore Ebin

---

13. Entretien avec Ricardo, 2 septembre 2010.
14. Soit l'équivalent de 333,33 euros en 2010.

(2008) à New York, les *talibés* de Buenos Aires dessinent peu à peu les contours d'une organisation qui s'efforce de conserver et d'entretenir des rituels, des cérémonies, une vie communautaire directement en lien avec Touba, tout en s'ancrant davantage dans la société locale. Sur les routes de la migration, le *dahira* est le lieu privilégié pour recentrer des *talibés* disséminés dans l'espace urbain autour d'une conception commune de la foi et de ses obligations morales. Les objets qui évoquent Touba et le guide suprême assistent matériellement et quotidiennement ces réunions hebdomadaires, destinées à consolider l'attachement des *talibés* à la confrérie soufie. Enfin, ce nouvel élargissement migratoire de la communauté mouride entraîne des recompositions de l'islam dans la société d'accueil en contribuant à transformer les espaces de prière.

Références bibliographiques

AMSELLE J.L., 2001, *Branchements : anthropologie de l'universalité des cultures*, Paris, Flammarion.

BAVA S., 2002, *Routes migratoires et itinéraires religieux : des pratiques religieuses des migrants sénégalais mourides entre Marseille et Touba*, Marseille, EHESS.

BAVA S., 2004, « Le *dahira* urbain, lieu de pouvoir du mouridisme », *Les Annales de la recherche urbaine, Urbanités et liens religieux*, n° 96, p. 135-143.

BAVA S., 2005, « Variations autour de trois sites mourides dans la migration », *in* S. Bredeloup, O. Pliez, *Migrations entre les deux rives du Sahara, Autrepart*, n° 36, p. 105-122.

BIONDI-ASSALI E., 1991, « L'insertion de groupes de langue arabe dans la société argentine », *in Revue européenne des migrations internationales*, vol. 7, n° 2, p. 139-153.

CRUISE O'BRIEN D., 1970, « Le *talibé* mouride : la soumission dans une confrérie religieuse sénégalaise »*, Cahiers d'études africaines*, vol. X, n° 40, p. 562-578.

DEVOTO F., 2009, *Historia de la Inmigración en la Argentina*, Buenos Aires, Editorial Sudamericana.

DIMINESCU D., 2010, « Présentation », *in* « Les Migrants connectés : T.I.C., mobilités et migrations », revue *Réseaux*, n° 159, p. 9-13.

DIOP M.C., 1981, « Fonctions et activités des *dahira-s* mourides urbains (Sénégal) », *Cahiers d'études africaines*, 81-83, vol. XXI (1-3), p. 79-91.

EBIN V., 2008, « Little Sénégal » contre la renaissance de Harlem : les immigrés sénégalais et la gentrification de Harlem », in E. Bouilly, N. Marx, « Migrations et Sénégal : pratiques, discours et politiques », revue *Asylon*, n° 3.

HALBWACHS M., 1941, *La Topographie légendaire des évangiles en terre sainte*, Paris, PUF, 1971, 174 p.

KEPEL G., *Les Banlieues de l'islam : naissance d'une religion en France*, Paris, Le Seuil, 1987, 429 p.

MAFFIA M., MONKEVICIUS P., ZUBRZYCKI B., AGNELLI S. et OTTENHEIMER A., « Dinámicas asociativas entre los inmigrantes africanos subsaharianos en Argentina », in M. Kabunda Badi M'Buyi (dir.), *África en movimiento. Migraciones internas y externas*, Observatorio sobre la realidad social de Africa Subsahariana de la Fundación Carlos Amberes, Madrid, 2012, p. 1-24.

MINVIELLE R., 2015, « L'Amérique du Sud ou l'émergence d'un nouveau théâtre des migrations africaines », *Afrique et développement*, vol. XL, n° 1, p. 19-39.

PÉRALDI M., 2007, « Aventuriers du nouveau capitalisme marchand : essai d'anthropologie de l'éthique mercantile », in A. Fariba, *Voyages du développement*, Paris, Éditions Karthala, p. 73-113.

RICCIO B., 2006, « « Transmigrants » mais pas « nomades » : transnationalisme mouride en Italie », *Cahiers d'études africaines*, n° 181, p. 95-114.

SALEM G., 1981, *De Dakar à Paris : des diasporas d'artisans et de commerçants*, Paris, Etude socio-géographique du commerce sénégalais en France, thèse de doctorat de 3e cycle, EHESS.

SAYAD A., 1999, *La Double absence : des illusions de l'émigré aux souffrances de l'immigré*, Paris, Le Seuil.

SCHMIDT DI FRIEDBERG O., « L'immigration africaine en Italie : le cas sénégalais », *Études internationales*, vol. 24, n° 1, 1993, p. 125-140.

Les migrants africains,
acteurs d'une revitalisation religieuse sur les routes de la migration au Caire

Sophie Bava
Socio-anthropologue,
chargée de recherche à l'IRD (LPED/AMU)

Dans un contexte géopolitique de fermeture des frontières au Nord comme au Sud qui incite les migrants à multiplier et prolonger leurs étapes dans les pays du monde arabe, de nouveaux acteurs émergent, des acteurs religieux qui accompagnent ces mouvements. En effet, si nous observons une intensification et une réorientation des migrations africaines, nous avons également remarqué que les organisations religieuses ou d'origine confessionnelle se renforcent, voire trouvent un second souffle en se positionnant elles aussi sur ces mêmes routes. Charité, solidarité, concurrence, logiques politiques, rationalités économiques, qu'est-ce qui aujourd'hui motive les instances religieuses (musulmanes et chrétiennes), les ONGc (confessionnelles) à se positionner sur les routes de la migration africaine ? De nombreux travaux nous permettent aujourd'hui de prendre la mesure de l'intensification et de la réorientation des migrations africaines. Paradoxalement, la connaissance des différents réseaux et acteurs sociaux en charge de l'animation de ces territoires investis par les migrants demeure encore très partielle alors même que les réseaux traditionnels et les relais familiaux s'épuisent. Cet article propose une entrée sur de nouvelles formes de structuration de la migration africaine, en observant le rôle joué par des instances religieuses ou d'origine confessionnelle au Caire, dans l'accueil des migrants originaires d'Afrique subsaharienne à travers trois institutions : l'université d'Al Azhar, une église évangélique suisse et une organisation internationale confessionnelle, CARITAS.

Un rapide état des lieux de la migration africaine au Caire

C'est à partir des années 1960-1970 que plusieurs vagues migratoires venant du sud et plus particulièrement de la Corne de l'Afrique et du Soudan vont se succéder. Les guerres civiles et les conflits qui éclatent aux frontières de l'Éthiopie, de l'Érythrée et de la Somalie, combinées à des crises alimentaires à répétition, provoquent le départ de nombreux migrants, d'abord vers le Soudan puis vers l'Égypte, étape devenue stratégique depuis l'implantation de la section du Haut Commissariat aux Réfugiés (UNHCR) au Caire en 1954. Une première vague de migrants d'origine soudanaise s'amorce entre 1955 et 1972, lors de la première guerre civile ; la deuxième vague (majoritairement constituée de chrétiens) fait écho à la décision, en 1983, du président Nimeiri d'établir un code pénal « islamique » et de mettre fin au statut d'autonomie du sud-Soudan. Peu après, suite au coup d'État d'Omar el-Béchir en 1989, des milliers de Soudanais (du sud notamment) se sont progressivement réfugiés en Ouganda, au Kenya, en Éthiopie et en Égypte. Enfin, depuis 2003 et l'éclatement du conflit au Darfour, de nouveaux migrants originaires de l'ouest du pays, tentant d'échapper à la dégradation de leurs conditions de vie et à l'insécurité grandissante, atteignent le Caire. Entre les années 1990 et 2000, les migrants qui ont pour certains réussi à se réinstaller dans des pays du Nord (Canada, Australie, États-Unis) ont « ouvert la voie » à d'autres migrants venant de toute l'Afrique subsaharienne. Étudiants, salariés, migrants économiques, aventuriers (Bredeloup, 2014), sportifs de haut niveau, jeunes hommes et jeunes femmes, souvent partis seuls, ont pris la direction de l'Égypte, perçue au départ comme un pays de passage vers les pays du Nord. S'appuyant sur une juridiction en matière d'immigration plus souple qu'en Europe mais aussi parfois sur des relations sociales ou familiales, des réseaux de formation (universités, formations religieuses) et des réseaux économiques et religieux pour certains comme les réseaux de travail domestique, ces migrants sont nombreux à atteindre chaque jour la ville du Caire.

Parallèlement, le durcissement de la politique migratoire de l'Union européenne et le ralentissement des procédures de délivrance du statut de réfugié par le UNHCR depuis le début des années 2000[1] ont entraîné la révision des projets migratoires individuels et l'allongement de la durée des périodes dites « de transit ». Aujourd'hui, Congolais, Nigérians, Nigériens, Burkinabés, Burundais, Sénégalais, Ivoiriens, Maliens ou Camerounais s'installent pour un temps indéterminé au Caire. Il est presque banal de constater que dans la vie quotidienne de ces migrants, chrétiens ou musulmans, la religion prend une place renouvelée en comparaison de ce qu'elle signifiait dans le pays de départ. La précarisation de leur situation économique et sociale en Égypte, l'incertitude quant à l'avenir et les discriminations exercées par la population locale (relevant plus de la couleur de peau que de la religion) sont souvent à l'origine d'un nouvel élan religieux, d'un temps de doute et de négociation entre une religion héritée et une religion expérimentée dans la mobilité. Qu'ils s'appuient au départ, par affinités religieuses, sur la communauté musulmane locale et transnationale, commerçante notamment (Bava, Pliez, 2009) ou sur les groupes chrétiens très variés d'Égyptiens et d'étrangers, les migrants réussissent à se faire progressivement une place au Caire. Ils trouvent un emploi, se découvrent une vocation, professionnelle et/ou religieuse, un véritable rôle qui donne du sens à leur présence en Égypte. Parallèlement, la visibilité des migrations africaines au Caire peut aussi être liée à l'arrivée de responsables religieux africains et d'institutions religieuses se positionnant dans la ville.

La Caritas comme pilier de la politique d'accueil en Égypte

Au centre de toutes les négociations entre l'UNHCR, l'OIM (Office international des migrations) et le gouvernement égyptien, Caritas, créé en juin 1967[2] en Égypte, a tout de l'acteur incontournable du développement en se positionnant comme un des piliers de la redistribution de l'aide aux réfugiés. Partenaire privilégié de ces

---

1. Depuis 2004, le HCR ne donne plus le statut de réfugié aux Soudanais.
2. L'association Caritas-Égypte a été créée en juin 1967 à l'occasion d'une aide d'urgence pour les milliers de gens de la région du canal de Suez pendant le conflit israélo-arabe.

institutions, Caritas[3] coordonne un nombre important de projets (accès aux soins, écoles communautaires, aide alimentaire et financière) à destinations des réfugiés. En partenariat avec d'autres ONG, d'origine confessionnelle pour la majeure partie, comme CRS (Catholic Relief Service) et Refugee Egypt mais aussi avec AMERA pour les questions juridiques, ils captent une majorité du public des réfugiés ou des migrants en attente d'asile (*asylum seekers*). Ils sont spécialisés dans l'accueil médical, le soutien psychologique, les programme santé et ont mis en place douze écoles communautaires au Caire. Bien entendu, ils ne travaillent pas seuls et coordonnent ces projets grâce à l'expertise d'autres associations et espaces religieux : il y a par exemple une clinique Caritas dans l'école catholique de Sakakini (centre St-Lwanga), une école communautaire au centre combonien au Sacré-Cœur (*Combonian school*), des cours du soir pour les adultes à la cathédrale All-Saints à Zamalek et encore d'autres initiatives (Bava, Barbary, Étienne, 2017).

L'aide aux réfugiés est donc quasi entièrement orchestrée par des organisations chrétiennes ou « d'origine chrétienne », et même si elles ne font pas la différence entre un réfugié chrétien et un autre, même si elles ne s'occupent pas du soutien spirituel, par leur présence même dans des espaces religieux chrétiens, celui-ci n'en est jamais bien loin. Cette évidence nous a amené à nous interroger sur les raison de ce choix de la part du UNHCR. La réponse la plus souvent invoquée par les responsables d'association ou d'ONG est, d'une part, celle de l'origine confessionnelle des réfugiés qui étaient au départ principalement des chrétiens originaires du Sud-Soudan, de l'Éthiopie et de l'Érythée, d'autre part, le fait que les églises ont

---

3. « En 1988, « le HCR nous a demandé d'être *implementing partners* pour les cas des apatrides ». En 1992, « il nous a demandé d'être *implementing partners* pour le projet de réfugiés aussi. À ce moment-là, les réfugiés sont, disons… 3 000 ou 4 000 », d'abord de Somalie. « Maintenant, nous avons à peu près… entre 34 000 réfugiés, de plusieurs nationalités ; la plupart sont des Soudanais, après les Irakiens, les troisièmes c'est les Somaliens, après les Érythréens et ceux qui viennent de l'Éthiopie et d'autres nationalités. En tout, nous avons 40 nationalités. » Mais certaines nationalités sont très peu représentées (34 737 personnes affiliées à Caritas en 2009 dont 55 % de Soudanais). » Entretien Caritas, Le Caire, juillet 2010 (Étienne, Picard).

historiquement pris en charge la question de la charité auprès des réfugiés et des migrants dans un grand nombre de pays et ce depuis Vatican II. Pourtant, le nouveau responsable de l'UNHCR au Caire évoque la volonté de changer progressivement ces pratiques pour ouvrir les financements à des partenaires non confessionnels. Nous verrons si cela ce réalise, mais durant l'année étudiée, l'essentiel des financements (le budget alloué par l'UNHCR aux réfugiés en Égypte est de 8 300 000 dollars en 2010) a été distribué à des associations confessionnelles chrétiennes.

Indirectement, Caritas travaille de temps en temps avec des mosquées, en remboursant par exemple les tickets des consultations des réfugiés qui ne peuvent venir directement à la clinique de Caritas et qui habitent près d'autres centres médicaux. Cependant ils n'ont pas réussi à concrétiser des accords avec les centres médicaux de ces mosquées. Selon eux, en Égypte le gouvernement ne donnerait pas la possibilité aux associations musulmanes locales de s'occuper des migrants et des réfugiés (Bava, Barbary, Étienne, 2017). Ce n'est donc pas seulement parce que les églises et surtout certaines congrégations (comboniens, salésiens) ont acquis une expérience digne d'ONG dans l'accueil des migrants, ni parce que les mosquées ou les associations musulmanes ne veulent pas (en Syrie par exemple le UNHCR travaille avec le Red Crescent), c'est aussi lié aux autorisations accordées par le gouvernement. Les associations ou ONG musulmanes n'ont pas accès officiellement à ce public.

Toutefois, ce système d'aide demeure très cloisonné, et seuls les réfugiés ou les personnes en attente de statut peuvent profiter de l'offre de ces associations. Pour comprendre leur démarche, il faut revenir en arrière et interroger le UNHCR qui, avec les 38 000 réfugiés (et entre 1 et 5 millions en attente de statut), ne veut pas s'intéresser aux autres migrants. Parce qu'ils réclament plus de droits pour les réfugiés au niveau de l'État égyptien (école, santé, logement, emploi), il leur est reproché, selon eux, de vouloir installer les réfugiés en Égypte au lieu de les réinstaller ailleurs comme il en avait la mission et aussi d'attirer de nouveaux migrants. Depuis 2004, le nombre des réinstallations est passé de 4 000 à 1 000, et la logique tend à l'installation ou au passage clandestin de frontière, notamment vers Israël.

L'observation montre que la division des tâches entre les associations orchestrées par le UNHCR et Caritas crée une hiérarchisation dans la migration entre ceux pouvant acquérir le statut de réfugié et les autres. Cet état de fait est à l'origine de situations complexes où seuls certains réfugiés selon leur catégorie (*normal cases*, *medical cases* et *vulnerable cases*) peuvent recevoir une aide matérielle dans certains lieux, chrétiens pour la plupart, alors que les autres migrants ou les Égyptiens sans ressources ne peuvent pas accéder à ces aides. Les musulmans, pour lesquels la charité est aussi une obligation religieuse, développent également dans leurs institutions religieuses des centres et associations (Shehab, les mosquées de Al Farouq et de Ramses, Islamic Relief, etc.) qui offrent des aides matérielles (nourriture et argent) sans distinction de statut.

Incontestablement, l'établissement de l'UNHCR au Caire et du réseau associatif qu'il accompagne et développe a accompagné les routes de la migration vers l'Égypte, de passage d'abord dans la perspective d'une réinstallation puis progressivement vers une installation durable. Ces institutions pallient le manque de droits au niveau national qui protégeraient les migrants et se spécialisent dans ces interstices, ce qui permet à toutes les activités en lien avec les espaces religieux chrétiens de s'ancrer dans la ville. Elles développent ainsi par leur actions, en favorisant la création d'un statut qui donne plus de droit à certains migrants qu'à d'autres, une hiérarchisation de la migration tant juridique que culturelle.

L'église évangélique du Caire : une étape spirituelle sur les routes de la migration africaine

Terre des évangiles et foyer du christianisme, comme aiment à le répéter les pasteurs, l'Égypte, passée sous domination arabo-musulmane au VIIe siècle, présente aujourd'hui une très grande diversité de communautés chrétiennes, coptes (ou « autochtones ») et étrangères. En effet, coptes orthodoxes, coptes catholiques et coptes protestants (ou évangéliques) cohabitent avec plusieurs Églises chrétiennes orientales (maronites, chaldéens, melkites, etc.). Depuis le XIXe siècle, de nombreux ordres missionnaires et mendiants venus d'Europe ou d'Amérique du Nord se sont rajoutés. Ce sont en partie sur ces nouveaux ordres chrétiens en Égypte que s'appuieront en partie les réfugiés et migrants africains dans la seconde moitié du XXe siècle, afin de bénéficier de services divers ou de développer leurs propres Églises. Dans cette seconde moitié du XIXe siècle, lorsque les Européens entament, en partenariat avec l'Égypte, les travaux de construction du canal de Suez, des communautés protestantes et catholiques européennes (ingénieurs, ouvriers, politiques, financiers…) viennent se greffer à cette nébuleuse chrétienne préexistante. Par exemple, en 1872, la communauté protestante venue d'Europe (Suisses, Allemands et Français) décide de se réunir et de poser les bases de ce qui deviendra l'Église évangélique du Caire (EEC), aujourd'hui unique église francophone de rite protestant en Égypte, composée essentiellement de fidèles africains.

Au Caire, des pasteurs africains à vocation missionnaire choisissent de s'installer et de développer leur église ou d'intégrer une église déjà existante. Ces leaders religieux ont généralement suivi une longue formation religieuse et théologique dans leur pays d'origine et dans d'autres pays d'Afrique, du Moyen-Orient, d'Europe ou encore d'Amérique du Nord. Ils sont nombreux à avoir suivi plusieurs années de formation à l'Institut pontifical d'études arabes (PISAI) à Rome ou encore au Jordan Evangelical Theological Seminary d'Amman. Il s'agit essentiellement d'hommes qui ont exercé plusieurs années en tant que prêtres ou pasteurs, dans plusieurs pays d'Afrique ou d'Occident avant d'arriver en Égypte. C'est le cas du pasteur Joseph, pasteur méthodiste ivoirien qui, après une formation de pasteur à Yaoundé et une spécialisation en relation islamo-chrétienne délivrée par l'ordre des comboniens[4] au Caire, postule pour le poste pastoral vacant de l'église évangélique du Caire, communauté qu'il fréquentait durant ses études au Caire, et l'obtient. Son prédécesseur, un pasteur suisse, signalait dans son mandat la croissance du nombre

---

4. Daniel Comboni, premier évêque d'Afrique centrale, est un missionnaire du XIXe siècle venu évangéliser le Soudan. Il a créé la congrégation des « Missionnaires comboniens du cœur de Jésus » qui intervient dans les pays du Sud au service des pauvres et des missionnaires. Il a créé Dar comboni, une école de langue arabe à l'attention des hommes de religion, sous couvert de laquelle il enseigne également les relations islamo-chrétiennes.

des fidèles africains venus en Égypte pour tenter de passer au Nord et les difficultés qu'il avait à exercer son ministère dans un tel contexte. Ainsi, mettre un pasteur africain sur la route des migrants africains a été pensé par la hiérarchie comme un moyen efficace de répondre à la demande des nouveaux fidèles, venus de plusieurs pays africains et de dénominations protestantes différentes. Pourtant, le pasteur Joseph refuse la dénomination d'église africaine – « je dirige, dit-il, la seule communauté protestante évangélique d'expression française » – car son public est, en majorité, originaire d'Afrique francophone. Son objectif est de faire de la mixité, de diversifier les publics, nous dit-il : « Si vous être chrétien, catholique ou protestant, si vous parlez français, vous pouvez rejoindre la communauté. Il faut savoir agencer toutes les tendances (méthodistes, apostoliques, assemblées de Dieu) : ici nous essayons de représenter l'Église de Jésus-Christ [...]. Nous sommes ici dans un pays musulman, et il faut éviter de se diviser et de se mettre en marge [...]. L'Église évangélique combat le sectarisme, ce n'est pas parce que je suis Baoulé que je vais ici au Caire regrouper tous les Baoulés. Donc l'église évangélique refuse tous les ethnicismes, même dans son histoire avec les Suisses, la seule chose qui nous lie c'est la langue française[5]. »

Parmi les fidèles se trouvent beaucoup d'Africains dont le passage au Caire s'est mué en installation, mais aussi des diplomates et des aventuriers qui rejoignent la communauté « en attendant qu'ils trouvent le sésame pour partir », nous confesse le pasteur. Outre l'accompagnement spirituel et quelques aides financières ponctuelles (frais de santé, urgence), il s'occupe, grâce au réseau des fidèles chrétiens, de placer les jeunes gens dans des emplois domestiques notamment auprès des familles expatriées francophones africaines et européennes. Comme lui, de nouveaux acteurs religieux se positionnent sur une scène chrétienne très ancienne au Caire et surtout déjà organisée au sein des différentes sphères du christianisme. D'autres églises africaines existent au Caire, notamment pour les migrants et réfugiés soudanais, et les pasteurs sont bien souvent des migrants formés au Caire auprès de la Maadi Communauty Church,

---

5. Entretien, Le Caire, octobre 2009.

une communauté évangélique organisée par les Américains dans une église anglicane du quartier de Maadi (Picard, 2013).

Transplantée dans l'univers des migrations, les Africains présents au Caire deviennent des fidèles ou des adeptes potentiels pour les différentes instances religieuses (églises, associations religieuses et ONG ou ONGc), parfois en mal de légitimité dans le pays où elles œuvrent. Mais ils sont aussi au Caire comme dans d'autres villes de migration, les entrepreneurs de leur religion ainsi que les producteurs de modèles religieux et de nouvelles formes de religiosité.

L'université Al Azhar : un espace et un réseau religieux dans les itinéraires savants des étudiants africains[6]

Les étudiant africains se rendent depuis des siècles au Caire où se situe l'université d'Al Azhar, célèbre pour les lettrés musulmans africains venus étudier les sciences islamiques et la culture arabe. À partir des années soixante, cette migration étudiante s'est accélérée sous l'impulsion du président Nasser, afin d'accompagner la politique d'ouverture économique de l'État égyptien vers les pays du tiers-monde. Ces relations se sont développées en s'appuyant sur une valorisation « des liens pluriséculaires qui auraient uni Arabes et Africains et dont l'islam aurait été le ciment, avant d'être provisoirement occultés par la colonisation européenne » (Otayek, 2003 et 2004).

Dans cette optique de légitimation des relations Afrique-monde arabe, l'université Al Azhar représente pour les lettrés un espace séculaire de transmission du savoir et une des bornes indispensables qui relie historiquement les itinéraires de diffusion de l'islam au sein du monde musulman africain. À partir des années 80, les Azharis, se voyant refuser les postes attendus dans l'administration à leur retour au pays ou encore les troisièmes cycles en Europe, vont progressivement s'installer plus durablement au Caire (Bava, 2014). Pourtant, ces trente dernières années, Al Azhar a renforcé son dispositif de recrutement en Afrique subsaharienne. Si leur stratégie

---

6. Cette partie est approfondie dans un article sur Al Azhar dans la deuxième partie de l'ouvrage.

de recrutement autour d'un billet d'avion et d'une très petite bourse (de l'ordre de 15 euros par mois) leur permet de maintenir un nombre important d'étudiants dans les formations théologiques, la population étudiante a elle aussi revu ses projets et ne peut se satisfaire d'un diplôme en sciences religieuses. En effet, les étudiants azharis choisissent souvent Al Azhar pour sa formation religieuse mais avant tout pour sa formation pluridisciplinaire. Après l'échec de l'insertion professionnelle de leurs aînés dans leurs pays d'origine, les étudiants souhaitent aujourd'hui allier formation théologique et formation scientifique, tout en continuant à se spécialiser dans les langues « professionnelles », le français ou l'anglais, selon les pays. Pourtant, l'université leur donne de moins en moins la possibilité de s'inscrire dans des filières scientifiques comme la pédagogie, l'ingénierie, la médecine et le journalisme par exemple. Cet état de fait, mais aussi les formes de discrimination subies en Égypte et parfois au sein de l'université contrarient les étudiants qui vont alors s'inscrire dans des formations parallèles. Ces formations privées sont payantes, et au fil du temps, la recherche d'emploi (informel car ils n'ont légalement pas le droit de travailler) au Caire pour pouvoir se loger, se nourrir et se former devient indispensable. Ainsi, de plus en plus d'étudiants africains prolongent leur séjour au Caire, en restant le plus longtemps possible, inscrits à Al Azhar ou dans une autre formation afin de bénéficier du visa étudiant, renouvelable tous les six mois ou tous les ans, selon les cas et leur permettant de vivre en Égypte le temps de trouver d'autres projets.

Al Azhar, avec les réseaux d'enseignement qu'elle développe, prend place dans la structuration des routes de la migration africaine. Par leur recrutement elle permet à des jeunes de venir étudier mais aussi de « sortir » de leur pays, mais par l'offre de formation restreinte et le peu de débouchés de cette formation en Afrique subsaharienne, elle encourage aussi non délibérément une migration étudiante au Caire, une migration qui s'enracine. Ces étudiants originaires d'Afrique subsaharienne, tout comme les étudiants asiatiques, légitiment la place de l'université Al Azhar dans le monde musulman. Nous aurions pu penser que les fils de cheikh des lignées musulmanes[7] ou les enfants des grandes familles commerçantes africaines répétaient une tradition séculaire, bien rôdée et parfaitement encadrée ; pourtant, en un demi-siècle, la figure de l'étudiant arabisant a énormément évolué et est devenue une figure de la migration parmi d'autres.

Les migrants africains, acteurs d'une revitalisation religieuse sur les routes de la migration

L'émergence du religieux sur les scènes migratoires africaines et européennes soulève donc des questions aussi bien sur les stratégies des migrants face à la fermeture des frontières que sur les organisations religieuses en quête d'expansion et de reconnaissance. Est-il possible d'envisager les instances religieuses ou d'origine confessionnelle comme des supports de réseaux pour les nouvelles migrations subsahariennes ? Partant de l'hypothèse que ces espaces du religieux sont aussi des espaces-ressources pour les migrants, ces instances jouent un rôle croissant dans la gestion et l'accompagnement des migrations entre l'Afrique subsaharienne et les pays du monde arabe. Elles viennent en appui aux gouvernements qui ne savent pas comment gérer (ou ne veulent pas gérer) cette « nouvelle » question sociale. En réponse aux migrations internationales, les institutions religieuses historiques ou les ONG d'origine confessionnelle s'adaptent et se réorientent vers d'autres territoires. Les migrants évoluent dans ce nouveau paysage qui s'offre à eux et l'adaptent à leurs attentes en s'appuyant sur des acteurs-clefs. Si Al Azhar accueille, de par son histoire, des étudiants africains dont le parcours est aujourd'hui assimilé à un parcours migratoire, les autres institutions se sont renforcées et développées face à une croissance de la migration en Égypte.

---

7. Traditionnellement en Afrique de l'Ouest, les grands cheikhs soufis (mourides, tidjanes, qâdir) envoient certains de leurs fils étudier l'islam dans des zawiya, notamment en Mauritanie mais aussi à l'université Al Azhar.

Références bibliographiques

BAVA S., PLIEZ O., 2009, « Itinéraires d'élites musulmanes africaines au Caire : d'Al Azhar à l'économie de bazar », *Afrique contemporaine,* n° 231, p. 187-207.

BAVA S., 2014, « Al Azhar, scène renouvelée de l'imaginaire religieux sur les routes de la migration africaine au Caire », *L'Année du Maghreb*, 11 | 2014, p. 37-55, http://anneemaghreb.revues.org/2217.

BAVA S., BARBARY C., ÉTIENNE A., 2017, « Les ONG confessionnelles en Égypte comme alternative ou entité de l'état social », *in* L. Chelly (dir.), *Les Acteurs confessionnels du développement*, l'Harmatan, p. 29-98.

BREDELOUP S., 2014, *Migrations d'aventures : terrains africains*, Paris, CTHS.

BREDELOUP S., PLIEZ O. (dir.), 2005, « Migrations entre les deux rives du Sahara », *Autrepart,* n° 36.

ÉTIENNE A., PICARD J., 2012, « Réfugiés et migrants subsahariens "en transit" au Caire : le monopole chrétien de l'assistance ? », *A Contrario*, n° 18-2, p. 61-77.

MAZZELLA S. (dir.), 2009, *La Mondialisation étudiante : le Maghreb entre Nord et Sud*, Paris, IRMC-Karthala.

OYAYEK R., 2003-2004, « Religion et globalisation : l'islam subsaharien à la conquête de nouveaux territoires », *la Revue internationale et stratégique*, 52 : 51-65.

PICARD J., 2013, *Le Caire des migrants africains chrétiens : impasse migratoire et citadinités religieuses*, thèse de doctorat, Toulouse Le Mirail, EHESS.

ZEGHAL M., 1996, *Gardiens de l'Islam : les oulémas d'Al Azhar dans l'Égypte contemporaine*, Paris, Presses de Sciences-Po.

II.
Migration et réseaux de formation religieuse sur les routes

En analysant la place des instances religieuses (musulmanes et chrétiennes) et d'origine confessionnelle et des compétences religieuses des migrants, nous pouvons prendre la mesure d'une scène religieuse liée au fait migratoire en pleine expansion et en transformation dans les pays d'Afrique méditerranéenne. Si la migration modifie les paysages religieux, les acteurs confessionnels et les acteurs institutionnels liés aux migrations sont aussi particulièrement actifs dans le développement d'une scène religieuse et d'un marché des biens de salut sur les routes de la migration africaine, tout en interrogeant la « question religieuse » dans les pays d'accueil et de retour.

De la même manière, nous allons montrer dans cette partie que les réseaux de formation renvoient à l'histoire longue de la circulation des savoirs, musulmans et chrétiens, qu'ils réveillent des enjeux politiques et ont des incidences notables sur les liens socio-économiques entre les pays. Des structures religieuses favorisent certaines routes migratoires en proposant notamment une offre de formation souvent rémunérée dans des lieux spécifiques. Pour cela, elles mettent en place des réseaux leur permettant de se développer et de recruter des fidèles, des élèves et des mécènes. Comment se déroulent ces formations et qu'en est-il des retours et des débouchés professionnels de ces jeunes étudiants ?

Étudiants arabophones de retour à Ouagadougou cherchent désespérément reconnaissance[1]

Sylvie Bredeloup
Socio-anthropologue,
directrice de recherche à l'IRD (LPED/AMU)

Au début des années 70, les premières générations de diplômés de l'enseignement arabe modernisé, formés dans les universités du monde arabo-islamique, ont été présentées assez souvent comme de « nouveaux » acteurs religieux, entrant en concurrence avec l'*establishment* maraboutique en place, autrement dit comme les représentants du réformisme islamique, désireux d'imposer des normes spirituelles rapportées d'Arabie saoudite dans l'espace public ouest-africain (Kane, 1993 ; Diallo, 2005). Plus récemment, des recherches ont éclairé les difficultés de réinsertion, au Bénin et au Sénégal, d'étudiants dont la formation à l'étranger avait été essentiellement centrée sur l'étude des sciences islamiques (Abdoulaye, 2003 ; Sall, 2009) et ont assimilé ces lettrés musulmans à une « élite déclassée ». L'accent a également été mis sur les épreuves rencontrées au quotidien dans leur itinéraire d'études, notamment à l'université Al Azhar au Caire (Bava, 2009 ; Bava, Sall, 2013). En complément de ces travaux et, à partir d'enquêtes réalisées auprès de Burkinabè rentrés à Ouagadougou après plusieurs années passées dans les universités islamiques (d'Égypte, d'Algérie, d'Arabie saoudite et de Libye[2]), il s'agira d'apprécier les formes d'inscription

---
1. Les terrains de recherche pour cet article ont été financés par l'ANR, *Instances religieuses ou d'origine confessionnelle sur les routes de la migration africaine* (ANR-09-JCJC-0126-01) (MIGRELI). Cet article a déjà été publié dans *Routes migratoires africaines et dynamiques religieuses, quels enjeux sociaux ?, L'Année du Maghreb*, n° 11, Paris, CNRS éditions, 2014.
2. Une trentaine de récits de vie auprès de Burkinabè réinstallés à Ouagadougou, issus de générations différentes et ayant suivi un cursus en Algérie, en Arabie

contemporaine de ces étudiants « non europhones » (Kane, 1993) dans l'économie et la société locale. Carrières professionnelles et modalités de réinsertion dans la société d'origine seront analysées au prisme des cursus universitaires, en tenant compte des contextes historique et politique dans lesquels elles se sont déployées mais aussi des motivations existentielles de ces diplômés. Dès l'obtention du certificat d'études primaires (CEP), alors qu'aucune formation secondaire et supérieure n'était encore assurée au Burkina Faso dans les années 60, un grand nombre d'arabisants sont partis compléter leur apprentissage dans les pays arabes. Selon la période, le pays d'accueil et la filière d'études empruntée, leurs marges de manœuvre, pour agir sur leur destinée et valoriser leurs compétences dans la société d'origine, se révèlent très variables. La phase des études supérieures constitue un moment décisif dans la construction de ressources, de réseaux d'échanges, mais elle peut aussi induire de nouvelles contraintes, une mise à distance débouchant sur des irréversibilités relatives (Grossetti, 2006).

Étudier dans le monde arabe : un séjour qui s'éternise, une expérience déstabilisante

Une injonction familiale impossible à remettre en cause

Les départs pour des collèges ou universités du monde arabe relèvent rarement d'une initiative individuelle ; ils résultent d'une

---

saoudite, en Égypte, en Syrie ou en Libye, ont été reconstitués en 2009 et 2010. Je remercie Eric Pasba Bangre pour son aide dans la réalisation et la traduction de certaines enquêtes ainsi que le programme MIGRELI (ANR Jeunes chercheurs) pour son soutien financier. En l'absence de données quantitatives exhaustives sur cette population d'arabisants formés à l'étranger, nous avons essayé d'explorer plusieurs pistes pour apprécier l'hétérogénéité de cette population (génération, lieu d'études, activités actuelles, sexe). Une seule femme fait néanmoins partie de ce corpus. Des responsables d'organisations islamiques (AMAI – Association mondiale de l'appel islamique ; AMA – Agence musulmane d'Afrique ; ISESCO – Islamic Educational Scientific and Cultural Organization) octroyant des bourses d'études et recrutant du personnel ont été également interrogés. Des entretiens ont été réalisés auprès des responsables des deux nouvelles universités islamiques (université Al Houda, Centre universitaire polytechnique du Burkina, CUPBF), du responsable de l'association des étudiants rentrés d'Égypte et des agents du CIOSPB (Centre national de l'information, de l'orientation scolaire, professionnelle et des bourses).

décision familiale, tout comme le fait de suivre une formation islamique. « Dans le temps, les musulmans préféraient mettre leurs enfants dans des écoles où ils pouvaient recevoir une éducation islamique. Les écoles pour eux, c'était une sorte d'éducation du Blanc et du christianisme. J'étais très jeune quand j'ai commencé l'école franco-arabe[3]. Mon père m'y a amené parce qu'il était le fondateur de la première école médersa de Ouagadougou en 1958[4]. »

Au Burkina Faso, les séminaires catholiques ainsi que l'Église, au travers de ses écoles, ont joué un rôle central dans la formation des élites politiques autochtones. L'école catholique, exportée par les missionnaires français, a été subventionnée jusqu'en 1969 sur des fonds publics alors que, dans le même temps, l'État rechignait à doter les médersas d'un statut officiel (Otayek, 1984). Ces choix peuvent nous permettre de mieux comprendre la frustration que sous-tendent les propos véhéments tenus par nos interlocuteurs. « Nos parents nous ont dit que la langue française c'est la langue des juifs, c'est l'étude des juifs. C'est contre l'islam. Nous, en tant que musulmans et enfants de musulmans, nous avons boycotté le français. » Au Burkina Faso, tardivement et moins massivement islamisé que le Niger, le

---

3. Les premières médersas furent créées dans la perspective de moderniser l'enseignement dispensé dans les écoles coraniques (Gérard, 1998). Elles se développèrent au Burkina Faso dans les années 50 dans les régions frontalières avec le Mali où l'Union culturelle musulmane (UMC), mouvement réformiste, avait de fortes influences (Pilon, 2004). Elles avaient pour objectif de renouveler l'apprentissage du savoir islamique, d'introduire de nouveaux enseignements (mathématiques, géographie, histoire), notamment écrits, et de transformer les supports pédagogiques À compter des années 70, grâce à l'appui financier des pays arabes, elles connurent un nouveau dynamisme (Cissé, 1988 ; Gérard, 1988). Plus récemment, l'introduction du français comme langue d'enseignement a permis de requalifier une partie des médersas en écoles franco-arabes. Selon les statistiques disponibles, dès 2000 les deux-tiers des écoles confessionnelles musulmanes recensées étaient des écoles franco-arabes (Pilon, 2004). Pour la première fois, en juin 2013, huit organisations islamiques ont organisé simultanément les examens du CEP et du BEPC franco-arabes en vue d'homogénéiser leurs évaluations. Le gouvernement burkinabè s'est engagé à harmoniser les programmes scolaires et l'édition des manuels didactiques avec pour objectif l'établissement d'un diplôme unique d'ici 2015.
4. Responsable du centre de lecture de l'ISESCO.

Sénégal ou le Mali[5], l'école française a été ouvertement conçue par l'administration coloniale comme l'instrument idéal de lutte contre l'islam (Cisse, 1994 ; Gomez-Perez, 2005). Comme dans de nombreux pays d'Afrique subsaharienne, envoyer ses enfants dans les écoles coraniques, c'était aussi une manière de résister à la politique culturelle hégémonique, imposée par les nouveaux États indépendants dans le prolongement du pouvoir colonial. L'encadrement confrérique y était aussi beaucoup moins développé. Quand les premiers élèves de notre corpus quittent leur pays à la fin des années 60, les marabouts exerçant hors cadre confrérique dominent encore la scène religieuse musulmane. Les adeptes de la Wahhabiyya rentrés de Médine ont, en effet, à peine commencé à faire parler d'eux[6] (Traore, 2005) ; quant aux musulmans occidentalisés, ils n'ont pas encore terminé leur formation.

Les aînés, plus encore que les cadets, doivent alors se plier aux règles instituées par le chef de famille, dont la légitimité à la fois religieuse et familiale ne peut en aucun cas être remise en question. Et de réinterroger leur parcours contrarié : « Je ne voulais pas aller en Arabie saoudite, j'avais deux bourses, l'une pour la Tunisie, l'autre pour l'Arabie saoudite, mais mes parents n'ont pas voulu pour la Tunisie. J'ai été obligé d'obéir à mon papa. Alors que je voulais devenir technicien. » En tant qu'aînés, ils ne peuvent maîtriser comme ils le souhaiteraient les tournants de leur existence. « Moi j'ai commencé l'école franco-arabe avec mon père en Côte d'Ivoire, à Dimbokro. C'était un maître coranique, il m'a initié, je n'avais même pas l'âge de partir à l'école. [...] J'ai eu le CEP arabe à Bouaké en 1980, et l'année d'après j'ai eu mon CEP en français. [...] Mon père a décidé que je vienne au Burkina ; il m'a envoyé dans sa famille. Je

---

5. Contrairement au Niger, au Sénégal ou au Mali, où plus de 90 % de la population est depuis longtemps musulmane, les musulmans représentaient au Burkina Faso 27,5 % de la population en 1954, alors qu'en 2006 ils sont devenus majoritaires avec plus de 60 % de la population.
6. Des affrontements se sont multipliés au début des années 70 à Bobo-Dioulasso puis à Solenzo, opposant des réformistes soutenus par la CMHV aux *wahhâbi*. Ces derniers ont obtenu l'officialisation de leur mouvement – le Mouvement sunnite de Haute-Volta – en 1973.

suis venu au Burkina en 1982, et c'est dans la même année que j'ai eu la bourse pour aller en Égypte. [...] Je suis le premier enfant de ma famille. L'école franco-arabe a commencé par moi et s'est finie par moi ». Le jeune homme n'a pu discuter la décision parentale qu'après avoir atteint l'âge adulte et accompli le chemin souhaité jusqu'à l'université d'Al Azhar. « J'avais dit à mon père de ne pas mettre mes autres frères à l'école franco-arabe. Il devait les mettre à l'école normale et participer lui-même à leur apprentissage islamique. C'était tiré entre lui et moi [...] Heureusement que mon vieux a compris. » S'il a pu convaincre son père et éviter que ces cadets empruntent un chemin aussi hasardeux que le sien, d'autres, en revanche, ont échoué dans leur tentative. « Après mon départ en Arabie saoudite, j'ai vu les choses clairement. J'ai commencé à lutter pour que papa laisse mes autres frères fréquenter l'école publique. Il a fait semblant d'accepter et puis, il les a tous mis à l'école franco-arabe. Et puis, je n'étais plus là pour faire pression sur lui. »

Ces propos signalent en creux la volonté de ces jeunes gens de faire acte de solidarité fraternelle, de tirer parti au mieux de leur expérience souvent douloureuse et d'en faire profiter leurs proches, au risque de se mettre en porte-à-faux avec leurs géniteurs. Mais la contestation n'est pas envisageable au seuil de leur adolescence, d'autant que le système d'enseignement, dans lequel ces jeunes arabisants ont été formés, les a préparés à se soumettre au respect absolu de leurs aînés plutôt qu'à les critiquer. C'est seulement à leur retour au pays qu'ils ont essayé de remettre en question la suprématie des marabouts. Dans notre corpus, une partie des anciens élèves sont des fils de marabout, de chef religieux ou de responsable de médersa ou d'école franco-arabe, autrement dit des héritiers. Ce qu'avaient déjà remarqué de leur côté Sophie Bava et Olivier Pliez à partir du Caire (Bava, Pliez, 2009). Les chefs de famille ont souvent joué de leur position et de leurs réseaux pour permettre à leurs fils de partir étudier dans les pays arabes, à une époque où l'enseignement islamique secondaire et supérieur n'était pas encore dispensé au Burkina Faso, sans pour autant prendre la mesure des conséquences de ces choix sur l'avenir de leurs enfants.

La foire aux bourses : une pluralité d'initiatives non concertées

Depuis des siècles, des ressortissants de l'Afrique subsaharienne partent étudier les sciences islamiques dans la prestigieuse université Al Azhar du Caire ou encore à la Zitouna de Tunis ou à la Qarawiyine de Fès. Mais ce mouvement s'est intensifié au début des années soixante, au lendemain des indépendances africaines, notamment sous l'impulsion du président Nasser (Sall, 2009). D'autres leaders politiques arabes, comme le roi du Maroc Hassan II ou encore le nouveau président algérien Houari Boumédiène, qui avait lui-même expérimenté les enseignements des universités de Constantine, de la Zitouna et d'Al Azhar, souhaitaient par leur soutien financier étendre leur zone d'influence jusqu'en Afrique subsaharienne (Kane, 1993 : 44). Les premières bourses d'études attribuées aux jeunes Voltaïques[7] l'ont donc été d'abord par l'Égypte, puis par l'Arabie saoudite, à compter de 1967, d'après nos interlocuteurs. L'année suivante, ce fut au tour de l'Algérie[8] et du Maroc[9] d'offrir leur soutien financier aux arabisants. Souleymane fait partie des premiers à avoir rejoint Médine[10]. « Je suis allé en Arabie saoudite en 1966. J'ai trouvé des Sénégalais, des Nigériens, beaucoup d'Africains noirs mais pas un seul Burkinabè. » L'université de Médine avait été inaugurée par le roi Saoud en 1961, et les premières facultés (*sharia* et *da'wa*) furent ouvertes deux ans plus tard avec pour mission de convier les « nouvelles nations islamiques » à sortir de l'hétérodoxie en

---

7. Le Burkina Faso est ainsi nommé depuis la révolution engagée par Thomas Sankara. Entre 1960, date de l'indépendance, et 1984, le pays portait le nom de Haute-Volta.
8. Depuis plus d'une décennie, on assiste à une diminution notable du nombre de bourses octroyées par le gouvernement algérien. Douze bourses ont été attribuées en 2006 pour des études générales, non islamiques.
9. D'après les agents du CIOSPB, trois cents bourses ont été accordées aux Burkinabè souhaitant entreprendre une formation théologique au Maroc depuis que leur structure entreprend des recensements.
10. Dans son étude sur le foyer de Wuro-Saba, Hamidou Diallo reconstitue notamment le parcours de Boubacar Doukouré, fils de cheikh Abdoulaye Fodé Doukouré, chef spirituel des hamallistes du Jelgooji (chefferie de Djibo). Cet arabisant héritier a bénéficié d'une bourse pour engager des études secondaires puis supérieures à Médine à compter de 1968 (Diallo, 2005 : 410).

observant plus scrupuleusement les dogmes de l'islam. En dispensant un enseignement à tonalité wahhâbite, il s'agissait de « former des missionnaires qui, imprégnés de l'idéologie de l'État saoudien, devaient ensuite rentrer dans leur pays d'origine pour prêcher le "vrai islam" » (Schulze, 1993 : 25). Les seuls Voltaïques alors présents sur le territoire saoudien avaient défrayé la chronique : deux cent dix pèlerins en situation d'indigence[11] avaient en effet été rapatriés en 1963 et 1964 par le président Yaméogo, sous la pression de la CMHV (communauté musulmane de Haute-Volta) (Kouanda, 1988), et, très rapidement des comportements déviants avaient été attribués à ces musulmans se revendiquant du wahhâbisme (Kone-Dao, 2005). Souleymane a, quant à lui, quitté la Côte d'Ivoire avec son certificat d'études primaires élémentaires en poche, mais sans bourse d'étude pour l'Arabie saoudite. « C'est arrivé là-bas que je me suis débrouillé. Mon père a payé le billet et il m'a dit de partir. J'avais à ce moment dix-huit ou dix-neuf ans. Je suis parti à Beyrouth et c'est là-bas que j'ai eu une bourse. Je ne connaissais personne mais je me rappelle bien. C'était l'année où Maurice[12] a été déchu du pouvoir. » Il a fait le tour de différentes ambassades sans succès avant qu'un conseiller de l'ambassade de Guinée lui obtienne miraculeusement le remboursement des frais qu'il avait engagés et une bourse pour l'Arabie saoudite. « Je dis non, je rêve ! Ensuite, j'ai vu les opportunités, j'ai ouvert la porte à des frères burkinabè. » L'année 1966 coïncide effectivement avec un tournant politique en Haute-Volta. L'arrivée au pouvoir du général Lamizana, premier et jusqu'à aujourd'hui seul président de confession musulmane, contribua à la mise en place d'une politique extérieure plus favorable au monde arabo-islamique. Le discours du ministre des Affaires étrangères aux Nations Unies en 1967 participa de cette

---

11. Maïmouna Kone-Ndao évoque « le rapatriement des étudiants voltaïques vivant en Arabie saoudite » par la communauté musulmane de Haute-Volta en 1963 et 1964, expliquant que le retour de ces étudiants « a marqué un tournant important dans l'histoire religieuse de la Haute-Volta » (Kone-Ndao, 2005 : 449). Il se pourrait que certains pèlerins aient profité de leur présence en Arabie saoudite pour suivre des séminaires d'enseignement à Médine.
12. Il veut parler ici du président de la République Maurice Yaméogo, démis par l'armée le 4 janvier 1966 et remplacé par le lieutenant-colonel Sangoulé Lamizana, officier musulman.

ouverture diplomatique, et les visites officielles effectuées dans les pays du Moyen-Orient favorisèrent l'afflux naissant de l'aide arabe (Traore, 2005 : 434). Après avoir été formé aux sciences religieuses à Médine puis à Ryad et se sentant investi d'une mission, Souleymane s'est employé à trouver des bourses d'études pour ses compatriotes : « Je suis allé voir le secrétaire général de l'université de Médine et j'ai demandé trois bourses. Ça a été accordé. L'année qui a suivi, j'ai demandé dix bourses. Pas de problèmes. Quand je viens en vacances, au retour je passe par la Syrie, je dépose de demandes de bourses dans tous les endroits. Quand je gagne, je fais venir les meilleurs élèves. »

Souleymane a fait construire une école franco-arabe à Djibo[13] en 1978, quelques années avant de rentrer définitivement au pays et de s'occuper de l'orientation de ses élèves : « Tous les enfants qui sont passés par mon école sont partis. J'en ai envoyé en Tunisie, en Syrie, partout. Je ne connais pas le nombre mais ça vaut mille personnes. » Zacharia, qui a débuté sa formation islamique à Djibo dans l'école de Souleymane, a par exemple bénéficié de son soutien : « Il m'a beaucoup aidé, il a pris tous mes papiers pour aller les déposer en Libye lui-même. » Il est impossible d'évaluer le nombre de boursiers partis à cette époque en Arabie saoudite, compte tenu des divers canaux de financement. Au seuil des années 80, le nombre total d'étudiants africains scolarisés en arabe dans les universités saoudiennes était estimé à deux mille (Nyang, 1982 : 13). Le fils aîné du fondateur de la médersa centrale, créée en 1958 à Ouagadougou, a obtenu quant à lui une bourse de l'État algérien, en 1968, en même temps que quatorze autres adolescents. « C'est un professeur sénégalais qui avait fait ses études en Algérie qui a eu les quinze bourses avec ses connaissances, et c'est la communauté musulmane qui nous a envoyés en Algérie[14]. » Au lendemain du boom pétrolier de 1973, l'Algérie a encore intensifié son aide financière, accordant des milliers de bourses aux ressortissants d'Afrique subsaharienne (Mattes, 1993 : 50). Les

---

13. C'est aussi à Djibo que s'est installé dès 1930 le chef religieux du hamallisme, remettant en cause la suprématie des marabouts peuls de Wuro-Saba. Voir à ce sujet le travail d'Hamidou Diallo (Diallo, 2005).
14. Les premiers réformistes sénégalais avaient été formés en Algérie après l'indépendance (Kane, 2003 : 44).

premiers boursiers sont ainsi partis étudier dans les pays arabes grâce à des intermédiaires étrangers qui, dispensant des cours d'arabe dans les médersas, repéraient les meilleurs éléments. Plusieurs de nos interlocuteurs ont signalé notamment le rôle actif joué pendant des années par un enseignant de nationalité jordanienne à Bobo-Dioulasso. Entretenant des liens privilégiés avec un lycée de Médine en Arabie saoudite, il a pu obtenir des bourses pour ses élèves les plus méritants ou pour ceux dont les parents étaient influents. Bobo-Dioulasso est considéré comme un foyer important du wahhâbisme qui s'est développé dès les années 30 par le biais des commerçants et pèlerins (Traore, 2005 ; Kone-Ndao, 2005). De véritables filières se sont alors progressivement constituées à l'initiative de ces formateurs isolés au début des années 70, soutenues financièrement par les autorités saoudiennes.

Le mouvement de conversion à l'islam s'est ensuite accéléré et le paysage religieux modifié, notamment avec la construction de nouvelles mosquées et l'augmentation notable du nombre de médersas, ce qui a ouvert des débouchés aux nouveaux élèves formés (Kouanda, 1996). Des bourses en nombre croissant furent octroyées par les pays arabes (Arabie saoudite, Égypte, Libye, Koweït…), le plus souvent par le canal de la communauté musulmane de Haute-Volta, institution créée initialement par les musulmans pour unifier l'islam au plan national. La CMHV les redistribua en fonction des différentes tendances religieuses et de critères plus ou moins subjectifs. « Quand les bourses arrivent à la communauté-mère, la communauté musulmane, on appelle les élèves sunnites, chiites, tout le monde, et on fait les tests de recrutement. » L'Algérie, plus tard le Maroc et la Tunisie, passèrent le plus souvent par l'intermédiaire des structures d'État pour l'attribution de ces bourses à l'endroit d'étudiants arabophones. En Syrie, en revanche, peu de bourses furent attribuées ; des aides permettaient seulement à ceux qui voulaient suivre un enseignement islamique à Alep ou à Damas d'entrer sur le territoire syrien avec des papiers en règle. L'État syrien ne prenait en charge ni le transport ni le logement des jeunes arabisants. Il dispensait néanmoins un enseignement gratuit de qualité. Les stratégies d'attribution des bourses se sont transformées également sous l'effet de la concurrence accrue qui s'est instaurée entre les universités islamiques anciennes et nouvelles, mais aussi en lien avec les turbulences politiques qui ont bouleversé certains États comme l'Algérie puis la Libye et la Syrie. Ces pays producteurs de pétrole, qui ont été des bailleurs de fonds importants pendant plusieurs décennies (1970-1990), ont aussi commencé à revoir à la baisse l'intensité de leur aide, à réviser les modalités de leur collaboration, estimant parfois plus efficace, au regard de leurs objectifs, de construire des mosquées, des dispensaires ou des centres culturels plutôt que d'octroyer des bourses d'études. Les nombreux détournements de fonds, orchestrés principalement par les musulmans traditionnalistes et débouchant sur des scandales financiers, à la fin des années soixante-dix, ont largement contribué à refroidir les relations diplomatiques avec la Libye et l'Arabie saoudite (Otayek, 1984). L'Égypte[15] et l'Arabie saoudite demeurent les deux pays qui accordent le plus grand nombre de bourses aux étudiants burkinabè arabophones, essentiellement des bourses de second cycle. Viennent ensuite les pays de la péninsule arabique qui se sont positionnés plus récemment sur ce créneau. Les pays du Maghreb, à l'inverse, ne distribuent plus leurs bourses qu'au compte-goutte. Avant la guerre civile qui a embrasé le pays en 2011, la Libye, par le canal de l'Association mondiale de l'appel islamique, attribuait également une vingtaine de bourses par an, permettant aux jeunes gens de rejoindre les universités islamiques de Tripoli (allocations de second cycle et surtout bourses de courte durée pour une spécialisation en pédagogie). Selon les périodes et les pays, le gouvernement burkinabè a parfois assuré un complément de bourse.

Le groupe de pairs : une « communauté de circonstance » soudée

Une majorité de ceux qui rejoignent un pays arabe à l'adolescence ont déjà expérimenté l'éloignement géographique sans connaître pour autant le dépaysement. Leur famille évoluait en effet sur un double espace, entre le Burkina Faso et la Côte d'Ivoire, qui leur est devenu

---

15. Les responsables du CIOSPB parlaient en 2010 de six cents bourses franco-arabes attribuées par l'université d'Al Azhar, sans pouvoir préciser la période concernée.

familier. En revanche, ces départs vers un pays lointain du monde arabe semblent annonciateurs de plus grosses ruptures, notamment pour ceux qui, encore enfants, rejoignent l'Algérie à la fin des années 60. Ils vont y rester de la sixième à la terminale, c'est-à-dire au minimum sept ans, sans avoir la possibilité de retourner chez eux à l'occasion des vacances. À la fin de ce cursus secondaire correspondant au cursus en vigueur en France, les premières générations de lycéens se sont inscrites directement à l'université en Algérie, ne voulant pas courir le risque de rentrer au pays sans spécialisation. Ces jeunes ont donc été absents du Burkina Faso plus d'une décennie. À une époque où les techniques de télécommunication sont encore très peu développées et onéreuses, les liens avec la famille ne peuvent que se distendre sur une telle durée. Leurs coreligionnaires partis sur le même vol, partageant de surcroît les mêmes dortoirs et les mêmes enseignements, constituent une nouvelle communauté de référence, en remplacement de la famille. Ces liens tissés au seuil de l'adolescence semblent avoir résisté à l'usure du temps. Ils sont en effet nombreux, une fois de retour, à avoir conservé ces amitiés d'enfance qui les ont aussi structurés en l'absence des solidarités familiales. En Algérie, il leur a été plus facile en groupe de faire face à de nouvelles stigmatisations, où jouait la mémoire des « tirailleurs sénégalais » et de leur action pendant la guerre d'indépendance algérienne. « Vraiment, on a eu beaucoup de difficultés avec les jeunes qui trouvaient qu'on était des envahisseurs parce que ce sont les Noirs qui ont combattu les Algériens lors de la guerre de libération algérienne. Les Français poussaient les Noirs à tuer les Algériens et ils n'ont pas oublié. L'indépendance algérienne c'est en 1962, et nous sommes arrivés en 1968. Les tout-petits qui ont vu leurs parents mourir sous les balles ont grandi, et ils ne voulaient pas nous voir. Réellement on a eu beaucoup de problèmes en Algérie. Mais les autorités ont tout fait pour nous sauver, nous proposant même de nous mettre sous escorte policière. Mais nous leur avons dit qu'on n'était pas des prisonniers. »

Rencontrer les mêmes difficultés d'insertion, partager les mêmes angoisses à l'âge où on développe de nouvelles expériences de socialisation les a durablement rapprochés, et ils ont pu tabler sur ces relations d'entraide quand il a fallu au pays trouver un emploi ou faire face au chômage. On retrouve des scénarios comparables parmi les adolescents qui arrivent en Arabie saoudite ou en Syrie en petits groupes, au début des années 70 ; ils font ensemble les mêmes découvertes de l'altérité, du racisme. La différence essentielle est que l'Arabie saoudite prend en charge les billets d'avion des jeunes arabisants inscrits au collège de Médine pour leur permettre de rentrer dans leurs pays d'origine une fois tous les deux ans et de ne pas perdre contact avec leur famille. À l'université Al Azhar, les aînés déjà installés facilitent également les démarches d'insertion des nouveaux arrivants, les mettant en contact à la fois avec leurs compatriotes, l'administration et la société civile égyptienne (Bava, Pliez, 2009). Ces relations construites à l'étranger et au seuil de l'âge adulte participent de la construction de leur capital social.

Sitôt arrivés à l'étranger, d'autres examens destinés à évaluer leur niveau d'arabe et d'études et à justifier les mises à niveau demandées attendent les jeunes arabisants. Ils sont nombreux à réintégrer l'école primaire : ils vivent alors une première expérience de dévalorisation de leurs connaissances. L'enseignement suivi au Burkina Faso était très variable d'un établissement à l'autre. Il permettait de mémoriser des leçons de morale et d'éducation religieuse tout comme la traduction des versets du Coran faite par le maître et d'acquérir des rudiments de la grammaire arabe. Mais il n'avait pas été conçu initialement pour que les élèves puissent maîtriser, en fin de cycle élémentaire, la langue arabe écrite et parlée. Ce qui explique l'allongement des parcours d'études en migration.

Cette situation, qui a pu en décourager plus d'un, ne semble pas spécifique aux ressortissants burkinabè ; elle concernerait un grand nombre d'Africains qui, venant poursuivre leurs études au Caire, mettent encore aujourd'hui huit ans au lieu de quatre pour obtenir une licence (Bava, Pliez, 2009 ; Fah, 2005). Leurs séjours d'études dans les pays arabes se mesurent en décennies dès lors qu'ils se prolongent dans le supérieur et intègrent des spécialisations. Les arabophones font leur apprentissage de la vie, très loin de leur famille et en dehors de sa protection immédiate. Ils arrivent sur le marché du travail au Burkina Faso à un âge déjà avancé, sans pouvoir s'appuyer sur un réseau solide de connaissances ni valoriser l'expérience professionnelle exercée en complément de leurs études.

Choix des filières : un choix conditionnant l'avenir professionnel

Les filières d'enseignement et les âges de départ ne sont pas les mêmes, selon le pays de destination et la période à laquelle les jeunes quittent le Burkina Faso. Par ailleurs, l'octroi d'une bourse, nous l'avons vu plus haut, conditionne également l'orientation des études. En Algérie et en Syrie, les élèves ont la possibilité de s'engager dans des filières scientifiques ou techniques après l'obtention sur place de leur baccalauréat. Ce qui n'est pas le cas en Arabie saoudite ou en Libye où, en tant que Burkinabè, ils sont orientés systématiquement vers des filières religieuses. Ces restrictions tiennent aussi au type d'accord négocié entre les États. Un étudiant parti en Arabie saoudite explique : « À Ryad, je n'ai pas pu m'inscrire en traduction et en anglais. Ils m'ont obligé et je me suis inscrit en sciences de l'éducation. On nous force, tu n'as pas le choix. Soit tu fais ou on te chasse. Mais le problème n'est pas au niveau des Saoudiens mais au niveau de nos États. Les autres étudiants étrangers avaient la possibilité de choisir leurs branches d'études. Nous les Burkinabè, on n'avait pas ce choix parce qu'il n'y avait pas de protocole entre les deux ministères de l'Enseignement. Nous étions obligés de faire la charia ou la langue arabe. »

Il y va donc à la fois de la responsabilité des pays d'accueil et de celle du Burkina Faso. Il semblerait qu'à l'inverse, les ressortissants de pays arabophones comme le Tchad et la Somalie, ou encore le Nigeria et le Ghana, dont les dirigeants avaient noué des relations diplomatiques avec l'État saoudien, pouvaient accéder aux filières profanes dans les années 80 (Abdoulaye, 2003). Les États africains cultivent l'ambiguïté. Le Burkina Faso a soutenu notamment la politique du colonel Kadhafi pendant plusieurs décennies, acceptant ses dons, ses écoles et ses bourses, sans pour autant jamais nouer d'accords formels en échange permettant de sécuriser et d'améliorer la scolarité de ses ressortissants. « Le gouvernement veut l'argent des Arabes mais n'aime pas les arabophones. » Les jeunes arabisants réalisent brutalement cette absence de formes de reconnaissance réciproque entre les États, absence qui les pénalise et retarde leur socialisation.

À l'université d'Al Azhar, les filières ne sont plus accessibles, dans leur totalité, aux étudiants subsahariens, comme elles l'étaient par le passé (Bava, 2010). Pendant des décennies, une minorité sélectionnée en fonction de ses qualifications avait été autorisée à suivre une formation scientifique à Al Azhar comme à l'université du Caire et à l'université Ayn Al-Shams (Kane, 2003 : 42). Un étudiant rentré au pays en 1996 expliquait : « Après le BEPC, j'ai fait la filière scientifique, l'école où j'étais, c'est une école religieuse, mais là-bas, ils ne nous empêchaient pas de choisir notre formation. On était libres de choisir. » Le directeur adjoint de la radio *Al Houda*, qui a suivi un cursus secondaire et universitaire au Caire à la même époque, a pu entreprendre des études de journalisme, en même temps d'ailleurs qu'il travaillait dans une radio (Savadogo, Gomez-Perez, 2011). Cette période semble révolue. Aujourd'hui, les élèves boursiers qui arrivent dans la capitale égyptienne après le baccalauréat ne sont plus acceptés dans les filières scientifiques ou techniques ; les enseignants d'Al Azhar affirmant que leur niveau de qualification et leur maîtrise de la langue arabe sont insuffisants (Sall, 2009 : 46). Ne peuvent déroger à ces nouvelles règles que les étudiants pouvant bénéficier d'un soutien financier de leur famille. En Syrie, tout juste avant le conflit armé de 2011, les étudiants pouvaient encore intégrer les filières profanes. Mais il y avait aussi un prix à payer pour cette option : « En réalité quand on est parti en 1986, c'est là-bas que les problèmes ont commencé. Les Syriens ont dit que, si c'est pour faire les études islamiques, tu es logé, nourri, en tous cas tu es pris en charge. Mais si c'est pour les études scientifiques, tu te prends en charge toi-même. »

Les étudiants qui s'engagent dans des cursus scientifiques sont autorisés officiellement à travailler en parallèle. L'un d'entre eux, qui exerce aujourd'hui comme agent de santé dans un centre de recherche sur le paludisme à Ouagadougou et qui a passé huit ans en Syrie, en témoigne : « Quand je suis arrivé en Syrie, je me suis inscrit dans une école de langues. J'ai fait deux ans là-bas pour apprendre l'arabe. C'était un centre de perfectionnement en langue arabe. J'ai eu chaud. La première année j'ai échoué. Les conditions n'étaient pas faciles. Je n'avais pas assez de moyens. Je quittais l'école à dix-sept heures pour aller travailler et descendre à vingt-deux heures ou à deux heures du matin [faire la plonge dans un restaurant]. Des fois, je dormais trois heures par nuit. […]. » Cette alternance au quotidien entre études et travail a perduré lors de ces deux dernières années d'études supérieures. « Quand j'ai voulu continuer à l'institut supérieur de santé dans une autre ville que Damas et faire une spécialisation, ce n'était pas facile. Tu t'efforces pour avoir n'importe quel boulot pour avoir un peu d'argent pour vivre. Il faut quitter les cours et les stages pour aller travailler. Souvent je descends à deux heures du matin pour réviser les cours avant de repartir à l'école. [...] Pendant les vacances, on avait des stages obligatoires d'un mois à faire dans les hôpitaux. Les deux mois restant, je me battais pour travailler dans plusieurs endroits. Tu cours pour rattraper le temps ailleurs. [...] J'ai travaillé dans les restaurants, dans les maisons comme domestique [...]. Dans ces conditions de vie, rien ne peut aller. J'ai échoué, j'ai repris une classe encore. »

Ces expériences difficiles endurcissent les jeunes hommes mais les conduisent également à opérer de nouvelles distinctions parmi les « arabisants », entre ceux qui se sont donné les moyens de leur indépendance et ceux qui ont accepté d'être assistés ; des jugements moraux sont alors introduits pour disqualifier les seconds, une manière en creux de réintroduire l'estime de soi. « Je vais te dire moi que ceux qui font la charia ou les autres études islamiques vivent comme des fainéants, dans les pays arabes. Tout est assuré pour eux. Ils mangent, ils dorment. Nous, nous avons bossé. On a souffert. Tu luttes pour toi-même. Et puis, quand tu fais des études islamiques, tu es livré à toi-même. C'est comme ça. » « Eux » et « nous », bien que pareillement fragilisés par cette expérience migratoire, se retrouvent dans des positions différentes au moment de s'insérer dans le marché du travail. « Aujourd'hui, on voit les résultats. Nous-mêmes on ne peut pas avoir le boulot facilement, on ne parle pas d'eux. » En Égypte comme en Libye, bien que n'étant pas autorisés officiellement à travailler en complément de leurs études, les arabisants burkinabè, les moins fortunés, ont dû s'investir dans des activités rémunératrices, à l'exemple des autres ressortissants de l'Afrique subsaharienne, tout au long de leur cursus. Ce qui a également contribué à ralentir leur progression dans les études, à retarder leur retour au pays. Les uns ont travaillé dans la restauration, le tourisme, le petit commerce, d'autres encore comme gardiens, hommes de ménage, d'autres enfin ont dispensé des cours de langue. « Officiellement, on ne devait pas travailler, mais il faut toujours se débrouiller. On faisait les cours à domicile, j'ai fait aussi un peu d'interprétariat dans les pyramides. »

Pendant plusieurs décennies, en Égypte comme en Libye, les arabisants ont pu, en complément de leurs formation islamique, préparer d'autres diplômes, sans pour autant que ces derniers puissent être validés officiellement. Citons l'exemple d'un étudiant qui, parallèlement à ses études de littérature arabe en Libye, a suivi un cursus d'astronomie pendant sept ans, sans pouvoir obtenir un diplôme validant sa formation. Les arabisants ont rarement le sentiment d'avoir vu leurs efforts sanctionnés par un diplôme qui reconnaisse pleinement leur travail, leur mérite, leurs connaissances. Au lieu de se construire en tant que personne, au rythme des reconnaissances auxquelles ils devraient être exposés à l'occasion des diverses interactions vécues, ils expérimentent, au fil de leur parcours, des processus d'exclusion multiples (Honneth, 2000).

Des bifurcations plus ou moins réussies, des parcours longs et laborieux

La circulation des arabisants au sein de l'espace d'études s'est également recomposée au fil des décennies. Ayant pris conscience des difficultés de réinsertion professionnelle de la première génération, les générations suivantes se sont employées à rebondir vers l'Europe pour parfaire leur formation avant de rentrer au pays. Dans les années 70, la France était devenue une destination privilégiée, dès lors que ses instances universitaires avaient mis en place un système d'équivalence à l'intention des ressortissants des pays arabes. Des diplômés africains ayant été formés dans ces mêmes universités arabes ont pu saisir cette occasion pour préparer un deuxième ou troisième cycle en France. L'Institut national des langues et civilisations orientales à Paris a notamment accueilli plusieurs générations d'arabisants africains, spécialisés en littérature, qui ne maîtrisaient pas toujours bien la langue française, mais qui ont pu, pour certains d'entre eux, bénéficier de l'indulgence de leurs professeurs (Kane, 2003 : 43). Ce détour par la France a permis à ces diplômés d'accroître leurs chances d'insertion professionnelle et de se démarquer de leurs condisciples restés dans un pays arabe. D'autres ont reconsidéré leurs trajectoires professionnelles et fait carrière en France : « Il y a des amis qui ont quitté l'Arabie saoudite pour les pays d'Europe. Mon meilleur ami est actuellement médecin en France. On avait la même idée. Mais moi, j'ai eu des problèmes et je n'ai pas pu le suivre. Il est allé en Syrie pour faire le bac et après le bac, il a continué pour rentrer en France. »

Ces passerelles ont été supprimées au milieu des années 80, à la suite du durcissement des politiques migratoires en France. Quelques étudiants formés au Maroc sont en revanche parvenus à compléter leur formation par un troisième cycle à l'Institut supérieur de civilisation islamique de la Zitouna à Tunis. Un cursus accueillant en majorité des étudiants sénégalais a pu leur permettre de trouver plus facilement du travail au pays. « Quand on rentre comme docteur, là c'est bien. La Banque islamique accorde 60 000 francs CFA par mois à ces docteurs, et tu peux vivre avec ça. » La Faculté pour l'appel islamique en Libye qui délivre un doctorat offrait également des possibilités intéressantes aux arabisants. Les conditions de vie et d'études des arabisants sont donc très différentes selon le pays d'accueil et selon la période à laquelle ils ont pu engager leur cursus. Selon les stratégies familiales ou individuelles déployées, ils ont pu à certaines conditions bifurquer brutalement ou encore prendre des chemins de traverse pour sortir de la condition qui leur était imposée.

Valoriser au pays son parcours d'arabisant : un parcours du combattant

Ne pas maîtriser la langue française : un handicap difficile à surmonter

Les étudiants arabophones ont dû rallonger notablement leur temps d'études parce qu'ils ne maîtrisaient pas bien, au départ, l'arabe écrit et parlé. De retour au pays, ils se retrouvent à nouveau handicapés, cette fois parce qu'ils ne maîtrisent pas suffisamment le français, langue de l'ancien colonisateur devenue langue officielle au Burkina Faso. Une première césure est donc introduite entre ceux qui sont partis étudier dans les pays du Maghreb, où nombre de cours sont dispensés en français, et les autres, installés en Arabie saoudite, en Syrie, en Libye ou en Égypte où la langue enseignée est le plus souvent l'arabe, parfois l'anglais. Les premiers ont dû affronter ce problème et le résoudre plus tôt dans leur scolarité, à l'image du doyen de la nouvelle université islamique de Ouaga 2000 : « C'est vrai, moi quand j'allais en Tunisie, je ne savais qu'écrire mon nom en français et lire l'alphabet. Tout le français que je parle, c'est en Tunisie que je l'ai appris en me formant dans les centres de langues. Je savais bien ce que je faisais. Tu ne peux pas prétendre à un emploi et ne pas savoir parler et écrire français au Burkina… » Chacun à sa manière essaie d'y remédier individuellement. Contrairement à d'autres pays comme le Tchad, le Burkina Faso n'a pas encore mis en place des centres d'apprentissage de la langue française pour permettre aux adultes arabophones de consolider leurs compétences langagières en français et à plus long terme d'intégrer plus facilement le tissu économique et administratif francophone (Diop, 2013) : « Quand tu regardes les autres pays, au Sénégal, au Mali, il y a des centres de langues. J'ai des amis rentrés de Libye comme moi, ils m'ont dit que quand ils sont retournés chez eux, l'État les a engagés après avoir fait une formation à l'école normale où ils ont appris le français. Pourquoi on ne peut pas avoir ça ici, pourquoi on n'y arrive pas ? »

Divisés en de multiples factions, les musulmans burkinabè ne peuvent tabler véritablement sur une solidarité communautaire pour faire entendre leur voix auprès du gouvernement. Il n'existe pas non plus de demande de professeurs d'arabe dans la fonction publique, contrairement au Tchad ou au Cameroun où celle-ci est forte (Diop, 2013 ; Fah, 2005). Les premières générations n'ont commencé à prendre des cours de français qu'à leur retour au pays, tandis que les générations suivantes, conscientes du handicap que cette absence de maîtrise pouvait entraîner, se sont efforcées d'anticiper. Les uns ont pris des cours particuliers avec des coreligionnaires dans le pays d'accueil, d'autres se sont efforcés d'intégrer en cours du soir ou complémentaires des organismes qui délivrent un diplôme officiellement reconnu en français. Mais il est toujours plus difficile d'apprendre une langue étrangère à l'âge adulte et dans un pays où on ne la pratique pas.

Cette obligation de maîtriser le français pour accéder aux mêmes qualifications que les autres Burkinabè est vécue comme une injustice insupportable par de nombreux arabophones. Ils font ainsi état d'un « déni de reconnaissance » (Honneth, 2000). Comment participer concrètement à la construction d'une société quand les institutions ayant légitimement en charge de garantir l'intégration de tous les citoyens n'établissent pas des principes organisant des formes de reconnaissance réciproque ? Ils sont nombreux à dénoncer la marginalité sociale dans laquelle ils se trouvent. La non-reconnaissance de leurs diplômes, et donc de leur valeur en tant qu'individu, travailleur et citoyen, retarde leur possible socialisation. « J'ai fait vingt-trois ans en Syrie. J'ai quitté le Burkina en 1976, c'était Lamizana qui était au pouvoir ; à mon arrivée, c'était Blaise. Toutes ces vingt-trois années en dehors du pays, je les ai mises au profit de mon pays, pour apprendre et revenir travailler dans mon pays. Je viens ici, je suis mis à l'écart, je suis exclu de la société malgré mes connaissances, mes diplômes. C'est aussi une barrière psychologique. Je suis nul pour eux et je me sens nul. Ça ne nous donne pas le courage d'affronter les choses. Pourtant, il y a des fonctionnaires qui n'ont pas le BEPC mais qui travaillent à la fonction publique. Avec un bac arabe, un diplôme en anglais, un CAPES en éducation, un diplôme en traduction et en gestion, cinq diplômes, et je ne peux pas avoir du travail. Pourquoi ? Parce que je ne maîtrise pas assez le français. Simplement ça ! »

La question épineuse des équivalences

Les diplômes en théologie ou en littérature arabe obtenus dans les pays arabes ne sont pas reconnus par l'administration publique burkinabè qui, depuis 1985, ne recrute plus de professeurs d'arabe. Des commissions ont été en revanche mises en place pour évaluer la qualité des autres diplômes littéraires ou scientifiques soutenus en langue arabe et obtenus dans une université arabe. Les arabisants se plaignent de la lenteur et de la partialité de ces instances d'évaluation qui tardent à prendre une décision ou qui, d'emblée, minoreraient la qualité des diplômes obtenus en langue arabe. Un docteur en pharmacie, rentré de Damas en 1992, expliquait avoir attendu trois ans avant que la commission nationale des titres et des diplômes trouve les moyens financiers pour se réunir et délibérer sur son cas et sept ans avant d'obtenir une équivalence après avoir réintroduit à plusieurs reprises sa demande. Un de ses compatriotes, également rentré de Syrie deux ans après lui, a partagé la même douloureuse expérience. Il a attendu cinq ans avant d'obtenir son équivalence en tant qu'agent de santé et pour survivre a dû faire des gardes et accepter de travailler dans un laboratoire d'analyses, payé 25 000 francs CFA par mois avant d'être recruté comme technicien dans un centre de santé : « Dans le même mois de mon arrivée à Ouaga, en janvier 1995, j'ai déposé mes papiers au ministère de la Santé pour une intégration et c'est là que la galère a commencé. Chaque semaine au début je me rendais au ministère pour voir l'avancement de mon dossier [...] C'est vers la fin 1995 que le ministère m'appelle pour me conseiller d'aller faire mon service militaire en attendant que ma demande d'équivalence de diplômes et mon intégration se fasse. Quand j'ai fini, mon dossier n'avait pas avancé. »

Un agronome rentré plus récemment d'Égypte apportait un point de vue très différent, se rangeant du côté de l'administration : « Quand je suis allé faire mon équivalence, l'administration m'a tellement bien expliqué les choses que j'en voulais à mes frères arabophones de rapporter des choses fausses. C'est très simple de réunir des papiers pour l'université. L'administration ne peut pas reconnaître un diplôme d'une université qu'elle ne connaît pas, et elle a raison. Je pense que là, il faut que les arabophones s'informent et commencent à retirer les dossiers pendant qu'ils sont encore à l'étranger afin de faciliter les choses. Ce n'est pas en revenant au pays qu'il faut se mettre à l'œuvre. »

L'administration burkinabè exige tout d'abord une traduction, en français, du programme détaillé de l'université, du libellé des diplômes obtenus, pour être en mesure d'en apprécier la qualité. Si elle estime que certains diplômes obtenus dans les pays arabes sont surévalués, elle refuse l'équivalence. Ce qui explique certains malentendus ainsi que le ressentiment partagé par nombre d'arabisants. Mais là encore, tout dépend de la nature du diplôme, de l'établissement où il a été obtenu et très certainement du capital social dont dispose le diplômé. Aucune règle systématique ne semble avoir été établie. « Je me suis renseigné auprès du responsable. Je ne pouvais pas comprendre que nos aînés piétinaient encore pour obtenir leur équivalence. Mais j'ai finalement compris. Quand je suis allé déposer mon propre dossier, le responsable a vérifié, et il m'a dit qu'à mon niveau, je n'avais pas de problèmes. Une maîtrise en sciences agronomiques option production animale obtenue en Égypte est considérée comme équivalente au diplôme de technicien ingénieur agronome, option production agronome. J'étais étonné que ça se fasse si vite. Je lui ai dit que je connaissais des gens qui étaient venus le voir mais qui n'ont pas encore reçu leur équivalence de diplômes. J'ai donné le nom d'un ami. Le responsable m'a expliqué le problème. Par exemple, la traduction des intitulés de diplômes peut créer des retards, des problèmes. D'un côté, on parle de licence par exemple et, d'un autre, on parle de maîtrise ou de diplôme d'ingénieur. Les arabophones surévaluent leurs diplômes obtenus. Et c'est là que j'ai vu peut-être l'une des raisons de leur colère pour l'établissement des équivalences de diplômes. En tout cas, je ne peux pas gâter leur nom. Ils délivrent les diplômes en fonction des diplômes qu'on délivre à l'université ici. »

Dès lors que la science est universelle, nombre d'arabisants ne comprennent pas qu'un diplôme scientifique obtenu en langue arabe ne puisse être validé au même titre qu'un diplôme obtenu en français. « Là où je suis avec mes diplômes d'arabe en sciences de l'éducation, j'ai les mêmes aptitudes qu'un inspecteur de l'enseignement, expliquait un arabisant formé successivement en Arabie saoudite, au Niger et au Maroc, titulaire d'un DESS en sciences de l'éducation, option langue arabe et études islamiques. La seule différence, il va le faire en français et moi en arabe. On nous demande de venir avec des diplômes français. Nous sommes des Burkinabè au même titre que les autres, ou radicalement l'État ferme les écoles franco-arabes et c'est fini. »

Les lettrés arabophones estiment que l'État burkinabè entretiendrait volontairement la confusion entre la langue et la religion. « Que tu aies fait tes études en chinois, en espagnol ou en arabe, c'est la même chose. Beaucoup de gens pensent que la langue arabe c'est la religion islamique. Ils nous prennent pour des ignorants ». Ce déni de reconnaissance suscite un sentiment de mépris et d'humiliation dont on mesure mal les conséquences. Mais la dénonciation débouche difficilement sur des mobilisations collectives. « Toutes les associations des arabophones sont récentes. Et nous n'avons pas de stratégies communes. Seulement individuellement chacun se bat pour s'en sortir et avoir son équivalence et ses autres papiers » expliquait le responsable de l'amicale des diplômés d'Égypte au Burkina Faso. Et un de ses coreligionnaires rentré d'Arabie saoudite de renchérir : « Malheureusement nous ne sommes pas unis, j'ai tenté plusieurs fois avec les arabophones. J'ai même créé en 2004 un syndicat des arabophones dont je suis le secrétaire général, mais les gens ont peur, je ne sais pas pourquoi. »

Un marché du travail excluant

Les étudiants qui se sont spécialisés dans l'étude de la théologie ou de la littérature arabes ont rencontré des difficultés d'insertion professionnelle plus ou moins grandes, selon l'époque à laquelle ils sont retournés au pays, selon leur niveau de qualification et l'étendue de leur capital social. Parmi les premières générations rentrées au début des années soixante-dix, les individus les mieux insérés dans le tissu local et qui pouvaient s'appuyer financièrement ou symboliquement sur leurs familles ont été à l'initiative de la création des toute nouvelles écoles franco-arabes ou ont été recrutés comme interprètes dans les ambassades, à la commission nationale de l'UNESCO, alors que les plus démunis devenaient prêcheurs dans les mosquées. Bien que les écoles franco-arabes se soient développées à un rythme beaucoup plus soutenu que celui des écoles publiques, elles n'ont pu cependant intégrer tous les arabisants de retour au pays. Les conditions de travail des employés dans ces écoles, loin de s'améliorer, se sont plutôt dégradées. Les fondateurs des médersas auraient profité de cette aubaine pour employer à peu de frais ces étudiants arabophones fraîchement rentrés au pays : « Tu es obligé d'aller chercher des personnes qui traversent des moments difficiles pour leur proposer un poste d'enseignant avec un salaire dérisoire. » Les plus jeunes ont essayé de s'organiser en association pour que « les fondateurs comprennent une chose, qu'ils ne profitent plus des jeunes qui reviennent au pays, qu'ils ne détruisent pas leur avenir ».

Les premières générations ont pu également bénéficier à la marge d'un recrutement dans la fonction publique, bien que ce secteur ait été accaparé par les élites formées en Occident. Des étudiants formés en Algérie ont ainsi eu la possibilité de passer des concours pour être affectés en tant que professeurs d'arabe dans des lycées publics à la fin des années 70, avant que les grandes grèves des enseignants (1980) ne paralysent le secteur. Un de leurs coreligionnaires rentré une année plus tard, tout juste au moment de la création du Comité militaire de redressement pour le progrès national[16], a dû attendre quelques années supplémentaires pour être recruté en tant qu'interprète. Ceux-là, plus d'une décennie plus tard, parce qu'ils maîtrisaient bien le français, ont pu trouver un poste à responsabilité au sein de l'ISESCO et être ainsi intégrés dans la fonction publique. Un agronome ayant été formé en Égypte explique quant à lui qu'il a pu se faire connaître auprès du ministère de l'Agriculture avant même le terme de ses études et intégrer la fonction publique sitôt son retour au pays.

Mais, depuis 1985, les débouchés se sont raréfiés. L'État a ralenti ou gelé le recrutement dans la fonction publique, et les diplômés arabophones ont dû faire face à une crise de l'emploi qui a également touché le secteur privé. Ceux qui avaient suivi une formation primaire au Burkina Faso et qui sont partis préparer un deuxième et un troisième cycle supérieur dans les pays arabes au milieu des années 70 ont mis encore plus de temps (souvent près de vingt ans) avant d'obtenir leur diplôme en Syrie ou en Libye. Et une fois de retour au pays, il leur a fallu encore attendre plusieurs années avant de pouvoir valider leurs diplômes scientifiques et trouver un emploi en rapport avec leurs qualifications. Rentrés au milieu des années 90, ils se sont majoritairement retrouvés à enseigner dans des écoles primaires avant de pouvoir occuper un poste stable et plus rémunérateur. Certains n'y sont pas parvenus ; l'un a fait une dépression nerveuse, d'autres ont profité d'une bourse professionnelle pour repartir faire une spécialisation en Libye ou au Maroc, obtenir un troisième cycle et retarder leur entrée dans la vie professionnelle. L'enseignement privé reste cependant le secteur qui emploie le plus d'étudiants arabophones avec des conditions de travail toujours nettement plus défavorables que dans l'enseignement public[17]. « C'est une aide, ce n'est pas un

---

16. Ce régime a été mis en place par Saye Zerbo, le troisième président de la Haute-Volta après avoir renversé en novembre 1989 le général Sangoulé Lamizana. Ce coup d'État est intervenu dans un contexte de crise (grave sécheresse et forte agitation sociale : les enseignants notamment étaient en grève à l'appel de quatre centrales syndicales protestant contre des décisions prises à l'encontre de collègues).
17. La rémunération mensuelle d'un enseignant dans une école arabe varie entre 25 000 francs CFA (ce qui équivaut à moins de 40 euros) et 50 000, selon le niveau de ses diplômes, alors que le traitement d'un enseignant dans une école primaire publique est supérieur à 100 000 francs CFA.

salaire. » Les enseignants sont aussi de plus en plus souvent recrutés et rémunérés par des organisations islamiques internationales. C'est ainsi que l'Association des musulmans d'Afrique, association koweitienne implantée au Burkina Faso depuis 1988, emploie du personnel dans ces centres pour orphelins et organise régulièrement des tests de recrutement d'enseignants. L'association libyenne AMAI a été, jusqu'au renversement du régime du colonel Mouammar Kadhafi, un instrument politique majeur d'islamisation en Libye ; elle est également présente sur le territoire burkinabè depuis 1998. Elle y a construit des écoles franco-arabes, des mosquées et des centres culturels tout en recrutant des enseignants burkinabè dans ses propres structures et en prenant en charge et revalorisant leurs salaires. La Fondation de solidarité et d'aide au peuple africain (FOSAPA), ONG à capitaux turcs, a également ouvert des lieux d'éducation islamique au Burkina en 2008. De la même manière, la création récente de deux universités islamiques à Ouagadougou constitue une aubaine pour les plus qualifiés, titulaires de doctorats. Les professeurs recrutés pour enseigner au Centre universitaire polytechnique du Burkina, au nombre d'une vingtaine, sont pour moitié des Burkinabè. La faculté polytechnique de cette université créée avec le soutien de plusieurs partenaires arabes n'étant pas encore fonctionnelle, on peut s'attendre à de nouveaux recrutements de professeurs. Al Houda, le second centre universitaire, issu d'un projet de la fondation Abdullah Ibn Massoud, employait, à son ouverture en 2007, treize enseignants. Mais les arabisants sont amenés à cumuler les activités pour s'assurer des rémunérations convenables. Si quelques entrepreneurs religieux formés dans les pays arabes sont parvenus à investir à la fois les nouvelles radios confessionnelles et les nouvelles structures associatives ou universitaires locales, utilisant à leur avantage la montée du sentiment religieux pour revendiquer une certaine représentativité de l'islam dans l'espace public, la majorité a néanmoins le sentiment de vivre un déclassement social injustifié. Elle en rejette la responsabilité à la fois sur l'État burkinabè, jugé démissionnaire ou partisan, et sur les anciennes générations de musulmans ayant tout intérêt à ce que la situation ne change pas. Leurs discours radicaux trahissent un profond désarroi : « Les arabophones sont délaissés au Burkina. Nous sommes marginalisés. Nos diplômes ne sont pas reconnus. Nous sommes considérés comme des analphabètes. Quand on voit un arabophone, c'est un intégriste, un Ben Laden. Ce n'est pas bien. On est pourtant tous des Burkinabè. » « Nous venons de ces pays arabes avec nos diplômes et nous ne sommes même pas considérés comme des lettrés. L'État n'a pas besoin de nous, les pays arabes non plus. Donc nous sommes des délaissés. Chaque année il y a des centaines de diplômés qui rentrent mais l'État se désengage. »

Beaucoup d'arabophones interrogés ont le sentiment que les institutions étatiques n'accordent aucune valeur à leur contribution possible à la bonne marche de la société. Pire encore, ils se sentent criminalisés à cause de leur confession religieuse et assimilés à des terroristes potentiels. Et bien que certains d'entre eux aient contribué à ouvrir de nouveaux espaces sur la scène associative ou médiatique, ils se sentent incapables de lutter contre cette injustice, faute de relais suffisants dans la société. « Les musulmans n'ont pas mis la question de l'emploi, la question des salaires au centre de leurs préoccupations. C'est les difficultés de nos jours qui ont ramené les musulmans à la réalité. Moi je pense qu'on a atteint un blocage dans la communauté musulmane. Il faut refonder cette communauté, innover et amener un changement en faisant tomber les aînés qui refusent de bouger », concluait le doyen de la faculté des sciences de l'éducation.

Le négoce transnational : un débouché exceptionnel

En débutant cette réflexion, nous avions émis l'hypothèse que les étudiants burkinabè étaient nombreux à avoir profité de leur séjour dans les pays arabes pour mettre en place un commerce transnational. Des recherches ont montré qu'au Tchad, le pèlerinage à la Mecque pouvait déboucher sur des carrières commerciales (Bennafla, 2005). D'autres encore ont rappelé comment une formation à l'université d'Al Azhar pouvait conduire des étudiants, ne voulant ou ne pouvant pas retourner dans leur pays d'origine, à s'inscrire dans les filières de « l'économie de bazar » (Bava, Pliez, 2009). Nos travaux récents ont également éclairé les parcours professionnels d'étudiants arabophones formés dans les Émirats arabes unis dans le *hub* commercial de Dubaï (Bredeloup, 2014). Au Burkina Faso, ces trajectoires mêlant études islamiques et commerce international restent minoritaires, au regard de nos premières investigations. L'histoire d'Idrissa qui a été élève puis étudiant en théologie en Arabie saoudite mérite d'être citée car elle participe d'une logique d'accumulation du savoir et d'un registre de reconnaissance différents. Arrivé à Médine au début des années 70, Idrissa relate avoir passé près de trente ans de sa vie en Arabie saoudite. Sitôt inscrit dans le second cycle, il fait l'apprentissage du commerce, à l'occasion de ses congés scolaires. Pendant que ses compatriotes rentraient voir leurs parents au pays, il partait écouler des marchandises au Caire notamment, effectuant le chemin inverse des pèlerins. Des choix qu'il présente lui-même comme originaux. Une année, il a décidé de prendre un car à partir de Djeddah pour rejoindre la Turquie et, de là, poursuivre son chemin vers l'Italie. Des ressortissants de la République démocratique du Congo, qui faisaient le commerce de l'aluminium et qu'il avait rencontrés par hasard dans la ville saoudienne, l'avaient mis sur cette piste. C'est ainsi qu'il a pu nouer des premiers contacts commerciaux en Italie, en France puis, au cours des vacances suivantes, en Indonésie. Il a commencé à revendre des portes en aluminium en Arabie saoudite. Progressivement, son carnet d'adresses s'est étoffé : « En Arabie saoudite, il y a beaucoup de monde, on tisse des liens avec beaucoup de monde. » Ses compétences linguistiques se sont diversifiées ; Idrissa parle suffisamment bien l'indonésien, l'italien, l'anglais, l'arabe et le français pour négocier ses contrats. Au cours de ses études a émergé progressivement le projet de construire un réseau marchand sur une base familiale. « En Arabie saoudite, jeudi et vendredi il n'y a pas cours, alors j'ai fait des petites bricoles pour gagner de l'argent pour mes trois frères ». Avec l'aide de son père, il s'est employé à faire partir ses trois frères à l'université d'Al Azhar, ce qui leur a permis d'emprunter le ferry pour l'Arabie saoudite et d'expérimenter à petite échelle les linéaments de l'import-export. L'un est toujours installé au Caire, le deuxième est venu rejoindre Idrissa en Arabie saoudite et y est resté, le troisième s'est installé à Abidjan. La fabrication de portes et de fenêtres en aluminium est devenue une affaire familiale avec des antennes à Abidjan, au Caire et à Djeddah et une maison-mère à Ouagadougou. Mais cette entreprise s'est aussi construite sur le long terme. Le retour au Burkina Faso a été difficile. Idrissa tablait sur un soutien de la Ligue mondiale islamique pour trouver du travail et sur la possibilité d'obtenir des prêts bancaires. Il a très vite déchanté : « Pas de soutien, pas d'aide bancaire pour ceux qui rentrent, pour ceux qui ont migré. Rien pour l'activité commerciale. » Il a dû compter sur sa persévérance pour obtenir des premiers contrats avec l'État burkinabè au milieu des années 90, alors que la concurrence était encore très limitée. Ce qui ne l'a pas empêché de faire faillite en 2002. Aujourd'hui, Idrissa a diversifié ses compétences et ses marchés, partant avant d'autres s'approvisionner en Chine. Mais il doit faire face localement à une concurrence accrue. « Il y a dix ans, on était cinq commerçants de vitres en aluminium, aujourd'hui c'est une centaine, des Libanais, des Burkinabè mais aussi des Chinois de Chine populaire arrivés en 2002. »

À l'exemple d'Idrissa et de ses frères, quelques étudiants rentrés d'Arabie saoudite ou surtout de Syrie se sont orientés vers des activités commerciales, sans mettre à profit pour autant avec le même succès leur expérience migratoire. Mohamed, alors qu'il était étudiant en Syrie, pouvait voyager pendant ses vacances en Arabie saoudite, au prétexte du pèlerinage, mais aussi en Turquie, en Allemagne et en Italie où il avait noué quelques contacts pour développer une activité commerciale. De retour au pays, il n'a pu transformer l'essai ; son négoce de pièces détachées a rapidement périclité, et il a préféré se réorienter vers l'enseignement de l'anglais. Adama, qui voulait initialement faire des études de médecine, a réussi à préparer un diplôme d'informatique à Alep, en complément de la charia. « Quand je suis arrivé ici, c'était dur, j'ai réduit mes ambitions... Je me suis promené dans les bureaux avec mes diplômes pendant plus de trois mois. Pour avoir du travail au Burkina, il faut avoir des relations. » Grâce à l'appui financier de son père, il a ouvert récemment une boutique d'informatique à Ouagadougou, en attendant d'écouler des produits informatiques à une autre échelle.

Les études islamiques supérieures ne débouchent pas à première vue sur des carrières commerciales internationales au Burkina Faso. Des recherches complémentaires dans la région de Bobo Dioulasso d'où sont originaires une grande partie des étudiants arabophones mériteraient d'être engagées pour confirmer ou infirmer ces premiers résultats.

Conclusion

L'injonction parentale et l'attribution d'une bourse ont le plus souvent déterminé le choix du lieu des études, conditionnant par la suite les disciplines étudiées et partiellement la trajectoire professionnelle des étudiants arabophones. Certaines décisions (travail parallèle, maîtrise de la langue française, études scientifiques…) comme certains événements ont permis à une minorité d'opérer des bifurcations dans leur itinéraire et de devenir des entrepreneurs économiques ou religieux. Mais pour la majorité, l'apprentissage s'est révélé long et chaotique et, une fois de retour au pays, les débouchés professionnels rarement en adéquation avec la formation reçue. Leur réinsertion dans la société burkinabè a été laborieuse. Mis à part quelques héritiers au fort capital social ou symbolique, les étudiants arabophones n'ont pas réussi à mettre en place des stratégies collectives susceptibles de valoriser leur parcours et de trouver leur place au Burkina Faso. Ils se considèrent comme des « étrangers de l'intérieur ». Traversée davantage par des conflits générationnels que d'obédience religieuse, la communauté musulmane du Burkina Faso peine à développer des revendications unifiées ou encore à faire pression sur son gouvernement pour obtenir de meilleures conditions d'enseignement dans les universités islamiques et son implication effective dans la requalification de l'enseignement arabe et dans la reconnaissance des diplômes obtenus dans les pays arabes. La « réislamisation » en marche repérée par nombre d'observateurs profiterait davantage aux élites islamiques francophones qu'à ces élites arabisantes (Saint-Lary, 2011 ; Savadogo, Gomez-Perez, 2011), toujours en quête de légitimité professionnelle, religieuse et politique. Le sentiment de frustration ou d'insatisfaction largement partagé qu'a révélé notre enquête pourrait-il prendre la forme d'une contestation ouverte s'il continuait à ne pas recevoir de réponse appropriée ? La question reste ouverte.

Références bibliographiques

ABDOULAYE G., 2003, *Les Diplômés béninois des universités arabo-islamiques : une élite moderne "déclassée" en quête de légitimité socioreligieuse et politique*, Mainz, Institüt für Ethnologie und Afrikastudien, Working Papers, n° 18, 22 p.

BAHRI J., 1993, « Le Lycée de Rekada : une filière de formation pour les arabisants d'Afrique noire en Tunisie », *in* R. Otayek (éd.), *Le Radicalisme islamique au sud du Sahara : Da'wa, arabisation et critique de l'Occident,* Paris, Karthala, p.75-95.

BAVA S., 2009, « Être étudiant africain à Alger et au Caire au seuil du troisième millénaire », *in* S. Mazzella (dir.), *La Mondialisation étudiante : le Maghreb entre Nord et Sud,* Paris, Karthala/IRMC, p. 347-360.

BAVA S., PLIEZ O., 2009, « Itinéraires d'élites musulmanes africaines au Caire : d'Al Azhar à l'économie de bazar », *Afrique contemporaine*, 3, n° 231, p.187-207.

BAVA S., PICARD J., 2010, « Les nouvelles figures religieuses de la migration africaine au Caire », *Autrepart,* n° 56, p.153-170.

BAVA S., SALL M.Y., 2013, « Quête de savoir, quête d'espoir : l'étrange destin des étudiants Azharis sénégalais en Égypte », *in* M.C. Diop, D. Momar-Coumba (dir.), *Les Politiques publiques au Sénégal,* Paris, Karthala.

BENNAFLA K., 2005, « L'instrumentalisation du pèlerinage à la Mecque à des fins commerciales : l'exemple du Tchad », *in* S. Chiffoleau, A. Madoeuf (dir), *Les Pèlerinages au Maghreb et au Moyen-Orient : espaces publics, espaces du public*, Beyrouth, IFPO.

BREDELOUP S., 2014, « West-African Students Turned Entrepreneurs in Asian Trading Posts: A new facet of Globalization », *American Journal of Urban Anthropology and Studies of Cultural Systems* (UAS), Special Issue on African Global Migration.

CISSÉ I., 1994, *Islam et État au Burkina Faso : de 1960 à 1990,* thèse de doctorat, Université d'Aix, 2 volumes.

CISSÉ I., 1998, « Les médersas au Burkina : l'aide arabe et l'enseignement arabo-islamique », *in* O. Kane, J.L.Triaud (dir.), *Islam et islamismes au sud du Sahara,* Paris, IREMAM/Karthala/MSH, p. 101-115.

DIALLO H., 2005, « Le foyer de Wuro-Saba au Burkina Faso et la quête d'une suprématie islamique (1858-2000) », *in* M. Gomez-Perez (dir.), *L'Islam politique au sud du Sahara : identités, discours et enjeux*, Paris, Karthala, p. 395-415.

DIOP A., 2013, « L'originalité des CALF comme instance de diffusion du français langue seconde/étrangère au Tchad », *Le Français dans le monde : recherches et applications*, Paris, n° 53, CLE international.

FAH G.T., 2005, « Pouvoir du savoir, renouveau islamique et luttes politiques au Cameroun », *in* M. Gomez-Perez (dir.), *L'Islam politique au sud du Sahara : identités, discours et enjeux*, Paris, Karthala, p. 557-581.

GÉRARD É., 1998, « Les médersas : un élément de mutation des sociétés ouest-africaines», *Politique étrangère*, hiver, p. 613-627.

GOMEZ-PEREZ M. (dir.), 2005, *L'Islam politique au sud du Sahara : identités, discours et enjeux*, Paris, Karthala.

GROSSETTI M., 2006, « L'imprévisibilité dans les parcours sociaux », *Cahiers internationaux de sociologie,* CXX, p. 5-28.

HONNETH A., 2000, *La Lutte pour la reconnaissance*, Paris, Le Cerf [édition originale 1992].

KANE O., 2003, *Intellectuels non europhones*, Dakar, Document de travail du CODESRIA, 71 p.

KONE-DAO M., 2005, « Implantation et influence du wahhâbisme au Burkina Faso de 1963 à 2002 », *in* M. Gomez-Perez (dir.). *L'Islam politique au sud du Sahara : identités, discours et enjeux*, Paris, Karthala, p. 449-459.

KOUANDA A., 1998, « Les conflits au sein de la communauté musulmane du Burkina : 1962-1986 », *Islam et sociétés au sud du Sahara*, n° 3, p. 94-105.

KOUANDA A., 1996, « La lutte dans l'occupation et le contrôle des espaces réservés aux cultes à Ouagadougou, *in* R. Otayek, M.F. Sawadogo, J.P. Guingané (dir.), *Le Burkina entre révolution et démocratie (1983-1993),* Paris, Karthala.

MATTES H.P., 1993, « La Da'wa libyenne entre le Coran et le Livre vert ? », *in* Otayek R. (éd.), *Le Radicalisme islamique au sud du Sahara : Da'wa, arabisation et critique de l'Occident*, Paris, Karthala, p. 37-73.

NYANG S., 1982, « Saudi Arabian Foreign Policy Towards Africa », *Horn of Africa*, 5, n° 2, p. 3-17.

OTAYEK R., 1984, « La crise de la communauté musulmane de Haute-Volta : l'islam voltaïque entre réformisme et tradition, autonomie et subordination », *Cahiers d'études africaines*, 34, vol. 3, n° 95, p. 299-320.

OTAYEK R., 1993, « Une relecture islamique du projet révolutionnaire de Thomas Sankara », *in* J.F. Bayard (dir.), *Religion et modernité en Afrique noire*, Paris, Karthala, p. 101-127.

OTAYEK R., 1996, « L'Islam et la révolution au Burkina Faso : mobilisation politique et reconstruction identitaire », *Social Compass*, vol. 43, n° 2, p. 233-247.

PILON M., 2004, « L'évolution du champ scolaire au Burkina Faso », *Cahiers de la recherche sur l'éducation et les savoirs*, n° 3, p. 147-169.

SAINT-LARY M., 2011, « Le Coran en cours du soir : la formation comme outil de réislamisation des musulmans francophones », *ethnographiques.org*, n° 22, mai, [en ligne], http://www.ethnographiques.org/le-coran-en-cours-du-soir-La (consulté le 13/06/2011).

SALL M.Y., 2009, *Al Azhar d'Égypte, l'autre institution d'enseignement des Sénégalais, indicateurs statistiques : contributions explicatives et base de données*, Le Caire, Éditions dar El ittihaad, 246 p.

SAVADOGO M., GOMEZ-PEREZ M., 2011, « La médiatisation des prêches et ses enjeux : regards croisés sur la situation à Abidjan et à Ouagadougou », *ethnographiques.org*, n° 22, mai.

TRAORÉ B., 2005, « Islam et politique à Bobo-Dioulasso de 1840 à 2002 », *in* M. Gomez-Perez (dir.), *L'Islam politique au sud du Sahara : identités, discours et enjeux*, Paris, Karthala, p. 417-447.

Conditions migratoires et production de ressources symboliques : le cas des *dahira-s* sénégalaises au Maroc

Nazarena Lanza
Anthropologue, chercheure associée au Centre Jacques-Berque, Rabat, Maroc

Abdourahmane Seck
Anthropologue, enseignant-chercheur au Centre d'étude des religions de l'université Gaston Berger de Saint-Louis du Sénégal

Les conditions migratoires des jeunes Africains subsahariens, entassés aux confins des frontières entre le Maroc et l'Europe, ont commencé à faire l'objet d'un certain intérêt de la part des médias à partir des années 2000 (Khrouz-Lanza, 2015). Cette attention s'est accrue avec l'élargissement du cercle des chercheurs sur les migrations subsahariennes au Maroc, à partir des « événements de Ceuta et Melilla » survenus en 2005.

Dans la littérature tant académique que militante, de multiples aspects du phénomène ont été décrits : l'évolution des flux migratoires transsahariens (Marfaing, Wippel 2004 ; Bredeloup, Pliez, 2005), les politiques migratoires et les répressions policières (Migreurop, 2006), l'organisation des réseaux migratoires et du séjour au Maroc (Bensaad, 2009 ; Pian, 2009 ; Alioua, 2011), les conditions de vie des migrants dans les pays d'accueil (Berriane, Aderghal, 2011 ; Péraldi, 2011). De même, les transactions socio-religieuses à l'œuvre dans les dynamiques d'adaptation des migrants dans le contexte marocain ont aussi fait l'objet de travaux (Timera, 2011 ; Lanza, 2015). Ces différentes productions ont mis en relief comment le Maroc est passé de « pays de transit » à « pays d'installation », suite, entre autres, à la fermeture et à l'externalisation des frontières européennes qui ont coupé la route des migrants aux portes de Gibraltar. Elles ont permis aussi de pointer deux lignes d'incidence autour de ce glissement de statut. Celles-ci, d'une part, surlignent les transformations du tissu social marocain dans une perspective qui embrasse, outre les Africains subsahariens, les groupes migrants européens, chinois ou arabes. On note ici une appréhension plus large de la notion de « migration » au profit de débats autour de la notion de « mobilités au Maroc » (Khrouz, Lanza, 2015 ; Péraldi, Terrazzoni 2016). D'autre part, l'installation de nouveaux migrants au Maroc a semblé aussi coïncider avec des logiques fines, culturelles, sociales et politiques parfois, de réappropriation de l'espace symbolique du royaume, à travers des formes d'organisation associatives ramifiées dans des réseaux transnationaux. En effet, si les associations de migrants ont fait l'objet d'un intérêt ancien, la question de leur habilité à capturer les ressources symboliques en circulation entre espaces d'accueil et espace de provenance n'a pas toujours été étudiée de manière spécifique (Seck, Lanza, 2014 ; Seck, 2015). Pendant longtemps, les études disponibles se sont davantage intéressées aux raisons de la détermination persévérante des migrants ou/et de la honte de l'échec dans l'aventure migratoire. Le titre de l'ouvrage d'Ousmane Kane, *The Homland is the Arena* (2011), exprime d'une jolie manière cette perspective classique. Or, et c'est un des objectifs que se fixe cette contribution. Il s'agit de faire honneur à l'idée que les groupes de migrants ne sont pas seulement confinés dans la domesticité (espace privé de l'échec ou de la réussite individuelle ou familiale) mais qu'ils opèrent aussi dans le registre de l'action publique en tant que forces sociales apparentées à un champ socio-historique et politique éventuellement. Cette dynamique transforme le terrain migratoire en champ où se nouent et se dénouent des enjeux sociétaux globaux ancrés dans des espaces nationaux qui s'en font l'écho.

Les précisions qui précèdent peuvent permettre de situer et de clarifier notre approche. Celle-ci s'inscrit dans les traditions de recherche qui placent en leur centre l'étude et l'analyse des formes d'installation et d'organisation socio-religieuses de communautés en mobilité, tant par rapport au pays d'accueil qu'au pays d'origine (Bava, 2005 ; Bava, Capone, 2010). De manière plus précise encore, dans la présente étude, l'accent est mis spécifiquement sur des formes associatives particulières, basées sur l'appartenance religieuse que la communauté migrante sénégalaise a développées dans l'espace marocain et qui sont appelées *dahira-s*. Celles-ci sont typiques du paysage religieux sénégalais. Les *dahira-s* sont des structures qui ont accompagné les migrations sénégalaises contemporaines (Diop, 2008) et ont fortement été enquêtées tant dans les pays de vieille destination comme la France puis l'Italie (Bava, 2003 ; Riccio, 2008 ; Demba Fall, 2004, 2017) que dans ceux de nouvelle destination comme l'Amérique latine (Minvielle, 2013, 2016) ou les États-Unis (Ebin, Lake, 1992, Kane, 2009, 2011).

Sénégal : un État-nation au royaume des confréries [1]

Au Sénégal, le fait confrérique est structuré autour de maisons ou de familles réputées saintes. Ces foyers consacrés conservent ce privilège du fait de la règle de transmissibilité de la qualité de « saint » à sa descendance. On est donc en présence de lignages patronymiques qui gèrent et organisent les trois grands ordres confrériques, à l'intérieur desquels les musulmans soufis sénégalais s'identifient et s'attachent. Il s'agit, dans l'ordre de leur naissance et de diffusion dans l'espace sénégalais, de la Qadriya, de la Tijaniyya et de la Mouridiya. On peut ajouter à ces trois ordres un quatrième groupe relativement particulier, la Layeniya[2]. Même si elles paraissent tenir de figures traditionnelles, les confréries sont au Sénégal des phénomènes modernes (Seck, 2010) qui procèdent de ce que Jacqueline Chabbi a nommé le soufisme tardif (Chabbi, 2017). Elles y ont fourni, dès l'origine, dans des contextes de transitions historiques heurtées par l'action coloniale, des espaces, des discours et des outils d'adaptation au changement. L'économie de traite coloniale, notamment la monoculture de l'arachide, qu'elles ont contribué à organiser en la parrainant, leur a permis de se positionner comme des intermédiaires, des représentants et des négociateurs entre l'État colonial et les populations. Elles ont su consolider ces rôles sous

---

1. Cette section sur les confréries reprend des passages du texte « Les voix multiples de l'islam » *in* O. Roy et A. Seck, *Musulmanes,* 2004.
2. Sur ce groupe on peut lire M.M. Cissé, *in Le Sceau du paraclet,* 2000. Voir également le chapitre 3, particulièrement, de l'ouvrage de A. Sylla, *Les Prophètes Seydinea Limamou le Mahdi et Seydinea Issa Rouhou Lahi du Sénégal,* 1989. On peut également consulter l'ouvrage de C. Laborde, 1996.

l'État national et s'adapter à la crise de la filière et aux mouvements migratoires induits. Bien mieux, elles ont été capables de tirer de cette crise un second souffle en accompagnant et en structurant l'immigration de nombreux ruraux. Par ailleurs, même si elles ne sont pas toutes nées dans la ville, les confréries se sont approprié cet espace en le jalonnant de foyers-refuges propres à favoriser des palliatifs face à la précarité de la vie urbaine, tout comme leurs disciples ont su jouer un rôle dans le développement de réseaux financiers et commerciaux autour d'activités d'import-export et d'investissements immobiliers (Tall, 2008, 2009).

Le fait confrérique se jauge également à la prégnance des *dahira-s* dans le tissu social sénégalais. Du reste, dans la sociologie et l'histoire de l'islamisation du Sénégal, les espaces privilégiés de transaction, d'organisation et de développement des confréries sont les *dahira-s*. Le terme vient de l'arabe et signifie « cercle, circuit, circonférence, périmètre, rond ». Il présente aussi, toujours en arabe, un sens administratif et désigne alors : « arrondissement, circonscription, département, district, service[3] ». Ces différentes significations vont être parfaitement exploitées dans le contexte de leur appropriation sénégalaise, comme on le verra par la suite. L'adhésion formelle à une *dahira* de confrérie est, dans le principe, un acte libre et individuel, même si au demeurant interviennent de réels conditionnements sociaux, surtout familiaux. Dans le contexte sénégalais, la naissance des *dahira-s* a fait l'objet d'un certain nombre d'investigations. Selon El Hajj Samba Diallo (2001), la toute première *dahira* remonterait en 1927 à Dakar, en milieu Tijaniyya[4]. Si les premiers cas connus de *dahira* ont semblé provenir des milieux urbains de la Tijaniyya, c'est, par contre, surtout par le truchement des migrations mourides

---

3. D. Reig, *Dictionnaire arabe-français*, Paris, Larousse, 1999 (1983 édition originale). Les auteurs remercient Khadidiatou Dia de l'Observatoire africain du religieux (OAR) de l'université Gaston Berger (UGB) pour avoir généreusement offert sa consultation dans l'approche linguistique du terme.
4. La Tijaniyya est une confrérie soufie originaire du Maghreb, très répandue au Sénégal. Elle prend le nom de son fondateur, Ahmed al-Tijani (1737-1815) né à Ain Madi (dans l'actuelle Algérie) et mort à Fès, au Maroc, où il avait fondé la zaouïa qui aujourd'hui accueille son mausolée et un nombre croissant de pèlerins en provenance du Sénégal (Triaud, Robinson, 2000) ; Jillali El Adnani, *La Tijâniyya, 1781-1881 : les origines d'une confrérie religieuse au Maghreb*, Marsam, 2006.

en ville, dans le tournant des années 80, que le phénomène est consacré en objet d'étude. Au plan historique, en effet, trajectoires urbaines et trajectoires rurales ont longtemps constitué deux espaces de polarisation des ancrages tidjane et mouride, même s'il est vrai qu'un jeu d'imitation réciproque a opéré, depuis toujours, entre les deux groupes.

L'idée que les *dahira-s* au Sénégal procèdent de la sociologie et de l'histoire de l'islamisation du pays est illustrée au moins de deux manières. Dans la première, il s'agit de voir que la *dahira* réfère, dans le contexte sénégalais, à un dispositif de drainage ou de connexion, d'un corps à un autre, d'un flux spirituel que l'on nomme « baraka ». La baraka présente des caractères distincts qui tiennent aussi bien de capacités particulières à prodiguer des services que de processus psycho-affectifs d'adhésion et de croyance en l'efficience de son flux. À propos de ce flux incarné par une personnalité charismatique, appelée marabout ou *cheikh*, Jacqueline Barus-Michel souligne : « ... une personnalité charismatique irradie une énergie positive qu'elle communique autour d'elle à ceux qui sont dans son orbe. [...] Le chef charismatique, habité par une force supérieure, est supposé n'être que vertu, il est à l'image des héros des origines dont on peut s'attendre qu'il renouvelle les exploits. Héros lui-même, il devient naturellement le père du groupe, il régénère l'ordonnance sociale, il garantit, il protège, il assure la continuité, il aime. [...] Encore faut-il mériter son attention[5] (Barus-Michel, 2002 : 221-225). » Ce contenu définitionnel est souvent présent avec véhémence dans le discours des disciples, mais la relation qui lie ces derniers aux chefs charismatiques se révèle plus complexe dans la réalité. En effet, le détenteur de la baraka ne reste pas moins soumis à un régime dans lequel il doit constamment administrer la preuve de cette détention. Sa capacité réelle à débloquer les situations précaires de ses disciples devient ainsi un indicateur de sa puissance sociale et spirituelle. Ces enchâssements profane/sacré sont également soulignés par Nazarena Lanza qui n'appelle « saints », du reste, que les descendants du fondateur de la confrérie qui ont *décidé d'activer* la baraka familiale

---

5. J. Barus-Michel, « Du charisme à la démocratie », *Bulletin de psychologie*, tome 55 (3) / 459, mai-juin 2002, p. 221-225.

en en faisant une profession. Ce marquage lui permet d'insister alors sur la valeur fonctionnelle de la relation qui lie le saint à ses disciples. Elle montre également que ce caractère fonctionnel n'efface pas, pour autant, la dimension enchantée à quelques égards, de la relation (Lanza, 2016). Comme on peut le voir encore ici, la relation marabout/disciple fait partie de cet espace de transactions mentionné plus haut et que constitue la *dahira*.

À partir du tournant des années quatre-vingt, la *dahira* commence, par ailleurs, à faire l'objet d'une constante et consistante description, à travers une production académique surtout placée sous le sceau de l'intérêt pour l'adaptation au changement social. Cette production a mis à jour mais a aussi conforté l'idée d'une existence diffuse de discours et de pratiques qui témoignent d'une réinvention constante de la confrérie. Momar-Coumba Diop parle à cet égard, dès 1981, d'« innovation institutionnelle ». Cependant, Diop place le processus observé sous la dictée de l'administration de la confrérie. On verra plus loin comment cette situation observée par cet auteur va subir des changements. Abdou Salam Fall (Sall, 1999) documentera, quant à lui, entre la fin des années quatre-ving et la première moitié des années quatre-vingt-dix l'important rôle des *dahira-s*, mourides comme tidjanes, dans l'insertion sociale et économique des *taalibe-s* (disciples) dans le tissu urbain de la ville de Dakar.

Les *dahira-s* se sont donc développées en remplissant les mêmes fonctions dans les quartiers, les écoles et les universités, ainsi que dans de nombreuses grandes entreprises, publiques et privées. Elles sont aujourd'hui quasiment devenues un patrimoine culturel immatériel tant en milieu urbain que migratoire. Elles représentent, dorénavant, dans ces deux contextes, bien plus que de simples foyers de communion et de solidarité socio-économique. On peut penser qu'elles se sont transformées, de fait, en appareil d'affichage (portes d'entrée dans la voie), d'organisation (regroupement et mobilisation de ressources) et d'action (réalisation d'aspirations collectives) au service d'une communauté constituée, sous la direction d'un guide ou cheikh. Dans le prolongement de cette idée, et surtout en contexte migratoire, la *dahira* pourrait presque être perçue comme une représentation diplomatique, assimilable à un maillon rattaché, dans un dispositif plus ou moins complexe, à un foyer-mère ou à un territoire de référence (Touba, Tivaouane, Ndiassane, Médina Baay, etc.), qui fonctionne comme un point d'impulsion, de diffusion, mais aussi de lieu de retour constant. D'une inscription territoriale à une autre (rural, urbain, international), la *dahira* a fini par acquérir « une fonction économique et politique fondamentale », puisque « le pouvoir d'un marabout dépend essentiellement du nombre d'adeptes, donc de *dahira-s* contrôlées », pour reprendre les mots de Momar Coumba Diop (1981).

Le développement du fait confrérique a donc favorisé, en quelque sorte, une logique d'institutionnalisation de la *dahira* appréhendée à la fois comme la cellule de base de l'organisation confrérique et comme le canal essentiel de communication entre l'administration confrérique et la masse des fidèles. Samba Diallo (2001) fera remarquer, toujours dans l'examen des origines de celles-ci en milieu tidjane, que les *dahira-s* ont répondu aussi bien à des fonctions de solidarité entre disciples éparpillés dès les années 20 dans les centres urbains que de réorientation de ceux qui, parmi eux, se retrouvaient sans guide à la mort de leur marabout, tout comme, enfin, de boucliers contre l'avancée et la progression rapide d'autres confréries, en l'occurrence mouride. Ainsi sur un triple plan – cultuel, social et politique – la *dahira* s'inscrit dans une fonction missionnaire au bénéfice de l'idéal communautaire qui détermine son existence. On verra, toutefois, comment ce positionnement est tout autant consolidé que renégocié par les disciples.

Problématique et perspectives d'un terrain exploratoire

Comment l'expérience migratoire contribue-t-elle à la recomposition et à la réinvention de l'organisation confrérique et de ses discours et pratiques ?

Cette étude s'inscrit dans la quête de réponses à cette question principale dont différents auteurs se sont emparés à partir de la problématisation du rapport confrérie/émigration. Elle vise surtout à asseoir un certain nombre d'hypothèses de travail établies sur la base d'un terrain qui n'a de prétention autre qu'exploratoire et, peut-être, expérimentale. En effet, il a été conduit sur une durée et un espace limité, d'une part, et, d'autre part, sur la base d'une méthodologie de croisement de deux recherches qui avaient chacune sa propre autonomie, mais sans exclure le dialogue de l'une avec l'autre. En effet, tandis que l'une mettait l'accent sur les enjeux multiples du pèlerinage des Sénégalais tidjanes au Maroc, l'autre prolongeait sur le sol chérifien une première enquête, new-yorkaise, qui mettait la focale sur l'existence ou non d'un nouvel âge politique des diasporas socio-religieuses sénégalaises.

Lorsque nous avons été invités à présenter une communication au colloque « Instances religieuses et d'origine confessionnelle sur les routes de la migration africaine[6] », l'idée nous est venue d'explorer en commun une piste alors née, depuis plusieurs mois, de nos échanges autour des mobilisations associatives des migrants subsahariens au Maroc, des logiques de patrimonialisation de la relation Maroc-Sénégal, tout comme de la circulation de ressources symboliques entre les deux espaces (Seck, Lanza 2014, Lanza, 2015, Seck, 2015). Ainsi que suggéré plus haut, il s'agissait surtout de voir comment, en rapport avec la question des usages des espaces et des expériences migratoires, il serait possible de mettre l'accent sur l'*agency* des *taalibe-s* des *dahira-s* des Sénégalais au Maroc.

Des observations longues et séquentielles[7] autour de nos intérêts premiers de recherche nous ont ainsi permis de constituer un matériau initial à partir duquel nous avons adopté pour principe méthodologique l'élaboration d'un recueil *généalogique* ou *biographique* sur la création et l'évolution des *dahira-s* mouride et tidjane au Maroc. L'objectif de notre démarche était de susciter deux principaux récits, au sommet, rendant compte à la fois tant d'une œuvre de reconstitution que d'analyse interne. *Reconstitution* parce qu'il s'agissait pour nous de moissonner un matériau mémoriel d'un groupe et *analyse interne*

---

6. Colloque de clôture du programme ANR MIGRELI (ANR-09-JCJC-0126-01) organisé par Sophie Bava, les 25 et 26 septembre 2012, à l'Institut d'études africaines (IEA).
7. C'est le lieu, pour les auteurs, de remercier le Centre Jacques-Berque pour les sciences sociales et son ancien directeur, Baudouin Dupret. Les positions de boursière pour Nazarena Lanza et de chercheur associé pour Abdourahmane Seck au Centre Jacques-Berque ont permis de réunir, à l'époque, les conditions pour des engagements de recherche.

parce qu'il s'agissait aussi de voir comment le groupe se mettait en perspective par rapport à l'espace tant marocain que sénégalais. Deux principales et longues conversations ont ainsi été menées avec deux figures que nos terrains antérieurs avaient déjà permis de repérer comme des acteurs-clés dans les dynamiques de structuration et d'organisation des *dahira-s* sénégalaises au Maroc. Dans le premier cas, nous avons conversé autour d'un *yendu* (mot wolof qui signifie passer la journée ensemble, avec un repas partagé au milieu) ; dans le second cas, tout un après-midi de visite de courtoisie et d'échange a eu lieu. Dans l'un et l'autre cas, le temps long adopté cherchait à contourner le caractère formel d'un entretien classique entre « informateurs », d'un côté, et « demandeurs d'informations », de l'autre.

Cette démarche de construction d'un temps social de partage qui ne négligea pas, pour autant, la spécificité des postures nous a permis de mettre en relief un certain nombre d'enseignements tirés de situations d'observation non armées et de conversations qui ont abordé de multiples centres d'intérêt. Cela nous a permis de mieux voir comment les espaces de provenance garantissent des viatiques pour faciliter les expériences migratoires, mais aussi comment l'espace migratoire est « happé » et instrumentalisé par les migrants à travers des logiques de positionnement qui trouvent leur origine et leur finalité dans leurs pays d'origine.

Cette démarche nous aura, ensuite, surtout permis de mieux penser comment l'espace migratoire se transformait en une authentique scène de lutte et de capture de ressources symboliques qui révèlent des reproductions sociales heurtées dans les pays de provenance, mais aussi la pénétration forte entre l'espace national et l'espace international. Enfin, elle nous a conduit à devoir éclairer en quoi le contexte singulier du Maroc influait sur la nature, la portée ou les trajectoires des engagements confrériques des *taalibe-s*. Le Maroc, en effet, entretient des liens particuliers avec le Sénégal, bâtis sur une proximité confrérique *tidjane-s* érigée depuis Hassan II en cheval de bataille dans les relations diplomatiques du Royaume avec l'Afrique subsaharienne (Sambe, 2011 ; Lanza, 2015).

La section qui suit va éclairer le cadre qui nous a permis de dégager ces observations et hypothèses.

A la rencontre de *Fathoul Ghaffar* [8] et d'*Ansarou Dine* [9] : figures et enjeux d'initiatives de disciples

La *dahira* mouride de Rabat trouverait ses lointaines origines à Marrakech, entre 1979 et le début des années 80, suite au « besoin de se réunir » exprimé par les disciples qui vivaient dans cette ville, mais aussi dans d'autres endroits du Maroc. L'initiateur du mouvement est un certain Serigne Fallou Lô, selon notre hôte, M.S.[10], de qui nous tenons l'essentiel de nos informations sur l'historique du processus d'organisation des mourides au Maroc. Le déclenchement du processus d'institutionnalisation et de reconnaissance, par la hiérarchie mouride, dure presque dix ans. Ce n'est, en effet, qu'en 1988, qu'une lettre est adressée au khalife Abdoul Lahad Mbacké (1914-1989), sollicitant une autorisation à s'organiser en *dahira*. Décédé avant d'avoir délivré sa réponse, son successeur, Abdoul Khadre Mbacké (1914-1990), donnera en 1989 l'autorisation et aussi le nom que devait, par la suite, adopter la *dahira* : Fathoul Ghaffar.

Fathoul Ghaffar est donc la consécration d'une volonté de dépasser des formes embryonnaires et localisées de l'organisation socio-communautaire mouride. Ce dépassement s'est traduit par un maillage, par paliers ou districts, du territoire d'accueil. Ce fut d'abord Agadir et Marrakech, ensuite Rabat, Salé et Kénitra et, enfin, Fès, Meknès et Oujda. L'ensemble du processus est sanctionné par une mise en place effective d'un *kurèl* [11] national entre 2004 et 2005, à l'occasion d'une journée Cheikh Ahmadou Bamba. Il est utile d'insister sur ce point. En effet, le modèle de ces journées s'inspire d'une initiative qui date

---

8. Littéralement le mot *dahira* signifie résolution / ouverture (*fath*) vers Dieu (*Alghaffar*, l'un des noms de Dieu).
9. Littéralement, « ceux qui défendent la religion ».
10. Nous avons changé les initiales.
11. *Kurèl,* mot wolof signifiant cellule ou comité. Ici, le national en question fait référence à l'espace marocain dans la totalité de ses régions où les disciples sont présents.

de 1979 à Paris et portée par un cadre mouride du nom d'Abdoulaye Bamba Dièye (1938-2002) qui initia une semaine culturelle mouride à l'Unesco en hommage à Amadou Bamba (de Jong 2010, Gueye 2001). C'est toutefois aux États-Unis, notamment à partir de l'année 1987 et surtout en 1988, que cette pratique commence à se constituer en modèle qui s'étendra aussi bien au Canada que dans les pays européens.

Au Maroc, le processus de mise en place de l'organisation mouride a été essentiellement porté par des étudiants. M.S. confie : « Nous sommes des étudiants. Et parfois même, nous sommes obligés de décréter des congés dans notre activité, parce que tout le monde n'est pas toujours là. C'est donc difficile d'envisager des projets dans le long terme. On se regroupe donc surtout pour vivifier notre islam, pour échapper aux œuvres de satan et pour lire les poèmes du cheikh. » La description minimaliste qui vient d'être faite ne doit pas cacher, toutefois, le souci constant de la projection de l'organisation mouride, tant dans l'espace public marocain que dans celui des initiatives de la diaspora mouride.

La suite de nos échanges révèle en effet que la construction, ou location, d'une maison Amadou Bamba au Maroc était dans l'agenda en cours du *kurèl*. Là également, tout comme avec la question de la journée Amadou Bamba, nous sommes dans une logique d'apprentissage et de repiquage d'un modèle d'organisation communautaire qui a fini par être un trait de fabrique de la confrérie. Les maisons Amadou Bamba, ou *Kër Seriñ Tuuba* (en wolof), sont devenues un outil essentiel d'affichage du fait mouride. Liées plus ou moins à la nature de leur base sociale première, les difficultés mentionnées n'ont pas empêché en définitive une montée en puissance de l'organisation mouride, même si celle-ci est relativement récente. Ce qui atteste de cette performance peut se lire dans le tableau récapitulatif des ambitions, des formes des rassemblements et objectifs assignés aux journées de Grandes Rencontres. Chaque forme correspond, en effet, à une étape dans la croissance du mouvement. En 2009, le mouvement a organisé à l'échelle nationale une journée *zyara* qui s'est tenue à Fès. Elle a consisté en un déplacement en masse à Fès pour aller apporter au cheikh Abdou Khoudoss qui y résidait les *hadiya* (présents que le disciple remet à son cheikh) de la communauté. Ce dernier est le fils du grand marabout itinérant, le cheikh Mourtada, qui peut être considéré comme le « patron » des mourides de la diaspora. La référence, ici, au cheikh Mourtada Mbacké (1927-2004) est des plus significatives. En effet, c'est lui qui inaugure et préside durant de longues années beaucoup de manifestations de la communauté mouride à l'étranger et, surtout, c'est grâce à son entregent que la communauté mouride de New-York, ville dans laquelle une journée Amadou Bamba est officiellement reconnue et soutenue chaque 28 juillet, considère avoir gagné une position privilégiée dans ce haut lieu du cosmopolitisme mondial. On peut dès lors imaginer la portée symbolique de la *zyara* de Fès de 2009.

Un incident marquera toutefois cette journée. Cette manifestation fut, en effet, remarquée par la police, qui se rendit sur les lieux pour mener une enquête. Les dirigeants du mouvement en tireront une leçon et de nouvelles ambitions. La leçon tirée portera sur une prise de conscience, celle du caractère mobilisateur de leurs activités. Les nouvelles ambitions qui en naîtront allaient porter sur la dynamique qu'ils enclenchent alors, d'officialisation de leur mouvement et de leur visibilité. L'objectif visé étant de ne plus inquiéter la police et les autorités locales. En 2010, la *dahira* commence donc son parcours d'institutionnalisation, en demandant aux autorités une salle pour l'organisation du *gamou*. C'est la salle Bahnini, en plein centre-ville de Rabat, qui accueille l'événement. « Ce fut surtout une journée de rassemblement et de hassida (poèmes pour le Prophète et cheikh Amadou Bamba). C'était bien, mais on voulait faire plus, il n'y avait pas un vrai programme » nous dit notre interlocuteur. En 2011, ils organisent alors une « Journée Cheikh Amadou Bamba » dans laquelle, en plus des *hassida* et des prières collectives, ils proposent au programme des conférences et des débats. La même année, ils organisent une journée à Casablanca, et ils répètent l'expérience en 2012 à Rabat, augmentant la visibilité et la capacité de mobilisation. Ces manifestations sont surtout de réels moments d'affichage qui sont loin d'être exclusifs de la communauté instigatrice. Ayant participé à l'une de ces manifestations, notamment le *gamou* de 2012 à Rabat, nous remarquons, au-delà des Sénégalais résidant au Maroc, la présence importante des réseaux sociaux ou des amis des membres de la communauté (coreligionnaires marocains mais aussi Européens non musulmans). Ce temps particulier favorise entre les plages de récitations de poèmes et de débats, de multiples moments informels de rencontres, d'inter-connaissances de discussions et de partage. Chaque rencontre peut ainsi être perçue comme une opportunité réelle d'élargissement de la base sociale du mouvement et de son niveau d'interaction avec les autorités administratives du pays d'accueil. Dans le contexte particulier du Maroc où le champ religieux fait l'objet d'une délimitation plus ou moins établie, il s'agissait donc, pour la *dahira*, de se positionner comme détenteur d'une offre publique d'islam ayant vocation à transcender les frontières culturelles nationales. Il s'agissait précisément, comme le dit M.S., de « libérer la parole et porter un discours sur l'islam en général ».

Dans le cas des tijanes sénégalais, de la branche niassène[12] du Maroc, Abdoulaye[13], qui est notre interlocuteur privilégié, nous dit que l'initiative de leur organisation résulte d'une prédiction du fondateur de la branche, Baye Niasse (1900-1975). Celui-ci aurait prophétisé, avant sa mort, que deux parmi ses enfants réaliseront, respectivement, ses deux vœux les plus chers. Il s'agirait de l'« achèvement des travaux de la grande mosquée de Médina Baaye », fief de la branche, et du « regroupement de l'ensemble des *dahira-s* niassène sous le chapeau de « Ansarou dine » (indiquant avec ce nom ceux qui se sont voués à la cause de la religion, ses soldats, ses inconditionnels). Le premier vœu, dit Abdoulaye, a été réalisé par feu Ahmet Dame Ibrahim Niass (1930-2010). Quant au second, Abdoulaye parle proprement d'« une innovation » posée par son successeur, le cheikh Ahmet Tidiane Niasse. L'innovation mentionnée a consisté en une transformation des *dahira-s* dénombrées au Sénégal en autant de sections et de sous-sections d'un socle-mère nommé « mouvement Ansarou dine ».

---

12. À la différence des autres groupes confrériques du Sénégal, les tidjanes sont subdivisés en plusieurs branches dont celle des niassène qui exerce une influence importante au Nigeria, au Niger et dans les communautés noires converties aux États-Unis et en Angleterre.

13. Nous avons changé le nom. Après avoir fini ses études en marketing, Abdoulaye a décidé de rester au Maroc, où il vivait depuis quatre ans au moment de notre rencontre. Il partage son temps entre son investissement à organiser Ansarou dine au Maroc, des consultations maraboutiques et une activité de commerce au service d'un autre *moqaddam* de la confrérie. Abdoulaye a aussi le grade de *moqaddam* et encadre des disciples.

À Rabat, les disciples se retrouvaient deux fois par mois pour chanter et faire les louanges du Prophète, réciter le coran, échanger sur des sujets religieux à partir de conférences thématiques. C'est surtout autour de 2010 que ces rencontres se régularisent vraiment, constituant à chaque fois des opportunités de rappels des règles de la pratique religieuse. Pour autant, insiste Abdoulaye, ces rencontres étaient aussi des moments d'éveil et de formation en écho à la compréhension des défis que le monde traverse. Elles constituaient donc pour eux des opportunités de se projeter dans le temps du monde, d'évaluer, de prospecter, de définir des stratégies d'impact dans la marche de celui-ci. Le groupe de la *dahira* (couvrant la zone Rabat-Salé-Kenitra) s'auto-percevait ainsi comme une communauté qui se sentait concernée et active. « C'est comme une entreprise. C'est une minorité qui travaille, mais c'est tout le pays qui en bénéficie », confia-t-il.

La transition vers Ansarou dine au Maroc s'est donc faite dans un contexte de changement *khalifal*, mais aussi de réorganisation structurelle de la branche niassène, un contexte vécu et interprété comme la mise en œuvre historique d'un temps fort prophétique de la communauté. « C'est pour vous dire que la *dahira* qu'on avait, se nomme maintenant Ansarou dine au Maroc », souligne Abdoulaye. Cette marche vers Ansarou dine est, de fait, placée sous l'aile protectrice d'une figure emblématique de la branche niassène tant au Sénégal qu'au Maroc. Il s'agit d'Ibrahim Mahmoud Diop (1932-2014), dit « Barham ». Il fut le secrétaire général de la *Rabita* des ouléma du Maroc et du Sénégal et membre-fondateur de la Ligue islamique mondiale. Barham fut aussi régulièrement un invité de marque aux Conférences hassaniennes sous la présidence d'honneur de sa Majesté le Roi Mouhamed VI. Il est donc utile, pour bien apprécier la personnalité qui a été convoquée pour inspirer et parrainer l'action de réorganisation de la *dahira* sur le territoire marocain, d'avoir en arrière-plan sa stature internationale, en particulier sa proximité avec les grands ouléma et la famille royale du Maroc. Barham Diop a été également une des plus proches personnalités du fondateur Baaye Niasse, qu'il a accompagné et assisté dans ses multiples voyages à travers le monde.

À partir du noyau Rabat-Salé, une tentative de mailler le territoire se met aussi en place : « On essaie depuis d'avoir des sections au niveau des régions. Il y a, à ce jour, une section à Fès, une section à Kénitra, une section à Casa aussi et même à Agadir, Tanger… Il y a des sections presque dans tout le Maroc » nous dit notre interlocuteur. L'existence de ces sections est d'autant plus remarquable que la plupart ne disposent pas, par exemple, de local. Or, non seulement les locaux des *dahira-s* sont, habituellement, les points de repère pour se retrouver, pour communier ensemble et échanger sur les problèmes communs, mais ils ont aussi longtemps constitué les espaces d'exercice de leur vocation classique, dans le contexte de la migration : accueil et refuge pour leurs membres. Interpellé sur ce point, Abdoulaye répond : « Ansarou dine Maroc est, pour l'instant, un projet en devenir. Mais cela ne veut pas dire qu'il n'y a pas d'actions. Par exemple, les *dahira-s* sont aussi un canal d'information pour les porteurs de projets qui ainsi peuvent avoir l'aide de confrères bien placés dans les domaines concernés. »

La transformation de la *dahira* en section d'un mouvement d'ensemble plus imposant, puisant sa source au Sénégal et ramifiant les foyers niassènes à travers le monde, est perçu comme un incubateur de leaders religieux, liés par un réseau de connaissances ou de relations essentielles à leur positionnement social aussi bien dans le pays d'accueil que dans celui d'origine. Abdoulaye considère ainsi que ce mouvement, grâce à son ancrage local et transnational, peut s'ériger en intermédiaire entre la communauté résidente au Maroc et les bailleurs internationaux. On le voit, l'initiative de la transition organisationnelle procède, ici, autant de la volonté de la hiérarchie que, tout opportunément, d'une opération de connexion de la base au sommet.

Initiatives de disciples : singularité du contexte marocain ?

En déplaçant la focale de Fathoul Ghaffar à Ansarou Dine, on remarque que les motivations des initiatives des *taalibe-s* semblent toujours procéder de deux ordres. Le premier est souvent explicite et reprend le discours prophétique de la confrérie. Autrement dit, l'action est expliquée à partir du besoin de répondre, en tant que *taalibe*, sinon à une recommandation/injonction de l'administration de la confrérie, du moins à un intime besoin d'apporter sa contribution à la réalisation de son dessein prophétique. Le second est souvent moins explicite et procède de la volonté nourrie par les *taalibe-s* de faire carrière dans l'Ordre.

On peut, en outre, se demander si le contexte marocain ne renverrait pas à une certaine singularité qui rejaillirait sur les motifs, les méthodes et les objectifs des initiatives des *dahira-s* sénégalaises. En effet, la présence et la montée en puissance des mourides au Maroc posent de nombreuses questions, dont celle de la concurrence objective qui les oppose aux tidjane. Ces derniers, par définition, ont le Maroc pour sanctuaire. Le Maroc, en effet, a constitué pendant longtemps l'emblème du caractère transnational de la Tijaniyya sénégalaise et une source importante de prestige par la revendication d'une proximité avec la famille royale.

La jonction qui s'est établie entre les étudiants mourides et les travailleurs de la même confrérie, d'une part, et, d'autre part, l'arrivée continue, depuis quelques années, de nombreux jeunes marchands ambulants, généralement mourides, dans les principales villes du Maroc, semble pouvoir créer un contexte favorable ou probable de remise en cause de la « suprématie » des tidjanes sénégalais au Maroc. On peut d'autant le penser que l'organisation mouride se rapproche de la Boutchichia[14], sous la bénédiction de sa hiérarchie. Notre interlocuteur nous signale, en effet, que cette démarche a été recommandée par Serigne Modou Mamoune, fils de l'ancien puissant khalife de la confrérie Serigne Fallou Mbacké (1888-1968).

Lorsque les tidjanes du Maroc se sont mis, en juillet 2011 et avril 2012, à célébrer, à leur tour, des journées Cheikh Ahmet Tidjane, les mourides ne manquent pas d'y voir une action « inspirée », pour ne pas dire « copiée », à partir de leurs initiatives premières. « Les Marocains n'ont pas une culture de distinction entre les Sénégalais » insiste par ailleurs avec précision notre interlocuteur, avant de poursuivre : « Ce qui leur importe, c'est juste si tu es musulman ou pas. » Il reste

---

14. La Qadiriya-Boutchichiya est sans conteste la plus grande confrérie marocaine. Son maître cheikh Hamza al-Khadiri al Boutchichi, toujours vivant, est vénéré par des centaines de milliers de personnes au Maroc et fait de nombreux adeptes en Europe aussi.

évident qu'il y a là un discours qui, quoique basé sur une relative réalité empirique, vise avant tout à neutraliser ce qui pourrait passer pour un avantage psychologique en faveur des tidjanes. Face à ce qui semble être un débordement mouride sur leurs flancs, les animateurs de Ansarou dine soulignent : « Partout où vous allez vous trouverez des disciples (de la Tijaniyya) qui sont des habitants même du pays ! » La remarque est forte. On peut se demander si la valeur distinctive qu'elle colporte n'a pas pour fonction de renvoyer la Mouridiya à une identité, en définitive, sénégalo-sénégalaise. Néanmoins, pour les animateurs de Ansarou dine : « [...] Les tidjanes devraient faire la même chose que leurs homologues mourides, en d'autres termes se montrer plus entreprenants et se rencontrer plus régulièrement et faire plus d'actions. » Il faut préciser néanmoins que dans les discours des deux animateurs, brièvement exposés ici, cette rivalité par rapport au contexte marocain n'est jamais exprimée de manière frontale. Sa négation dans la communication publique est une donnée de structure de la relation et aussi de l'affichage de ces groupes dans l'espace public chérifien. La réalité est cependant complexe et surtout bâtie sur une certaine forme de surveillance mutuelle.

Conclusion en trois hypothèses

Au terme de cette analyse, nous constatons, d'une part, la capacité d'adaptation des confréries aux changements sociopolitiques et culturels et, d'autre part, l'impact de la situation migratoire dans le réarrangement de leurs discours et pratiques. Il résulte également de ce travail quelques autres observations et pistes à approfondir au cours de terrains prochains que nous qualifierons d'hypothèses de travail.

La première hypothèse est relativement évidente : dans les cas mouride comme tidjane, les passages des *dahira-s* locales à des formes structurées de maillage du territoire marocain visent, au-delà de la simple couverture officielle et administrative, une certaine forme d'institutionnalisation de la présence.

Dans le contexte mouride, et c'est la deuxième hypothèse conclusive, les *taalibe-s*, essentiellement des étudiants, réussissent au moins un coup de maître : celui d'attirer l'attention bienveillante de l'administration de leur confrérie sur leurs initiatives dans la capitale marocaine de la Tijaniyya.

Dans celui des tidjanes, en troisième hypothèse, la question principale charriée par l'initiative des *taalibe-s* de créer Ansarou Dine Maroc semble être celle du temps venu de la démocratisation des avantages de la proximité entre l'administration de la confrérie et la royauté.

Ainsi les *taalibe-s* mourides et tidjanes qui travaillent dans ces différentes perspectives ne sont alors pas seulement des soldats de la confrérie mais aussi des « prestataires de service en connexion territoriale ». D'une certaine façon, ils sont des agents qui réinventent la cartographie de la confrérie d'une manière à lui ouvrir d'autres horizons et peut-être des opportunités nouvelles.

Références bibliographiques

ADERGHAL M., BERRIANE M., 2011, *Les Migrants subsahariens à Fès : une présence dans les marges d'une ville en mutation*, Communication (Uppsala 15-18 June 2011, 4th European Conference on African Studies) basée sur les résultats de recherches collectives menées dans le cadre du programme de recherche *« Perspectives africaines sur la mobilité humaine »*, partenariat entre l'Equipe de recherche sur la région et la régionalisation (E3R), Université Mohammed V de Rabat et International Migration Institute - James Martin 21 s^t Century School University of Oxford.

ALIOUA M., 2011, *L'Étape marocaine des transmigrants subsahariens en route vers l'Europe : l'épreuve de la construction des réseaux et de leurs territoires*, thèse de doctorat en sociologie, Toulouse, Université de Toulouse le Mirail.

BARUS-MICHEL J., « La démocratie ou la société sans père », *Bulletin de psychologie*, tome 55, (3) 459, p. 259-264, (a) ; « Du charisme à la démocratie », *Bulletin de psychologie*, tome 55, (3), 459, 2002 (mai-juin), p. 221-225, (b).

BAVA S., 2003, « De la "baraka aux affaires" : ethos économico-religieux et transnationalité chez les migrants sénégalais mourides », *Revue européenne des migrations internationales*, 19 (2), 69-84.

BAVA S., 2005, « Le *dahira*, lieu de pouvoir et d'émergence de nouvelles élites au sein du mouridisme », *in* M. Gomez-Perez (éd.), *L'Islam politique au sud du Sahara : identités, discours et enjeux*, Paris, Karthala, p. 159-175, coll. Hommes et sociétés.

BAVA S., CAPONE S., 2010, « Religions transnationales et migrations : regards croisés sur un champ en mouvement », *Autrepart*, n° 56, 2010/4.

BENSAAD A., 2009, *Immigration sur émigration : le Maghreb à l'épreuve des migrations subsahariennes*, Paris, Karthala.

BREDELOUP S., PLIEZ O., 2005, « Migrations entre les deux rives du Sahara », *Autrepart,* n° 36.

CHABBI J., « Soufisme ou Ṣūfisme », *Encyclopædia Universalis* [en ligne], consulté le 16 mars 2017, URL : http://www.universalis.fr/encyclopedie/soufisme-sufisme/

CISSÉ M.M., 2000, *Le Sceau du paraclet*, Dakar, éditions Excaf.

DIOP M.C., 1981, « Fonctions et activités des *dahira-s* mourides urbains (Sénégal) », *Cahiers d'études africaines*, vol. 21, n° 81-83, p. 79-91.

DIOP M.C. (dir), 2008, *Le Sénégal des migrations : mobilités, identités et sociétés*, Paris-Dakar-Nairobi, Karthala-CREPOS-ONU Habitat, 440 p.

EL ADNANI J., 2006, *La Tijâniyya, 1781-1881 : les origines d'une confrérie religieuse au Maghreb*, Marsam.

EBIN V., LAKE R., 1992, « Camelots à New York : les pionniers de l'immigration sénégalaise », *in Hommes et Migrations*, vol. 1160, n° 1, p. 32-37, numéro thématique : *Migrants d'Afrique de l'Ouest*.

FALL A.S., 1999, « Les liens religieux confrériques, réseaux privilégiés d'insertion urbaine à Dakar », *in* A. Piga (dir.), *Islam et villes en Afrique au sud du Sahara*, Parigi, Karthala.

FALL P.D., 2004, « Les Sénégalais au Maroc : histoire et anthropologie d'un espace migratoire », *in* L. Marfaing, S. Wippel (éd.), *Les Relations transsahariennes à l'époque contemporaine*, Paris, Karthala/ZMO, p. 277-291.

FALL P.D., 2017, *Des francenabe aux modou-modou : l'émigration sénégalaise contemporaine*, Sénégal, L'Harmattan, 559 p.

KANE A., 2008, « Les pèlerins sénégalais au Maroc : la sociabilité autour de la Tijaniyya », *in* L. Marfaing, E. Boessen (dir.), *Les Nouveaux urbain dans l'espace Sahara-Sahel : un cosmopilitisme par le bas*, Berlin, Paris, Karthala-ZMO, p. 187-208.

KANE O., 1993, « La communauté Tijane du Sénégal et la Zaouïa du cheikh Ahmed Tijani de Fès », *in Fès et l'Afrique : relations économiques, culturelles et spirituelles,* Rabat, publication de l'Institut d'études africaines de Rabat (série Colloques et séminaires).

KANE O., 2009, « Les marabouts sénégalais et leur clientèle aux États-Unis : une économie spirituelle transnationale », *Afrique contemporaine,* n° 231, éditeur De Boeck Université.

KANE O., 2011, *The Homeland Is the Arena. Religion, Transnationalism, and the Integration of Senegalese Immigrants in America*, New York, Oxford University Press, 313 p.

KHROUZ N., LANZA N. (dir.), 2015, *Migrations au Maroc : cosmopolitisme, présence d'étrangers et transformations sociales*, Centre Jacques-Berque et Konrad Adenauer Stiftung, Publication sur OpenEdition Books, 5 septembre 2016.

LABORDE C., 1996, *La Confrérie layène et les lébous du Sénégal*, Paris, Karthala.

LANZA N., 2016, « Être un « saint » aujourd'hui : la baraka expliquée par des descendants de cheikh Ahmed Tijani », janvier, carnet de terrain : http://cirelanmed.hypotheses.org/250.

LANZA N., 2014, « Pèleriner, faire du commerce et visiter les lieux saints : la Tijaniyya sénégalaise sur la voie réenchantée du tourisme religieux au Maroc », 2015, « Routes migratoires et pratiques religieuses entre l'Afrique et le Maghreb/Moyen-Orient », *L'Année du Maghreb*, XI.

LANZA N., 2015, « Une zaouïa privée pour un cheikh moderne : échanges autour du soufisme marocco-sénégalais à Salé », *in* B. Dupret, Z. Rhani, A. Boutaleb et J.N. Ferrié, *Le Maroc au présent*, Rabat/Casablanca, Centre Jacques-Berque/Fondation du Roi A.A. Al Saoud, p. 755-764. Disponible sur internet : http://books.openedition.org/cjb/990.

LANZA N., 2012, « Routes et enjeux de la Tijaniyya sénégalaise au Maroc : une zaouïa rbatti sur la voie de Fès », *Études & essais,* Rabat, n° 8, Centre Jacques-Berque.

MARFAING L., WIPPEL S. (éd.), 2004, *Les Relations transsahariennes à l'époque contemporaine*, Paris, Karthala/ZMO.

PÉRALDI M. (dir.), 2011, *D'une Afrique à l'autre : migrations subsahariennes au Maroc,* Paris, Karthala.

PÉRALDI M., TERRAZZONI L., 2016, *Mobilités et migrations européennes en (post) colonies,* Cahiers d'études africaines, Éditions de l'EHESS, n° 221-222.

MIGREUROP, *Le Livre noir de Ceuta et Melilla*, 2006, disponible sur internet : http://www.migreurop.org/article981.html.

MINVIELLE R., 2016, « Camelots sénégalais à Buenos Aires : une négociation cosmopolite du trottoir », *Revue européenne des migrations internationales,* vol. 32, n° 2.

MINVIELLE R., 2013, *Parcours africains en Amérique latine ou comment s'ébauche un dispositif migratoire transatlantique sud-sud*, thèse de doctorat de sociologie, sous la direction de Sylvie Bredeloup, Aix-Marseille I.

PIAN A., 2007, *Les Sénégalais en transit au Maroc : la formation d'un espace-temps de l'entre-deux aux marges de l'Europe*, thèse de doctorat en anthropologie, Paris, URMIS (Unité Recherches Migrations et Société), Université Paris 7 Diderot.

RICCIO B., 2008, « Les associations de Sénégalais en Italie : construction de citoyenneté et potentialités de co-développement », *Asylon(s),* n° 3, Migrations et Sénégal.

ROY O., SECK A., 2004, *Musulmanes, musulmans*, O. Roy & V. Amiraux (éd.), Montpellier, Indigène éditions.

SAMBE B., 2010, *Islam et diplomatie : la politique africaine du Maroc,* Rabat, Marsam.

SECK A., 2015, « Sénégal-Maroc : usages et mésusages de la circulation des ressources symboliques et religieuses entre deux pays « frères » », *in* S. Bredeloup, *Afrique et développement,* vol. XL, n° 1, 159-181.

SYLLA A., 1989, *Les Prophètes Seydinea Limamou le Mahdi et Seydinea Issa Rouhou Lahi du Sénégal*, France, Éditions Le Portail de l'univers.

TALL S.M., 2008, « Les émigrés sénégalais en Italie : transferts financiers et potentiel de développement de l'habitat au Sénégal », p. 153-178, *in* M.C. Diop (dir.), *Le Sénégal des migrations : mobilités, identités et sociétés*, Paris-Dakar-Nairobi, Karthala-CREPOS-ONU Habitat, 440 p.

TALL S.M., 2009, *Investir dans la ville africaine : les émigrés et l'habitat à Dakar*, Paris, Karthala, 286 p.

TIMERA M., 2011, « La religion en partage, la "couleur" et l'origine comme frontière : les migrants sénégalais au Maroc », *Cahiers d'études africaines*, n° 201, p. 145-167.

TRIAUD J.L., « La Tijaniyya, une confrérie musulmane transnationale », *Politique étrangère,* 2010/4 (hiver) : L'islam en Afrique, un acteur transnational.

TRIAUD J.L., ROBINSON D. (éd.), 2000, *La Tijâniyya : une confrérie musulmane à la conquête de l'Afrique*, Paris, Karthala.

Al Azhar, scène renouvelée de l'imaginaire religieux sur les routes de la migration africaine au Caire[1]

Sophie Bava
Socio-anthropologue, chargée de recherche à l'IRD (LPED/AMU)

Chaque année, quelques centaines d'étudiants quittent l'Afrique de l'Ouest, dotés d'une modeste bourse et d'un billet d'avion, ou voyagent parfois par leurs propres moyens en prenant la route, pour se rendre à la célèbre université d'Al Azhar au Caire. Cette université millénaire[2], associée à une tradition de mobilité des élites

---

1. Cet article a déjà été publié dans *Routes migratoires africaines et dynamiques religieuses, quels enjeux sociaux ?*, *L'Année du Maghreb*, Paris, n° 11, CNRS Editions, 2014.
2. Al Azhar est une université musulmane égyptienne. Située au Caire, l'université fut fondée en 973 et se développa à proximité de la mosquée d'Al Azhar construite à la même époque par Jawhar, général en chef des troupes fatimides. Reconstruite au XIVe siècle, l'université Al Azhar joua un rôle de premier plan dans l'enseignement du Coran et de la pensée islamique, acquérant très tôt la réputation d'arbitre de la pensée musulmane. Spécialisée dans l'étude de la théologie et des sciences juridiques, elle fut concurrencée dès le milieu du XIXe siècle par des formules modernes d'enseignement mais sut au XXe siècle recouvrer son prestige en adoptant d'importantes réformes. En 1930, ses collèges et ses instituts furent organisés selon trois chaires d'enseignement : la théologie islamique, la jurisprudence et la langue arabe. En 1961, une nouvelle réforme (la 5e depuis sa création) et sa nationalisation pas Nasser s'organisent en trois points : d'abord, une réforme du contenu de l'enseignement qui rend les langues étrangères obligatoires ainsi que l'arithmétique, l'algèbre, la géographie et de nouvelles disciplines comme l'architecture, le droit ; ensuite, une réforme de l'organisation de l'enseignement avec une séparation en trois niveaux d'études (primaire, secondaire et supérieur) et la création de nouvelles facultés et instituts (médecine, agronomie, commerce, polytechnique, etc.) ; enfin, une réforme de la structure d'Al Azhar à travers la création d'un conseil d'administration, puis d'un conseil supérieur d'Al Azhar (Luizard, 1995).

musulmanes entre l'Afrique subsaharienne et le monde arabe, exerce une attraction presque mythique sur les lettrés musulmans africains. Venir étudier à Al Azhar, c'est également l'opportunité pour quelques milliers d'étudiants africains de migrer dans des conditions qui, au premier abord, semblent favorables. Pourtant, ces étudiants africains rencontrent de plus en plus de difficultés à obtenir rapidement leur diplôme puis, s'ils rentrent, à trouver un emploi dans leur pays d'origine, en dehors de l'enseignement dans les instituts arabes, les medersas et les écoles franco-arabes. Parallèlement aux imaginaires et aux désirs d'ailleurs de ces étudiants, l'université Al Azhar connaît ces dernières années une perte de légitimité dans le monde académique. Elle a ainsi modifié sa politique de recrutement en regard notamment de la concurrence avec les universités islamiques des pays de la péninsule arabique où l'offre d'enseignement est plus restreinte et plus centrée sur les sciences religieuses qu'à Al Azhar. Ces universités proposent des conditions matérielles nettement plus décentes pour les étudiants étrangers. Si les réseaux de formation religieuse comme Al Azhar sont à l'origine de ces mobilités étudiantes et au final de migrations, la présence des étudiants africains sur les bancs de l'université redynamise aussi une institution en perte de vitesse qui, dans de nombreux cas, n'accueille plus que les étudiants que le système public a refusés (Luizard, 1995 : 526). Les enquêtes menées depuis plusieurs années auprès des étudiants africains au Caire indiquent que leurs projets migratoires ont évolué et que leur installation en Égypte est aujourd'hui de plus en plus durable[3]. Les arabisants, ou les

---

3. La recherche anthropologique sur laquelle s'appuie cet article a débuté en 2004 et met en avant des matériaux ethnographiques : entretiens prolongés et répétés auprès d'une cinquantaine d'étudiants en Égypte et quelques-uns au Burkina Faso, ainsi que des diplomates, des professeurs, des acteurs religieux et des membres d'ONG d'origine confessionnelle, participation aux activités des migrants, suivis et reconstructions rétrospectives des parcours migratoires, professionnels et familiaux, analyse des itinéraires religieux, observation des pratiques religieuses. Ces outils qualitatifs ont été complétés par le recueil et l'analyse d'une base de données concernant l'ensemble des étudiants africains diplômés d'Al Azhar depuis 1962 que nous avons constitué avec Mamadou Youri-Sall, collègue statisticien de l'université de Saint-Louis du Sénégal, ainsi que par le recours à des méthodes permettant la spatialisation de certaines dynamiques socio-économiques : recension et cartographie des dispositifs religieux grâce à Julie Picard, post-doctorante

« intellectuels non europhones[4] » sont ainsi nombreux en Afrique de l'Ouest à être passés à Al Azhar ou à « avoir fait » l'Égypte comme ils le disent eux-mêmes, vivant parfois sur les traces du passé mais très vite rattrapés par une réalité migratoire difficile. Nous aborderons les trajectoires de ces élites musulmanes pour comprendre le rôle central que joue l'université d'Al Azhar au Caire dans la manière dont ces migrants bâtissent les représentations de leurs propres trajectoires et de l'imaginaire qui y est associé. En se rendant à Al Azhar, les étudiants africains ne marquent pas seulement une appartenance religieuse, ils expriment également leur adhésion à une culture arabe séculaire qui renvoie à leurs enseignements durant l'enfance mais aussi aux récits et épopées légendaires de leurs aînés, aux écrits inspirés des grands cheikhs et, au-delà, au parcours du Prophète.

Les universités islamiques sur les routes du savoir et de la migration

Les universités islamiques historiquement reconnues pour leurs enseignements, comme la Zitouna, fondée en 734 à Tunis, la Qarawiyine, fondée en 859 à Fès et Al Azhar, fondée en 969 au Caire, sont depuis des décennies mais à des degrés différents, des destinations convoitées par une certaine frange d'étudiants musulmans africains. De 1960 à nos jours, les Africains représentent le quart des étudiants étrangers formés à Al Azhar, après les Asiatiques qui en constituent presque les trois quarts (Abaza, 1994). On recense près de 3 000 étudiants originaires d'Afrique subsaharienne en Égypte, dont plus de 2 000 à l'université Al Azhar (Sall, 2009 ; Bava, Sall, 2013).

Au siècle dernier, l'université Al Azhar est devenue un symbole mais aussi une scène physique où les musulmans africains ont pu se

---

au LISST à Toulouse. Ce travail a pu en partie être réalisé grâce au programme « Instances religieuses ou d'origine confessionnelle sur les routes de la migration africaine » (ANR-09-JCJC-0126-01), que j'ai coordonné de 2009 à 2012.
4. La formule est de Ousmane Kane, qui désigne ainsi « les lettrés de tradition arabo-islamique que nous considérons comme intellectuels parce qu'ils maîtrisent et formulent des revendications s'appuyant sur le langage politique de l'islam » (Kane, 2003 : 3).

projeter. La scène physique est celle du lieu et de son histoire, celle où les lettrés africains venant étudier les sciences islamiques et la culture arabe se rendent depuis des siècles, c'est-à-dire Le Caire où s'érige la célèbre université (Zeghal, 1996). Pour les Sénégalais rencontrés, l'Égypte est perçue comme la capitale culturelle du monde arabe. Les pèlerins africains qui se rendaient à La Mecque au cours des siècles précédents s'arrêtaient au Caire, et ils y ont progressivement développé des contacts avec l'université Al Azhar[5]. Dans l'Égypte du XIXe siècle, comme le note Pierre-Jean Luizard, malgré la modernisation de l'enseignement supérieur calqué sur les institutions européennes, Al Azhar reste, de très loin, l'institution d'enseignement la plus attractive avec environ 120 000 étudiants en 1880, de l'élémentaire à la faculté et sur l'ensemble du territoire. La dernière phase de sa réforme et sa nationalisation en 1961 par le régime nassérien n'ont fait qu'accroître les effectifs, et, en 1982, on comptait pas moins de 350 000 élèves et étudiants (Luizard, 1995 : 525). Malgré cela, « elle ne peut concurrencer les universités nouvellement créées sur leur propre terrain. […] Al Azhar est passée d'unique centre d'enseignement en Égypte au XIXe siècle à une institution presque marginale par rapport à un enseignement public qui, surtout depuis Nasser, s'est généralisé » (Luizard, 1995 : 526). Hors d'Égypte toutefois, la renommée d'Al Azhar par les grands hommes qu'elle a formés demeure. Ce circuit de formation Sud-Sud[6] est méconnu, peu étudié car il est souvent postulé que les étudiants africains sont plus attirés par la formation des pays du Nord. Pourtant, de nombreux intellectuels sénégalais, hommes politiques, journalistes, professeurs d'université et cadres administratifs sont passés par l'Égypte, et certains ont même enchaîné sur un troisième cycle en Europe lorsque les équivalences étaient encore possible, jusqu'aux années quatre-vingt-dix. Afin de comprendre le parcours scolaire des

---

5. Hadrien Collet cite l'extrait d'un ouvrage d'Ibn Battūta (1304-1368) relatant le passage d'une caravane de Maliens au Caire en 1324. Il y évoque la figure de Moussa Moussa venant commercer en échange d'or en se rendant à La Mecque. « L'ouverture d'un canal idéel : l'axe Mali-Le Caire aux XIVe-XVe siècles », communication dans le cadre du colloque du REAF, Bordeaux, 2014.
6. Se référer à l'ouvrage de Sylvie Mazzella (dir.), *La mondialisation étudiante : le Maghreb entre Nord et Sud*, 2009.

étudiants sénégalais qui postulent à l'université à Al Azhar, nous allons revenir sur leur formation initiale.

Plusieurs périodes ont rythmé l'histoire de l'enseignement arabe au Sénégal. Pour les comprendre, il faut se référer à l'évolution du militantisme islamique dans le pays. En premier lieu et en réaction à la colonisation, des acteurs religieux se sont mobilisés dès les années trente pour défendre les droits civils des musulmans et, plus particulièrement, les fondements d'une éducation islamique réformée. Cette tradition a perduré autour d'intellectuels politisés, de leaders réformistes séduits dans les années quatre-vingt par la révolution iranienne, de mouvements fondamentalistes, proches des traditions islamiques portées et financées par les pays du Golfe ou, enfin, autour de leaders de groupes confrériques. Historiquement, ces représentants et leurs prédécesseurs ont toujours tissé d'étroites relations avec les centres musulmans du Maghreb, d'Égypte, d'Arabie, du Moyen-Orient et d'Extrême Orient (Gomez-Perez, 2005 ; 8, Kane, 2012). Si nous connaissons bien les parcours des étudiants arabisants des confréries mourides ou tidjanes, issus des grandes familles maraboutiques et/ou commerçantes qui maîtrisent depuis longtemps les circuits de formation entre l'Afrique, le monde arabe et l'Europe (Bava, 2005), nous savons qu'ils n'ont pas été les seuls acteurs religieux de ces changements, de cette rupture avec l'ordre colonial pérennisée depuis les indépendances par les gouvernements en place. Ces réformistes, comme l'État colonial les avait nommés, se sont battus pour ouvrir des écoles et se positionner pour une continuité culturelle, politique et solidaire avec le monde arabe. Ils ont créé des associations comme l'Union culturelle musulmane (UCM), l'Association musulmane des étudiants d'Afrique noire, le Jama'atou Ibadou Rahmane (JIR), le Hisbut Tarquiyah pour les cadres mourides qui n'avaient pas de filiation biologique avec les cheikhs de la confrérie (Bava, Gueye, 2001) ou encore, plus récemment, l'Union des Sénégalais diplômés d'Égypte (USDE). Ces nouveaux acteurs qui ont réaffirmé leur légitimité par rapport au pouvoir politique en général, mais également par rapport aux lignages confrériques établis, ont été un des moteurs des réformes de l'enseignement islamique au Sénégal. Outre ces acteurs religieux en lien avec les pays du monde arabe, les pays du Golfe et l'État sénégalais, d'autres acteurs internationaux comme des ONG se sont, dès les années quatre-vingt-dix, positionnés sur la question de l'enseignement religieux à l'école dans l'objectif de lutter contre la pauvreté, la mendicité et la déscolarisation des enfants (Lewandowski, 2011).

Les élèves sénégalais ont ainsi le choix aujourd'hui entre les *daara-s*[7] classiques ou modernes, les écoles publiques où la langue arabe a été maintenue après l'indépendance et l'enseignement religieux introduit en 2002, c'est-à-dire les écoles dites franco-arabes, fondées soit par l'État, soit par des notables religieux ou diplômés des universités du monde arabe[8]. Cependant, toutes ces écoles ne sont pas reconnues et aidées par l'État sénégalais ; « certaines sont soutenues par des associations islamiques sénégalaises ou internationales, des États étrangers, des institutions comme l'Organisation islamique pour l'éducation, la science et la culture (ISESCO) et surtout des confréries » (Lewandowski, 2011 : 11). Les étudiants sénégalais de l'université Al Azhar ont été éduqués au sein de ces systèmes de formation dont certains, encadrés par des professeurs égyptiens d'Al Azhar envoyés pour soutenir l'influence culturelle et économique de l'Égypte en Afrique, ont ouvert la voie à leur désir de migration estudiantine.

En effet, à partir des années soixante, sous l'impulsion du président Nasser qui entreprend d'« agiter le drapeau de l'éveil de la communauté islamique » (Gomez-Perez, 2005 : 17), cette migration étudiante se développe : « L'université d'Al Azhar était un des instruments de la politique du président Nasser. Le Raïs égyptien se voulait un leader du tiers-monde et cherchait à mobiliser le plus de sympathie possible dans le monde musulman et dans le tiers-monde en général (Kane, 2003,

---

7. Historiquement au Sénégal, les daara-s sont des institutions scolaires religieuses qui alliaient l'éducation religieuse et les travaux agricoles. Aujourd'hui, les daara-s modernes, reconnus depuis le gouvernement Wade, dispensent l'enseignement coranique et la culture islamique ainsi qu'un enseignement moderne scolaire classique.
8. « À la différence des écoles traditionnelles, les écoles franco-arabes dispensent un enseignement général en arabe, accompagné de cours en langue française d'un niveau élémentaire. Ces écoles délivrent des diplômes reconnus par l'État et dont les titulaires peuvent prétendre à un emploi le plus souvent comme instituteurs ou professeurs de collège enseignant l'arabe (Kane, 2003 : 39). »

p. 42). » La position du président Nasser, qui fut à l'époque le fer de lance de sa politique d'ouverture économique vers les pays musulmans du tiers-monde, s'appuie sur la valorisation des « liens pluriséculaires qui auraient uni Arabes et Africains et dont l'islam aurait été le ciment, avant d'être provisoirement occultés par la colonisation européenne » (Otayek, 1988). Dans cette optique de re-légitimation des relations Afrique-monde arabe, l'université Al Azhar représente pour les lettrés de tradition arabe un espace séculaire de transmission du savoir et une des bornes indispensables reliant historiquement les itinéraires de diffusion de l'islam au sein du monde musulman africain. Pourtant, l'université Al Azhar n'est plus à proprement parler une université islamique, car outre ses facultés de sciences religieuses, elle intègre depuis 1961 une vingtaine de facultés techniques et littéraires (agronomie, médecine, architecture, langues et traductions, polytechnique, commerce, etc.) dites « facultés modernes ». À partir des années quatre-vingt-dix, les azharis sénégalais[9], se voyant refuser les postes attendus dans l'administration lors de leur retour au pays ou encore l'accès aux troisièmes cycles en Europe, vont progressivement s'installer plus durablement au Caire (Bava, 2009).

Cette situation historique entre la transformation du système azhari et l'évolution du cursus pédagogique sénégalais dans un contexte politique tiers-mondiste de reformulation d'une culture africaine a légitimement alimenté ce circuit de migration « d'une élite musulmane sénégalaise » vers le Caire. Toutefois, cette scène religieuse est aussi une scène symbolique et imaginée, quasiment une scène initiatique, dans la mobilité des étudiants africains dans leur ensemble.

La circulation initiatique des étudiants africains : savoirs et épreuves

Étudier à l'étranger est également un moyen de « voyager », de « sortir » de son pays, « une chance », « un rêve » nous ont dit les étudiants avant de nous parler de leur quotidien plus rude. Avant de partir, ces étudiants ont souvent en tête le parcours d'un aîné, parent ou professeur, ayant fait ses études à Al Azhar, et on

---

9. Éudiants à l'université Al Azhar.

peut les regrouper autour de quelques profils[10]. Certains, les mieux nantis, ont déjà une histoire familiale de la migration étudiante et internationale. Ils sont favorisés et encadrés par leur entourage familial dans l'obtention de leur « visa étudiant » et bénéficient de réseaux d'entraide. Proches des élites administratives de leur pays ou des réseaux commerçants notables, ils sont convaincus de l'importance du cursus d'Al Azhar dans la recherche d'un emploi, au moment de leur retour au pays. Pour d'autres, Al Azhar est un choix quasi généalogique. Ce sont généralement des étudiants qui sont déjà dans des réseaux religieux (*tariqa*, élites musulmanes) qui encouragent et appuient leur inscription, comme le sont les fils de cheikhs et autres membres des familles maraboutiques. D'autres encore tentent de s'en sortir en partant étudier en Égypte. Ils ont des moyens économiques très limités et peu de réseaux économiques et sociaux dans le pays de départ et dans celui d'accueil. Al Azhar est une possibilité comme une autre de partir, c'est pour eux véritablement une ressource pour tenter une nouvelle aventure.

L'importance des histoires familiales et de l'accompagnement dans la construction des parcours migratoires est une réalité sociologique qui n'est plus à vérifier. Pourtant, au Caire, les étudiants bénéficient peu ou pas de réseaux familiaux comme cela peut être le cas en Europe ou aux États-Unis. En Égypte, ils peuvent parfois retrouver un frère ou un cousin encore étudiants, mais c'est plutôt chose rare. Toutefois, ces étudiants, que ce soit pour prolonger une histoire familiale et/ ou religieuse ou pour s'accorder une chance supplémentaire, ont un point commun : leur milieu d'origine soutient (moralement et souvent financièrement) leur migration. Pour les fils de cheikhs de lignée musulmane ou pour ceux issus des grandes familles commerçantes[11], l'histoire se prolonge, mais pour les autres élèves, Al Azhar est un moyen comme un autre de partir étudier ailleurs. À la différence des universités publiques du monde arabe, le recrutement dans les universités à vocation religieuse ne se fait pas *via* les États, ce

---

10. Bien entendu ces profils, établis à partir des entretiens que j'ai menés, ne sont pas exclusifs et sont souvent labiles.
11. Les Sénégalais, les Ivoiriens, les Nigériens disent que leur communauté est présente à Al Azhar depuis les années cinquante.

sont les institutions elles-mêmes qui mènent des campagnes de recrutement à l'étranger, soit par le biais du réseau des instituts arabes où enseignent parfois les cheikhs d'Al Azhar, soit par celui des ambassades égyptiennes, en proposant le voyage et une petite bourse à ceux qui réussissent le test. L'université Al Azhar a compris depuis longtemps l'importance du recrutement des étudiants étrangers pour entretenir son aura dans le monde musulman et permettre son développement (mission de *da'wa*). Les responsables organisent annuellement des recrutements en Afrique et en Asie, mais de l'avis des étudiants les tests ne sont pas si difficiles et demeurent accessibles avec un bas niveau d'arabe. Certains d'entre eux réussissent le test alors qu'ils ne sont pas musulmans et se convertissent pour répondre à cette opportunité de départ[12]. Ce dispositif de recrutement à l'étranger permet de capter un public dans une université où la filière théologique est localement plutôt délaissée par les étudiants égyptiens et internationalement concurrencée par le développement des universités islamiques dans les pays du Golfe. Cette politique de recrutement n'emporte pas toujours l'adhésion des États africains. Leurs dirigeants ne voient pas forcément d'un bon œil ces formations religieuses, appréhendant pour certains une montée de l'islamisme radical dans leur pays. Ainsi, quelques États, selon les propos des étudiants, ne donnent pas ou plus d'équivalences aux étudiants qui reviennent d'Al Azhar et surtout restreignent l'accès des azharis aux postes dans la fonction publique[13]. Cela pourrait en partie expliquer le fait que de nombreux azharis ne veulent plus rentrer dans leur pays. D'autres États comme le Niger, le Nigeria ou le Sénégal alimentent toujours cette filière d'enseignement et intègrent officiellement les licenciés dans leurs administrations, plus particulièrement dans l'enseignement.

---

12. C'est le cas de quelques étudiants congolais interviewés au Caire.
13. Marie Miran cite le cas des étudiants en Côte d'Ivoire : « C'est dans ce contexte que la LIPCI fut créée, en juillet 1991, à Abidjan, par un groupe d'étudiants diplômés d'universités arabes (surtout saoudiennes), qui se trouvaient au chômage à leur retour au pays. Ces diplômés qui constituent le noyau des arabisants de Côte d'Ivoire firent de l'arabe l'une des langues de travail de l'association (Miran, 2000). »

L'arrivée au Caire ou l'épreuve de la réalité

Les élèves, une fois arrivés, bénéficient d'une bourse de l'université : 90 livres égyptiennes (LE[14]) par mois avec logement et nourriture en cité universitaire et 160 LE[15] si l'étudiant choisit de vivre à l'extérieur de la cité. Le maintien de la bourse est toujours conditionné aux résultats de l'élève. Cependant, même s'il redouble, l'étudiant peut rester inscrit à l'université, ce qui lui permet de conserver son « séjour[16] » et d'être légal sur le territoire égyptien. Certains élèves sont bénéficiaires d'un « complément pays » ou bourse du pays d'origine qui varie de 30 à 50 euros par mois, mais dont le paiement est souvent arbitraire et source de conflits réguliers avec les ambassades[17]. Sinon, ils doivent compter sur l'aide familiale et parfois sur l'aide de certaines ONG confessionnelles ou de fondations islamiques.

Une fois la bourse obtenue, ils rejoignent en groupe le pays de destination. Des contingents de places leurs sont attribués par l'administration d'Al Azhar, mais le premier contact avec le pays est délicat : « Dès qu'on est là, on va casser le moral », nous dit Youssouf, un étudiant ivoirien. Mohamed, étudiant malien, explique : « Une fois arrivé en Égypte, le moral baisse parce qu'on est confronté à la dure réalité du terrain qui est diamétralement opposée à ce qu'on nous a fait miroiter avant notre arrivée. Et l'Égyptien lambda ne peut pas comprendre tout cela. Il a sa philosophie, il dit : « Pourquoi ne pas retourner chez toi si l'Égypte est vraiment si dure ? » Alors que pour nous, c'est un défi. Une fois quitté le pays, pas question d'y retourner avant d'atteindre le but qui nous a poussé de quitter le pays, à savoir : la connaissance sous toutes ses formes[18]. »

En arrivant, ils sont d'abord accueillis par leurs aînés, logés, blanchis et nourris dans un premier temps, plutôt long, avant la mise

---

14. Soit environ 11,5 € au taux de change actuel.
15. Soit environ 20 € au taux de change actuel.
16. Le titre de séjour est valable un an si on est boursier de l'université Al Azhar et renouvelable tous les six mois si on ne l'est pas.
17. Nous avons recensé plusieurs conflits avec les étudiants dans les ambassades ces dernières années, allant de la simple manifestation au recours à des actes de violence en direction du personnel de l'ambassade.
18. Entretiens réalisés au Caire en septembre 2008.

en place de la bourse et du logement. Ce sont les aînés et membres des associations qui vont les aider dans leur démarches d'intégration, leur prêter de l'argent, les rassurer et les orienter au niveau de l'administration égyptienne (université et ministère de l'immigration pour le visa), les rapprocher de leur ambassade mais aussi les guider dans la recherche d'un petit travail complémentaire et d'un logement hors de la cité des étudiants des pays islamiques, *medina el bu'ûth el islamia*, dite « cité des Bu'ûth ». Quelques lycéennes et étudiantes sont également accueillies au sein de cette même cité universitaire, mais dans les bâtiments réservés aux filles et beaucoup mieux gardés que ceux des hommes. Leur nombre est beaucoup plus restreint, soit moins de 10 % dans les cycles universitaires (Bava-Sall, 2013 ; Bava, 2014). L'organisation sur place s'opère dans un premier temps selon l'origine géographique des étudiants : associations des étudiants maliens, sénégalais, nigériens, burkinabés, congolais, guinéens, ivoiriens. Ces associations sont toutes représentées au sein de l'Union des étudiants africains, section de l'Union africaine, qui peuvent défendre leur cause auprès des instances administratives et diplomatiques. À ce dispositif associatif s'ajoute l'appartenance politique mais aussi religieuse des élèves. Certaines *tariqa-s* sont représentées au Caire et accueillent les étudiants. Les étudiants mourides et tidjanes ont leurs propres *dahira-s*[19], et la Tidjaniya joue aussi son rôle d'accueil. En effet, cette *tariqa* qui relie aujourd'hui tous les continents est très présente auprès des migrants ouest-africains comme les Nigériens, les Nigérians, les Béninois, les Burkinabè et les Sénégalais accueillis au sein de la *zâwiya* du quartier cairote d'Al Hussein où se situe Al Azhar, trouvant conseil auprès du cheikh Mohamed El Hafiz Tidjani et de sa famille[20]. Dans le cadre de la Tidjaniya, certains étudiants, installés durablement au Caire et à qui l'on reconnaît une légitimité religieuse, deviennent tuteurs officiels de jeunes azharis. Les parents de ceux-ci leur confient la gestion de l'argent et des documents administratifs ; ils leur confèrent une autorité, une sorte de droit d'aînesse sur leurs enfants car certains arrivent très jeunes.

---

19. Associations religieuses confrériques.
20. Une autre *zawiya* tidjane est implantée dans le quartier d'Imbaba.

Les étudiants azharis se retrouvent confrontés à une réalité éloignée de l'image qu'ils se faisaient de leur migration estudiantine, et ils s'organisent pour améliorer leur quotidien. L'importance du regroupement dans cet « exil » est proportionnelle à la quasi impossibilité de se faire des amis égyptiens. Au Caire, les étudiants sont importunés et intègrent en permanence leur différence, la couleur de leur peau, dans leurs interactions[21] : parler le moins possible, se fondre dans la masse, pratiquer en respectant les habitudes religieuses égyptiennes et porter le foulard islamique pour les filles étudiantes ou "rejoignantes[22]". Lorsqu'ils relatent leur histoire, les étudiants mobilisent des registres de vocabulaire faisant référence à l'univers symbolique religieux, autour des notions d'exil, de voyage, d'initiation, d'épreuves. Dans l'univers religieux, la notion de voyage renvoie à celles d'initiation et d'extase, et l'idéologie de l'exil est faite d'épreuves et de miracles, de parcours semés d'obstacles et de rites à accomplir. Dans ces conditions, leur migration va parfois prendre le sens d'un voyage mystique et s'envelopper d'une épaisseur religieuse. Reconstruire le mythe de l'exil, c'est en quelque sorte repartir symboliquement sur les traces de grands cheikhs comme Cheikh Ahmadou Bamba[23], le fondateur du mouridisme en référence à l'exil du prophète Mahomet. Ces constructions symboliques particulières émergent au regard des situations migratoires, mais également parce que dans l'islam soufi, l'exode volontaire ou contraint est une épreuve nécessaire à la réalisation du parcours de *taalibe*. L'exil, pour les musulmans, se construit en référence à celui de Médine qui dura dix ans et qui peut être envisagé comme un moyen de se ressourcer et de s'instruire. L'exil reste toutefois transitoire, sorte d'épreuve temporaire pour renforcer sa foi. Une philosophie du mérite accompagne l'acte d'exil qui est, de fait, réinterprété en ces termes dans le discours que les migrants tiennent sur leur propre migration.

---

21. Voir, sur les étudiants sénégalais au Maroc, Timera, 2011.
22. Terme utilisé dans le cas où les femmes rejoignent leur mari au Caire.
23. Dans le mouridisme et principalement dans les textes de cheikh Ahmadou Bamba, l'exil est présenté comme un bienfait. Cheikh Ahmadou Bamba, exilé lui aussi plus de dix ans, est sorti grandi de ces épreuves, et son départ en exil est fêté chaque année, c'est la fête la plus importante dans la confrérie, le grand *magal* qui réunit des millions de personnes à Touba et dans chaque ville de migration.

Les conditions de vie précaires rencontrées pas les étudiants au Caire ne leur permettent pas d'économiser suffisamment pour rentrer au pays dès l'obtention de leur licence[24]. Les étudiants que nous avons interviewés ne sont pas retournés dans leur famille depuis près d'une décennie pour les uns et encore plus longtemps pour les autres.

Le défaut de choix des filières comme mode de discrimination

L'université d'Al Azhar propose diverses filières d'enseignement supérieur (législation, ingénierie, commerce, langues et traduction, pédagogie, médecine, sociologie…) au sein des différentes facultés, mais on observe que les étudiants africains sont principalement (deux élèves sur trois) inscrits dans les facultés religieuses (charia et loi, fondements de la religion et théologie, *da'wa*[25] et pédagogie). Est-ce un choix délibéré ou par défaut ? Les élèves boursiers d'Al Azhar pensent avoir le choix des filières, ce qui en première instance motive leur inscription, tout comme l'obtention de la bourse. Pourtant, une fois arrivés, ils ne sont pas acceptés dans les filières techniques. D'après Mamadou Youri Sall (2009, 2013), chercheur sénégalais et « ancien d'Égypte », l'écart s'est encore creusé entre les facultés depuis les années quatre-vingt-dix, ce qui selon lui « peut être dû à l'application de la nouvelle politique d'Al Azhar consistant à ne plus accepter gratuitement les étrangers dans les facultés non fondamentalement islamiques ». De leur côté, certains responsables rappellent que l'inscription dans les facultés religieuses a été indiquée aux candidats dès leur recrutement. Pourtant, nombre d'entre eux dénoncent des logiques de discrimination qui les éloigneraient des meilleures filières. La première de ces logiques dénoncées est celle concernant les équivalences : en effet, la majorité des étudiants rencontrés n'obtient pas d'équivalence entre le diplôme obtenu dans les instituts et écoles de leur pays et l'université Al Azhar. Pour la majorité des élèves qui ont suivi une formation dans un institut, même très réputé dans leur pays, Al Azhar ne dispense pas d'équivalence, et ils doivent reprendre

---

24. Les étudiants boursiers d'Al Azhar bénéficient d'un billet d'avion pour venir et d'un billet de retour après l'obtention de leur licence qui correspond à bac + 4.
25. Appel à l'islam, prédication.

leurs études, dans le meilleur des cas au niveau du lycée et du collège, et parfois même en primaire. Répartis à leur arrivée après un petit test d'une ou deux minutes seulement, les étudiants mettent en moyenne huit ans pour obtenir leur licence au lieu des quatre années du cycle initial ! Cet obstacle est aujourd'hui sans cesse évoqué par les élèves mais aussi leurs représentants à l'ambassade comme une des causes de leur installation durable au Caire.

Comme ils n'accèdent pas aux filières demandées et afin de mettre à profit leur migration, les étudiants azharis profitent de leur installation en Égypte pour s'inscrire dans des formations privées en informatique, communication ou encore management, soit pour compléter leur cursus, soit parce qu'ils ne croient plus à la valeur du diplôme d'Al Azhar sur le marché de l'emploi de leur pays d'origine, soit pour séjourner plus longtemps. Dans la dernière décennie, les aînés ont encouragé et accompagné les arrivants à perfectionner leur français et leur anglais parallèlement aux cours et aux formations privées. Ils ont intériorisé les désagréments rencontrés par les générations précédentes qui ont vu les opportunités d'emploi au retour sévèrement restreintes. La poursuite en troisième cycle en Europe, comme l'ont fait les étudiants des années soixante à la fin des années quatre-vingt-dix, est devenue quasiment impossible face au durcissement des politiques migratoires européennes à partir des années deux mille (Bredeloup, Pliez, 2006). Certains d'entre eux préparent les nouveaux avant le départ au sein des associations organisées dans leur pays, comme nous dit Issa au Burkina Faso : « Dans notre bureau[26] on vient en aide à nos petits frères qui partent en Égypte pour qu'ils ne tombent pas dans les mêmes erreurs que nous et surtout on aide à renforcer la solidarité au moment du retour[27]. »

Dans ces conditions, la majeure partie des étudiants ouest-africains reste au-delà du temps imparti à leurs études à Al Azhar. Formellement, ils peuvent conserver leur statut d'étudiant jusqu'à l'obtention de leur licence, le tout étant pour certains de repousser cette échéance s'ils désirent s'installer plus durablement en Égypte. Pour M. Joseph,

---

26. Association des anciens d'Égypte.
27. Entretien avec Issa, Ouagadougou, 2010.

chargé des affaires culturelles à l'ambassade du Burkina Faso au Caire : « Quand ils arrivent en Égypte, on leur fait miroiter des choses mais la réalité est différente. Maintenant, leur diplôme ne leur permettant pas d'avoir un travail rémunérateur au pays, la tentation de rester est grande avec l'espoir de vivre mieux. Si bien que pour la plupart des étudiants qui viennent, très peu ont vraiment l'intention de rentrer au pays. » Si beaucoup des étudiants se disent de passage au Caire, ce passage peut durer plus d'une décennie, et pour cela ils vont reconstituer un ancrage à la marge de la société égyptienne.

Des *Bû'uth* à la vie de quartier

Dans la mégapole cairote, nous observons une relative dispersion de l'installation des étudiants azharis dans la ville. Cette dispersion que nous pensions en premier lieu aléatoire, comme une manière de se fondre dans la ville pour se faire remarquer le moins possible, renvoie à plusieurs stratégies résidentielles, dont les motivations s'entrecroisent. Les nouveaux arrivants et ceux qui sont inscrits dans les filières théologiques s'installent en priorité à proximité de la cité des Bû'uth et de l'université historique d'Al Azhar dans le quartier d'Al Hussein. *A contrario*, dans le quartier commerçant de Bulaq, nommé par les Africains « capitale ivoirienne », nous retrouvons les étudiants ou anciens étudiants arrivés depuis longtemps au Caire. La proximité est aussi un critère déterminant. Ceux qui sont inscrits dans des filières techniques se rapprochent de l'université moderne d'Al Azhar et cherchent un logement dans les quartiers périphériques de Madinat Nasr et El Hay el Asher ; d'autres, sensibles aux ressources spirituelles et économiques proposées dans les quartiers de réfugiés soudanais de 'Ayn Shams et d'Al 'Abbassiya, s'installent autour de l'église du Sacré-Cœur. Enfin, divers « bassins d'emploi » localisés exercent un tropisme certain auprès des étudiants : marchés, zones franches, quartiers d'expatriés et d'ambassades de Medinet Nasr (El Hay el Asher), Maadi, (Maadi Hadayek et Kanadia), Dokki, Mohandissin, Pyramides.

La majorité d'entre eux, par souci d'économie, partage un appartement avec des « compatriotes » de la même classe d'âge mais pas toujours de la même nationalité. D'autres vivent seuls ou encore avec leur femme et leurs enfants et choisissent alors de se rapprocher des bassins d'emploi. Malgré une visibilité réduite dans l'espace public, les étudiants africains et leurs aînés plus durablement installés (anciens étudiants et diplomates) se retrouvent régulièrement pour les fêtes religieuses traditionnelles ou pour les mariages et les baptêmes. Dans ces espaces privés ou encore dans certains interstices urbains comme les « circuits[28] », ils peuvent continuer à faire vivre leurs différentes cultures.

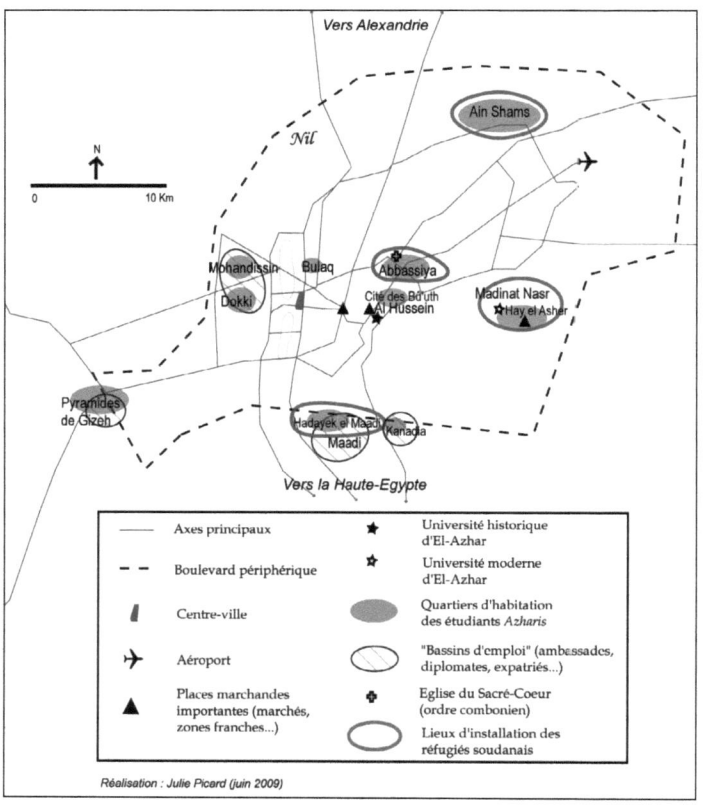

Carte : Les stratégies résidentielles des Azharis au Caire

---

28. Les « circuits » au Cameroun sont des petits restaurants informels où l'on peut aussi manger et boire de l'alcool. Au Caire, ils sont situés dans des appartements mais doivent régulièrement déménager suite aux dénonciations des voisins égyptiens.

Le maître, le médiateur, le prédicateur et le businessman : débouchés professionnels des diplômés africains d'Al Azhar

À la fois contraints et déterminés à s'installer plus durablement au Caire, les étudiants exercent de manière informelle dans quelques secteurs d'activité bien précis. Leurs principaux atouts professionnalisants sont les langues, notamment l'arabe et le français, certaines spécialisations scientifiques, lorsqu'ils ont pu accéder à d'autres facultés au sein d'Al Azhar ou encore s'ils ont pu s'inscrire dans des instituts de formation privés. L'islam et ses réseaux les font appartenir à une communauté internationale (Bava, Pliez, 2009). Une niche d'emploi s'est constituée pour ceux que l'on pourrait appeler les « étudiants intermédiaires » dans les ambassades, auprès des diplomates, des hommes d'affaires et de leurs familles pour les arabophones. Dans les ambassades africaines, certains sont chauffeurs et/ou interprètes, mais ils peuvent aussi intégrer des postes administratifs grâce à leur maîtrise de l'arabe. Si dans le pays d'origine les autorités étatiques sont inaccessibles, à l'étranger les diplomates sont souvent un port d'ancrage pour ces étudiants migrants. Certains d'entre eux trouvent, grâce au réseau diplomatique, des postes dans les ambassades de pays arabes en Afrique ou encore dans leurs ambassades dans d'autres pays du monde arabe. Mais plus encore, ces réseaux servent de ressources pour les activités commerciales.

D'autres encore travaillent dans les familles des diplomates ou des expatriés francophones. Ils dispensent des cours aux enfants, sont embauchés comme hommes à tout faire, jardiniers, chauffeurs, femmes de service ou nurses pour les enfants. C'est notamment le cas des filles étudiantes au Caire ou des femmes d'étudiants qui trouvent un travail plus rémunérateur que leurs confrères ou maris grâce au réseau des ambassades, des expatriés et des églises. Ce créneau a d'ailleurs tendance à se masculiniser, et les hommes sont de plus en plus nombreux à postuler sur des emplois domestiques. Diverses opportunités s'offrent également à ceux qui sont parfaitement francophones : emplois précaires dans les centres de téléphonie internationaux délocalisés au Caire, dans l'industrie touristique, comme employés dans des magasins de papyrus et d'articles touristiques, dans les hôtels et restaurants. Depuis 2011, la situation du tourisme s'est tellement dégradée que la plupart ont perdu leur travail. Nous avons également rencontré des sportifs, des footballeurs venus rejoindre une équipe nationale et qui, rejetés, ont ensuite tenté de reprendre leurs études (Poli, 2004). Et enfin, certains s'insèrent à plus ou moins grande échelle dans des réseaux commerciaux transnationaux entre Dubaï, la Chine et l'Afrique de l'Ouest.

Les étudiants ouest-africains ayant suivi des études d'arabe avant de venir à l'université Al Azhar maîtrisent parfois mal la langue française et surtout l'oublient après plusieurs années passées en Égypte. Pour Idriss, un étudiant centrafricain au Caire depuis 1996 : « La langue c'est très important chez nous. Si tu as le français on peut considérer ce que tu as fait, si tu n'as que l'arabe on dit que tu veux seulement être un imam. » S'ils n'ont pas complété leur formation azharie par des cours de langue dans les centres culturels (aujourd'hui instituts français) ou dans des instituts privés, les débouchés professionnels s'en trouvent d'autant plus réduits. Pour ceux qui maîtrisent bien le français, la licence d'Al Azhar peut permettre de postuler en tant qu'enseignant dans le secondaire ou encore dans l'administration, mais cela dépend des pays, parfois il est nécessaire de repasser le concours. Ahmadou, étudiant malien, est assez pessimiste sur les débouchés : « Avant, c'était possible de rentrer dans le gouvernement, comme l'imam Koudouss, président du CNI (Conseil national musulman), qui travaille au ministère de la Finance, ou le cheikh Fofana Abubakar, président de la SIB (Société ivoirienne de banque), qui a suivi les mêmes enseignements que nous. Avant, si tu étais un bon étudiant musulman tu avais ta chance, mais je crois que nos diplomates qui sont là ne savent pas tout cela… ». Alors que Moussa, étudiant burkinabè, plus dubitatif déclare : « D'un côté l'État burkinabé a raison car si on regarde la réalité les étudiants font des études que l'État n'a pas besoin, il a besoin de médecine, d'agriculture… et comme leurs parents sont musulmans ils font des études musulmanes, mais les musulmans aussi ont besoin d'ingénieurs, de médecins, mais les pays qui n'ont pas d'accords avec l'Égypte, leurs étudiants n'ont pas les meilleures sections d'Al Azhar. » D'autres encore s'investissent dans le milieu associatif musulman, soit comme prédicateurs ou fondateur de nouvelles associations religieuses à vocation sociale et/ou politique, comme les ONG confessionnelles qui se multiplient depuis une vingtaine d'années sur le continent africain (Fourchard, Mary, Otayek,

2005 ; Soares, Otayek, 2007) et qui offrent quelques débouchés aux étudiants des universités arabes (Brégand, 2007 ; Miran, 2000). C'est le cas de cheikh Mahamoudou Bandé, qui a étudié en Égypte et en Arabie saoudite et qui s'est imposé cheikh au Burkina Faso, ou encore de cheikh Doukouré et de son frère[29], issus d'une famille confrérique du Burkina Faso, qui ont ouvert une université islamique à Ouaga 2000 et de nombreuses médersas au Burkina. Ces anciens étudiants des pays arabes peuvent être considérés comme les représentants d'une nouvelle génération de cheikhs religieux, pour qui la formation arabisante est un atout et qui s'imposent dans les décisions politiques (Vitale, 2009).

Malgré ces quelques trajectoires de réussite évoquées, le modèle du musulman lettré ayant suivi des études arabes et réussissant dans les affaires, voire même dans la politique au niveau de son pays, paraît souvent inaccessible aux étudiants azharis qui ne prétendent pas déjà à un appui de la part de certaines autorités religieuses, économiques ou politiques de leur pays. Le retour est alors beaucoup plus difficile.

Un retour au pays difficile entre épreuves quotidiennes et représentations de soi

Comme pour le pèlerinage, leur retour de cette illustre université du monde arabe est censé être revêtu de prestige. Il est pourtant décrit comme un parcours semé d'embûches et interprété, à l'image de l'arrivée au Caire, comme la poursuite d'un parcours initiatique. On pourrait parler d'une véritable « circulation initiatique » (Gueye, 2011) lorsque l'on analyse les récits des étudiants africains qui se rendent à l'université Al Azhar ou dans les autres universités islamiques du monde arabe (Khartoum, Médine, Tripoli, Syrie, Koweït...). Passé le temps de l'initiation, quand l'étudiant quitte sa famille, arrive au Caire, retrouve ses aînés, ses compatriotes, découvre la légendaire

---

29. Entretien avec Ami Doukouré qui a fait ses études au Caire, frère du cheikh Boubacar Doukouré qui a fait ses études en Arabie saoudite, cheikh de la Tijâniyya Hamawiyya dont la *zawiya* est établie dans le quartier Hamdallaye à Ouagadougou et qui est également président du conseil exécutif de l'Organisation islamique pour l'éducation, la culture, la science et la communication (ISESCO) à Ouagadougou et conseiller aux affaires islamiques du président du Burkina Faso, 2010.

université d'Al Azhar. Passée cette période où l'élève part sur les traces des grands savants, retrouve tous les lieux mythiques dont il a entendu parler durant son cursus, dans les ouvrages ou par les professeur égyptiens de passage au Sénégal. Passé ce temps où il faut entrer dans la dure réalité de la vie au Caire en tant qu'étudiant Africain et commencer à lutter pour faire reconnaître ses diplômes, réclamer sa bourse, vivre sans trop de ressources, loin de sa famille.

Ces étudiants qui défrichent d'autres territoires du savoir pour tenter de devenir des passeurs de culture et de religion connaissent à leur retour des parcours jalonnés de difficultés tant professionnelles que personnelles[30]. Mais pour eux, éduqués dans la religion, ces étapes renvoient de façon symbolique aux parcours initiatiques des grands cheikhs de leurs pays, et, à l'instar de ceux-ci, ils passeront ces épreuves qui doivent les conduire à la connaissance religieuse. Les étudiants sénégalais sont tout particulièrement sensibles à cette dimension transnationale du savoir, et, à l'image des cheikhs mourides ou tidjanes, ils entendent continuer la route. La vocation universaliste des mouvements religieux auxquels ils contribuent donne du sens à leurs parcours migratoires.

Illustrons à présent ce paragraphe en reproduisant les extraits d'un texte écrit par Mamadou Bara Samb, paru dans la revue des étudiants sénégalais au Caire, *Sawtou Rabita*[31]. Cet article, qui relate le désarroi d'un étudiant sénégalais à l'université d'Al Azhar, parle de lui-même. Il s'intitule : « Quand le silence devient un tort ».

Du rêve à l'humiliation: parcours d'un étudiant sénégalais en Égypte

« ... J'ai décidé de prendre ma plume pour extérioriser ce qui se trame dans ma tête et mettre en évidence l'injustice qui entoure la vie de tout étudiant arabisant, de l'élémentaire jusqu'après la fin de ses études. Une injustice encouragée par le silence et la passivité à tous les niveaux. »

---

30. Se référer également à l'article de Sylvie Bredeloup dans ce même numéro.
31. *Sawtou Rabita*, revue culturelle publiée par la Ligue nationale des étudiants sénégalais en Égypte, n° 25, avril 2008.

Le parcours autobiographique de ce jeune homme évoque les raisons qui ont poussé ses parents à l'inscrire à l'école coranique : « une injustice encouragée par le silence des parents à cause de la petitesse de la somme mensuelle qu'ils devaient au *mu'alim* ou plutôt l'inexistence d'un autre choix, ne voyant pas l'école française comme adéquate pour l'éducation et l'instruction qu'ils souhaitaient pour leurs enfants (…) ».

Les conditions dans lesquelles le maître a décidé de son orientation : « Alors il va à la recherche d'une candidature libre pour son élève à l'une des innombrables écoles et institutions arabes où chacune fabrique ses propres diplômes et organise ses propres examens (…). Chacune suivant un courant idéologique religieux dicté par l'institution qui la finance. »

Son père ne sait où l'inscrire après son certificat d'études. Il continue ainsi jusqu'au baccalauréat : « Et le voyage s'arrête, n'ayant pas une université qui pourrait l'accepter. […] Il se demande quelle était l'utilité des diplômes qu'il a décrochés sinon la fierté qu'a ressentie son père lors de leur obtention et la beauté qu'ils dégageaient en décorant, comme les meubles, la grande salle de la maison. »

Puis ce jeune découvre avec surprise « qu'il vient d'être sélectionné parmi tant d'autres pour effectuer le voyage dans les pays arabes. »

De surprise en surprise, il arrive enfin en Égypte : « Il descend enfin sur le sol étranger et ainsi commence une nouvelle vie tourmentée par des difficultés, des obstacles et pleine de surprises : la non-reconnaissance de ses diplômes déjà obtenus lui valant plusieurs années de retard sinon plusieurs cycles, l'inexistence des filières qu'il envisageait de suivre, étant obligé de se contenter du choix fait par l'institution qui l'a boursié, la dureté de la vie dans une société et une culture très différentes de ce qu'il imaginait, et enfin la non-suffisance de ses moyens matériels pour lui garantir une vie digne et confortable. »

Ainsi il continue, et comme tous les autres étudiants que nous avons rencontrés pendant ces années en Égypte, un décalage s'instaure entre cette vie imaginée au sein d'une des plus grandes et prestigieuses universités du monde arabe et la réalité de ces étudiants confrontés à toutes formes d'injustices. Cependant, la « communauté imaginée » existe bel et bien, créée par cet ensemble d'étudiants aux destins bouleversés. Ainsi ils s'épaulent, s'échangent conseils, cours, opportunités de travail et de formation, appartements et convivialité. « Son temps sera donc consacré à ses cours réguliers à la fac, les formations de métier et de langues dans les institutions privées et le travail pour le gagne-pain. Et tout cela dans une société qui le comprenait à peine et des fois avait du mal à l'accepter. »

Son diplôme obtenu, il décide de retourner dans son pays car, comme une majorité de ses compatriotes, les retours au pays sont rares. En effet, les boursiers d'Al Azhar n'ont que l'aller et le retour financés s'ils obtiennent leur licence : « Il retrouve enfin sa patrie qui lui avait tant manqué, avec une valise remplie de diplômes et de certifications censés lui offrir une vie de confort après tant d'années de souffrance. Mais la chance ne semble pas vouloir lui sourire. Certes il est qualifié, mais il l'est en arabe et ne pourra donc pas bénéficier de la merci des employeurs ni de la confiance des gouvernants. Il avait donc effectué le tour du monde pour enfin aller nulle part[32]. »

La colère de cet étudiant qui se définit comme un « tsunami arabisant qui veut remettre les pendules à l'heure pour réformer une société qui n'a pas su bénéficier de la diversité de ses composantes et de ses compétences.... » en rappelle beaucoup d'autres. Il fait désormais partie de ces multi-diplômés, qui aujourd'hui revendiquent une existence dans leur société d'origine, veulent travailler et être reconnus pour leurs compétences.

Conclusion : Al Azhar une institution religieuse revivifiée par les migrants africains

Au Caire, l'étude des parcours des étudiants africains à l'université Al Azhar a permis de comprendre dans le temps les spécificités de cette migration étudiante qui, des années soixante jusqu'à aujourd'hui, n'a cessé de croître. D'année en année, un réseau de formation religieuse entre l'Afrique de l'Ouest et le monde arabe s'est mis en place, et

---

32. M. Bara Samb, *Sawtou Rabita*, idem.

l'Égypte fut l'une des toute premières étapes. D'une part, les réseaux de formation religieuse font migrer, permettent de partir de chez soi, d'autre part, ils relient différents pays dans le monde, et c'est ainsi que les maîtres égyptiens d'Al Azhar enseignent sur tous les continents[33] où ils font connaître l'Égypte. Pourtant, si, il y a quelques décennies, Al Azhar constituait un espace-ressource et un tremplin dans les carrières des étudiants, aujourd'hui les étudiants ont de plus en plus de difficultés à obtenir une inscription en troisième cycle dans les pays du Nord, et ils ont également de moins en moins de possibilités d'emploi à leur retour au pays. Par contre, le statut d'étudiant azhari mais aussi le fait de migrer en Égypte peuvent être « rentables » sur la longue durée, en permettant à certains d'entre eux de s'installer et de travailler, fût-ce informellement, en Égypte ou dans des réseaux commerciaux reliant le Moyen-Orient à l'Afrique (Bava, Pliez, 2009).

Cette étude montre également qu'Al Azhar, par les réseaux d'enseignement qu'elle développe en Afrique, est une institution qui prend place dans la structuration des routes de la migration africaine. En les recrutant, elle permet à des jeunes de venir étudier en Égypte, mais par l'offre de formation de plus en plus restreinte et le peu de débouchés des formations religieuses en Afrique subsaharienne qu'elle propose, elle encourage aussi involontairement une migration étudiante durable au Caire. La figure de l'étudiant religieux dans le monde arabe n'a donc pas attendu le XXIe siècle pour émerger, mais elle est devenue en quelque temps une nouvelle figure de la migration africaine.

Ce que l'on découvre également, c'est que l'histoire de chacun de ces migrants, les itinéraires empruntés et les difficultés rencontrées gomment aussi les différences et engendrent entre ces jeunes une solidarité qui en fait une communauté de circonstance, une communauté d'itinérance (Escoffier, 2009) qui, aujourd'hui, fait sens après cinquante ans d'histoire migratoire en Égypte en leur faisant revendiquer une reconnaissance dans leur pays d'origine.

---

33. Régis Minvielle montre dans ce même numéro le rôle des maîtres égyptiens dans la formation des imams en Argentine.

Ces anciens et nouveaux étudiants s'organisent autour d'un espace signifiant, qui renvoie à leur histoire, leur culture arabe, francophone et africaine et à leurs imaginaires religieux musulmans mobilisés autour des notions d'exil, d'épreuves et de miracles, construits depuis l'enfance et mis à l'épreuve en Égypte. Aujourd'hui « le capital religieux scolairement certifié » en Égypte, comme le nommait Ousmane Kane (2002), ne suffit plus, mais des changements s'opèrent dans la société sénégalaise où l'on peut observer l'émergence de cette « contre élite » dans le temps (Sambé, 2013). Certains « anciens », parmi les étudiants d'un cursus égyptien, ont aujourd'hui des postes importants à la présidence, dans les médias et, bien sûr, dans les mondes économiques et religieux. Appréciés, ils semblent être porteurs d'une éthique que certains auraient perdue (Gueye, Seck, 2011), et même si les parcours évoqués renvoient à une réalité pour le moins préoccupante, les arabisants ne sont pas seulement une communauté imaginée et abandonnée à elle-même. Ils partagent un espace de sens bien ancré dans la société sénégalaise et s'inscrivent désormais sur la scène politique.

Références bibliographiques

ABAZA M., 1994, *Islamic education, Perceptions and exchanges: indonesian Students in Cairo*, Paris, EHESS.

BARA SAMB M., 2008, « Quand le silence devient un tort ! », *Sawtou Rabita*, revue culturelle publiée par la Ligue nationale des étudiants sénégalais en Égypte, n° 25 et également en ligne : http://www.arabisants.org

BAVA S., SALL M.Y., 2013, « Quête de savoir, quête d'espoir ? L'étrange destin des étudiants azharis sénégalais en Égypte », *in* M.C. Diop (dir.), *Sénégal (2000-2012) : les institutions et politiques publiques à l'épreuve d'une gouvernance libérale*, CRES-Karthala, p. 541-562.

BAVA S., 2011, « Les étudiants africains d'Al Azhar au Caire : entre mobilité traditionnelle et nouveaux projets migratoires », *in* M. Leclerc-Olive, G. Scarfò Ghellab, A.C. Wagner (éd.), *Les Mondes universitaires face aux logiques du marché : circulation des savoirs et pratiques des acteurs*, Paris, Karthala, p. 107-120.

BAVA S., PLIEZ O., 2009, « D'Al Azhar à l'économie de bazar : itinéraires socio-économiques des « élites musulmanes » africaines au Caire », *Afrique contemporaine*, 3, 231, p. 187-207.

BAVA S., 2009, « Être étudiant africain à Alger et au Caire au seuil du troisième millénaire », *in* S. Mazzella (dir.) *La Mondialisation étudiante : le Maghreb entre Nord et Sud*, Paris, IRMC-Karthala, p. 347-360.

BAVA S., 2005, « Le *dahira*, lieu de pouvoir et d'émergence de nouvelles élites au sein du mouridisme », *in* M. Gomez-Perez (éd.), *L'Islam politique au sud du Sahara : identités, discours et enjeux*, Paris, Karthala, p. 159-175.

BREDELOUP S., 2014, *La Migration d'aventure : terrains africains*, Paris, CTHS.

BREDELOUP S., PLIEZ O. (dir.), 2005, « Migrations entre les deux rives du Sahara », *Autrepart*, n° 36.

BRÉGAND D., 2007, « Muslim reformists and the State in Benin », *in* B. Soares, R. Otayek (dir.), *Islam and Muslim Politics in Africa*, New York, Palgrave/Macmillan, p. 121-137.

ESCOFFIER C., 2009, Transmigrations et communautés d'itinérance au Maghreb, *in* A. Bensaâd (dir), *Le Maghreb à l'épreuve des migrations subsahariennes : immigration sur émigration*, Paris, Karthala, p. 43-62.

FOURCHARD L., MARY A., OTAYEK R. (dir.), 2005, *Entreprises religieuses transnationales en Afrique de l'Ouest*, Paris, Karthala-IFRA, coll. « Hommes et sociétés ».

GERVASONI O., GUÈYE Ch. (dir.), 2005, « La confrérie mouride au centre de la vie politique sénégalais : le « sopi » inaugure-t-il un nouveau paradigme ? », *in* M. Gomez-Perez (éd.), *L'islam politique au sud du Sahara : identités, discours et enjeux*, Paris, Karthala, p. 621-639.

GOMEZ-PEREZ M., 1991, « Associations islamiques à Dakar », *Islam et sociétés au sud du Sahara,* 5, p. 5-20.

GOMEZ-PEREZ M., 2005, « Introduction », *in* M. Gomez-Perez (éd.), *L'islam politique au sud du Sahara : identités, discours et enjeux*, Paris, Karthala, p. 7-26.

GOMEZ-PEREZ M., 2005, « Généalogie de l'islam réformiste au Sénégal des années 50 à nos jours : figures, savoirs, réseaux », *in* L. Fourchard, A. Mary, R. Otayek (éd.), *Entreprises religieuses transnationales en Afrique de l'Ouest*, Paris, IFRA-Karthala, p. 193-222.

GRÉGOIRE E., LABAZÉE P. (dir.), 1993, *Grands commerçants d'Afrique de l'Ouest : logiques et pratiques d'un groupe d'hommes d'affaires contemporains*, Paris, Karthala/ORSTOM.

GUEYE Ch., SECK A. (dir.), 2011, « Islam et politique au Sénégal : logique d'articulation et de co-production », *in* M. Kaag (éd.), *Islam et engagement au Sénégal*, Leiden : African Studies Centre, p. 13-43.

KANE O., 2012, « L'"islamisme" d'hier et d'aujourd'hui : quelques enseignements de l'Afrique de l'Ouest », *Cahiers d'études africaines*, p. 545-574.

KANE O., TRIAUD J.L. (dir.), 1999, *Islam et islamismes au sud du Sahara*, Paris, IREMAM-Karthala-MSH.

KANE O., 2003, *Intellectuels non europhones*, Dakar, Codesria, Document de travail du Codesria, 71 p.

LEWANDOWSKI S., 2011, « Politiques de lutte contre la pauvreté et inégalités scolaires à Dakar : vers un éclatement des normes éducatives ? », *in* N. Henaff, M.F. Lange (éd.), *Inégalités scolaires au Sud, Autrepart*, 59, p. 37-56.

LOIMEIR R., 2005, « De la dynamique locale des réformismes musulmans : études biographiques (Sénégal, Nigeria et Afrique de l'Est) », *in* M. Gomez-Perez (éd.), *L'Islam politique au sud du Sahara : identités discours et enjeux*, Paris, Karthala, p. 29-47.

LOIMEIR R., 1994, « Cheikh Touré : du réformisme à l'islamisme, un musulman sénégalais dans le siècle », *Islam et sociétés au sud du Sahara*, n° 8, p. 55-66.

LUIZARD P.J., 1995, « Al Azhar, institution sunnite réformée », *in* A. Roussillon (dir.), *Entre réforme sociale et mouvement national*, CEDEJ-Égypte/Soudan, p. 519-548.

MATTES H., 1993, « La Da'wa libyenne, le Coran et le Livre vert », *in* R. Otayek (éd.), *Le Radicalisme islamique au sud du Sahara :*

da'wa, arabisation et critique de l'Occident, Paris, Karthala, p. 35-73.

MAZZELLA S. (dir.), 2009, *La Mondialisation étudiante : le Maghreb entre Nord et Sud*, Paris, IRMC-Karthala.

MIRAN M., 2000, « Vers un nouveau prosélytisme islamique en Côte d'Ivoire : une révolution discrète », *Autrepart*, n° 16, p. 139-160.

NDIAYE M., 1982, *L'Enseignement arabo-islamique au Sénégal*, thèse de 3e cycle, Dakar, Université de Dakar.

OTAYEK R., 1988, « L'Islam dans son miroir ou comment des journaux égyptiens voient l'islam en Afrique noire », *Politique africaine*, 30, p. 32-49.

OTAYEK R., (éd.), 1993, *Le Radicalisme islamique au sud du Sahara : da'wa, arabisation et critique de l'Occident*, Paris, Karthala.

RAINEAU T., 2007, « « Des tableaux noirs à l'ombre du minbar » : la réforme de l'université d'al-Azhar (1895-1913) », *Cahiers de la Méditerranée,* n° 75, dossier : Islam et éducation au temps des réformes, p. 90-104.

SALL M.Y., 2009, *Al-Azhar d'Égypte, l'autre institution d'enseignement des Sénégalais : indicateurs statistiques, contributions explicatives et base de données*, Le Caire, éditions Dar Al-Ittihaad.

SAMBÉ B., 2013, « Les arabisants sénégalais : émergence d'une contre-élite et reconfiguration du champ politico-religieux », http://www.arabisants.org/Elite_ContreElite.pdf

TIMÉRA M., 2011, « La religion en partage, la « couleur » et l'origine comme frontières : les migrants sénégalais au Maroc », *Cahiers d'études africaines*, n° 201, p. 145-167.

VITALE M., 2009, « Économie morale : islam et pouvoir charismatique au Burkina Faso », *Afrique contemporaine*, 3, 231, p. 229-243.

ZEGHAL M., 1996, *Gardiens de l'islam : les oulémas d'Al Azhar dans l'Égypte contemporaine*, Paris, Presses de Sciences-Po.

III.
Religion, mondialisation économique et dynamiques cosmopolitiques dans la migration

Face à une offre et à une demande de religion croissantes dans les espaces-clefs de la migration, des filières commerçantes s'organisent entre différents territoires, tout comme les acteurs de la sociétés civile et politique. De la Chine jusqu'en Égypte et vice versa mais aussi vers l'Afrique subsaharienne et l'Afrique méditerranéenne, de nouvelles dynamiques sociales, politiques et économiques croisent les réseaux religieux en réponse à cette nouvelle scène migratoire. Dans ce contexte, la mobilité religieuse, comme dans le cas des pèlerins, est intéressante car elle s'appuie sur une histoire religieuse commune entre plusieurs pays mais aussi sur la présence des migrants qui développent une économie religieuse dans les espaces de pèlerinage.

Pèlerinage et commerce transnationaux et leurs effets sur le lieu : le cas de la zaouïa d'Ahmad al-Tijânî et son quartier

Johara Berriane
Anthropologue et historienne, chercheure post-doc
à l'Institut historique allemand de Paris et au Crepos à Dakar

Combiner un voyage religieux avec des affaires commerciales est une pratique à la fois ancienne et très courante dans le contexte musulman (Chiffoleau, Madœuf, 2005 : 12). Les lieux de pèlerinage forment souvent des points d'appui à la constitution de réseaux marchands (*ibid.*). Les pèlerinages collectifs, en particulier, comme les *mouled-s* en Égypte (Pagès-El Karoui, 2005 : 242) ou les moussems au Maghreb (Berriane, 1993 : 27-51 ; Simenel, 2010 : 215-226), sont des moments de ressourcement spirituel avec une forte composante de négoce. Les pèlerinages canoniques à La Mecque sont aujourd'hui encore des périodes privilégiées pour le commerce dans les villes saintes, sur la route et dans les autres villes commerciales du Hedjaz[1]. Comme tous ces pèlerinages, la *ziyâra* des tijânî-s vers Fès a très tôt été accompagnée d'activités commerciales. Rappelons que cette confrérie est, depuis le 19e siècle, l'un des principaux canaux des relations religieuses, culturelles et politiques entre Fès et l'Afrique de l'Ouest (Sambe, 2010) et que ces relations sont soutenues par les mobilités de pèlerins ouest-africains venus se recueillir sur le tombeau d'Ahmad al-Tijânî. Ce dernier fonda en 1781-1782 à partir d'une oasis algérienne la confrérie de la Tijâniyya (Wright, 2005 : 29-38) qui très vite rayonna au sud du Sahara pour s'enraciner notamment au Sénégal (Villalón,

---

1. Concernant le pèlerinage et le commerce des pèlerins marocains, cf. Hammoudi, 2005 : 89-97. Chez les Tchadiens, le commerce prend dans les années quatre-vingt-dix une très grande envergure, cf. Bennafla, 2005 : 193-200.

1995 : 67-68). La diffusion rapide des enseignements de la Tijâniyya au sud du Sahara et le développement du pèlerinage vers le sanctuaire à Fès s'expliquent par ailleurs par les fonctions historiques de la ville, à la fois comme place marchande entre l'espace méditerranéen et l'Afrique subsaharienne (Le Tourneau, 1987 : 368) et comme étape pour les pèlerins du sud en route vers la Mecque (Harrak, 1994).

Cependant, avec l'ouverture du port de Casablanca en 1920, la nouvelle métropole entre en concurrence avec Fès et, devenant une escale pour pèlerins ouest-africains sur leur route vers La Mecque, va s'ériger au rang de principale place marchande de ces pèlerins. Ces derniers profitent alors de leur bref séjour au Maroc pour effectuer la *ziyâra* à Fès et acheter des marchandises à Casablanca qu'ils envoient chez eux ou qu'ils revendent durant leur voyage vers la Mecque (Marfaing, 2004 : 246-247). Avec le temps, les affaires commerciales vont prendre progressivement le pas sur les motivations religieuses. Aujourd'hui, des commerçants sénégalais font régulièrement le va-et-vient entre le Sénégal et le Maroc avec une fréquence mensuelle ou bimensuelle, dans le but de se ravitailler en marchandises à Casablanca pour le marché sénégalais (*ibid.* : 244). Ainsi, le pèlerinage à la fois vers la Mecque et vers Fès contribua indirectement au développement du commerce informel entre le Maroc et le Sénégal. Les foyers de relations engendrés par le couplage entre pèlerinage et commerce constituent par ailleurs des réseaux et des têtes de pont pour la nouvelle migration subsaharienne que connaissent actuellement les villes marocaines (Péraldi, 2012 : 122).

En somme, on assiste avec le temps à une superposition de différentes formes de mobilité à la fois religieuses, commerciales et migratoires entre l'Afrique de l'ouest et le Maroc. Axées initialement sur Fès, point nodal dans les relations commerciales d'autrefois et pôle religieux de la Tijâniyya, les relations se déplacent par la suite vers Casablanca, principal centre de gravité économique du pays.

L'objet de cette contribution n'est pas de s'arrêter sur ces considérations déjà étudiées auparavant. Il s'agit plutôt d'une tentative d'analyse des effets du couplage pèlerinage/commerce sur le quartier où se situe la zaouïa d'Ahmad al-Tijânî. En d'autres termes, notre propos est de cerner le rôle du pèlerinage dans le développement d'espaces de sociabilités (Marfaing, 2007 : 180) à Fès en facilitant la circulation d'hommes et de marchandises et l'installation de commerçants sénégalais dans la ville, soit l'« émergence de formes de vie urbaines […] incluant les domaines du travail, de l'habitat, des relations sociales (Boesen et Marfaing, 2007 : 11) ». Les développements qui suivent se basent sur les résultats d'un travail de terrain ethnographique[2] qui se déroula à Fès entre 2009 et 2010 dans l'enceinte de la zaouïa d'Ahmad al-Tijânî et ses environs et qui a privilégié l'analyse localisée des effets des mobilités en liaison avec le pèlerinage. Ces résultats ont été complétés, recoupés et vérifiés lors d'un séjour de terrain au Sénégal, principalement à Dakar. Dans une première partie, nous allons nous interroger sur les interrelations entre le pèlerinage tijânî et le commerce avec Fès pour ensuite aborder, dans une seconde partie, le rôle du quartier de la zaouïa comme espace d'ancrage et d'installation pour les commerçants itinérants sénégalais.

Un commerce d'opportunité se ravitaillant dans les alentours de la zaouïa

Encastrée entre deux habitations, la zaouïa d'Ahmad al-Tijânî se situe dans le quartier Blida de l'ancienne médina de Fès. Ce sanctuaire-mosquée se distingue par son grand minaret aux carreaux verts et une des rares fontaines encore fonctionnelles de la ville. À côté de cette fontaine, une porte principale, en bois peint à deux battants et dont le mur est décoré de gravures sur plâtre, invite les visiteurs hommes et femmes à accéder au lieu. En face de la zaouïa se situent une téléboutique et un vendeur de chapelets et de livres religieux. À côté de ce dernier s'installe un vendeur de fruits secs, principal présent que les Marocains ramènent de leurs visites pieuses et qu'ils qualifient de *barûq*[3]. En plus des commerces que l'on rencontre d'habitude autour des sanctuaires marocains, le quartier offre aussi des boutiques d'articles de confection à la mode marocaine tels que des caftans et

---

2. Recherche effectuée dans le cadre d'un projet de doctorat sur les pratiques, représentations et enjeux autour de la zaouïa d'Ahmad al-Tijânî soutenu à la Freie Universität de Berlin en avril 2014.
3. C'est-à-dire des aliments imprégnés de la bénédiction (*baraka*) du saint.

des djellabas. Dans la rue longeant la zaouïa, un marchand ambulant accroche chaque matin ses djellabas et caftans sur les murs de la zaouïa. En face, une couturière a ouvert en 2008 une petite boutique d'habits traditionnels marocains de deuxième main. La zaouïa se situe aussi non loin de la principale *qisâriyya* de Fès, un marché couvert localisé entre la mosquée Qarawiyine et le mausolée Moulay Driss où l'on peut acheter des marchandises de qualité supérieure pour la confection ainsi que des babouches. Par ailleurs, la médina de Fès ne représente pas seulement un quartier d'habitation et de commerce mais continue à héberger un grand nombre d'ateliers de production artisanale. Le quartier de la zaouïa se caractérise ainsi par le nombre important de commerces et la proximité des bazars qu'il héberge, et il représente de ce fait l'espace principal de ravitaillement en produits artisanaux et de confection pour habitants de la ville, touristes et pèlerins.

Lors de mes différents séjours à proximité de la zaouïa, j'ai constaté la présence de jeunes Marocains – souvent au nombre de quatre ou cinq – postés devant la porte du sanctuaire d'Ahmad al-Tijânî, attendant que des pèlerins sollicitent leurs services comme guides pour les conduire vers les commerces. Et lorsqu'ils ne sont pas sollicités, c'est eux qui abordent les pèlerins une fois sortis du sanctuaire pour leur proposer de les accompagner chez les commerçants d'habits traditionnels. Comme l'expliquait l'un de ces jeunes guides, les tijânî-s qui viennent à Fès sont surtout à la recherche d'habits traditionnels, de djellabas et de babouches. Les jeunes pèlerins peuvent aussi acheter des jeans, des t-shirts et des chaussures de sport, mais la plupart du temps, ce sont les habits traditionnels de Fès qui les intéressent[4]. Toujours selon ce dernier, la moitié des pèlerins tijânî-s achèterait des habits comme présents pour leurs familles, et l'autre moitié combinerait la *ziyâra* à la zaouïa avec des activités commerciales. Ceci me fut confirmé par un guide sénégalais qui accompagne habituellement les groupes de voyages organisés pour la *ziyâra* et qui lui aussi profite de ses séjours au Maroc pour ramener des habits au Sénégal. Interviewé à Dakar, il m'explique : « Par exemple, moi quand

---

4. Entretien avec un guide touristique informel de Fès, Fès, le 8 juin 2010.

je pars [à Fès], j'emmène un million de francs CFA[5] comme argent de poche, comme assurance au cas où j'ai un problème. Mais quand j'en ai pas eu besoin j'achète des chaussures, j'achète des djellabas car c'est beaucoup moins cher [au Maroc] (…). Quand tu achètes à Mohammed V[6] les djellabas ça revient cher, tu pars au Maroc tu peux acheter jusqu'à trois valises (…), c'est vraiment moins cher qu'ici au Sénégal[7]. » Cet entretien confirme que les activités commerciales des pèlerins sénégalais rencontrés à Fès avaient aussi pour fonction de financer la *ziyâra* au Maroc. Mais il s'agit avant tout d'un petit commerce « à la valise » et d'un « commerce d'opportunité » (Kane, 2007 : 203). Et bien que ne jouant plus le rôle de place marchande principale, Fès représente toujours une référence pour la confection et reste un lieu de ravitaillement en habits pour pèlerins ouest-africains. Dans l'autre sens, les pèlerins essaient aussi de financer leur séjour à Fès en vendant des marchandises ramenées du Sénégal comme les produits alimentaires (des fruits exotiques ou du miel) ou quelques articles d'artisanat (des gandouras ou des chapelets en bois). C'est ainsi qu'à l'occasion des grands rassemblements de pèlerins étrangers, la cour intérieure de la zaouïa se transforme parfois en un petit marché où les pèlerins étalent leurs marchandises[8].

Un commerce d'opportunité « nord-sud »

Alors que ces mobilités de pèlerins-commerçants se faisaient initialement surtout entre le Sénégal et le Maroc, aujourd'hui ce « commerce d'opportunité » se fait aussi en direction de l'Europe. Il est le fait de pèlerins, souvent sénégalais, installés en Europe, qui profitent de leur passage à Fès pour se ravitailler en produits marocains qu'ils revendent ensuite en Europe à la communauté sénégalaise y résidant. Abdoullaye Kane avait déjà noté cette tendance chez les

---

5. Environ 1 500 euros.
6. Rue du centre-ville de Dakar où se trouvent les commerçants marocains qui vendent des habits confectionnés à la marocaine.
7. Entretien avec un guide religieux tijânî sénégalais qui fait aussi office de guide pour pèlerins à Fès, Dakar, le 8 octobre 2010.
8. J'ai notamment remarqué cela en juin 2010, période durant laquelle existent des prix promotionnels pour les *ziyâra-s* à Fès.

pèlerins rattachés à la branche de Madina Gounass qui, durant leurs pèlerinages collectifs, profitent de l'occasion pour faire des achats d'objets à valeur symbolique pour les tijânî-s (djellabas, chapelets, écharpes etc.) qu'ils écoulent par la suite en France (Kane, 2007 : 204). Lors de mon terrain, j'ai aussi rencontré des pèlerins vivant en Europe qui profitent de leur séjour à Fès pour faire de petites affaires. Ce fut par exemple le cas d'un Sénégalais rencontré en septembre 2010. Installé à Nancy depuis vingt ans où il travaille comme ouvrier, il avait fait le déplacement à Fès en voiture pour passer la 27e nuit du Ramadan à la zaouïa. Il profita de ce voyage – qui était son premier séjour au Maroc – pour acheter des habits marocains qui, selon lui, sont très prisés des Sénégalais de France aimant les ramener à leurs proches lors de leurs retours de vacances au Sénégal. Ce pèlerin de Nancy était par ailleurs accompagné de deux commerçants sénégalais qui faisaient régulièrement l'aller-retour entre le Maroc et la France.

Ce pèlerinage, qui comportait toujours une composante commerciale d'opportunité, peut être aussi à l'origine d'un engagement dans des activités commerciales transnationales plus importantes.

Quand le pèlerinage tijânî mène à une entreprise commerciale

En 2010, Rama effectue une *ziyâra* à Fès, voyage qui avait à la base une motivation purement religieuse puisqu'elle devait accomplir une promesse faite neuf ans auparavant : ayant perdu son travail d'infirmière dans un hôpital de Dakar, elle n'a pu le récupérer, selon elle, que « après avoir prié pour (ses) saints tijânî-s » tout en faisant la promesse d'effectuer un jour la *ziyâra* à Fès. Neuf ans plus tard, Rama contracte un prêt bancaire pour financer un voyage de quatre jours à Fès. Après avoir passé une nuit à Casablanca où elle fut logée par la fille d'une collègue étudiante au Maroc, elle rejoint Fès où elle se dirige directement vers la zaouïa. Après les prières et visites pieuses auprès de son saint, Rama rencontre le jour-même une jeune Sénégalaise du nom de Mariama qui logeait depuis quelques mois dans les environs de la zaouïa et avec laquelle elle se lie d'amitié[9]. Trois mois après son pèlerinage au Maroc, je revois Rama à Dakar.

---

9. Entretien effectué à Fès le 23 juin 2010.

Elle me raconte alors qu'elle n'était pas seulement revenue de Fès avec plus de baraka mais aussi munie de deux grandes valises remplies de babouches confiées par Mariama. S'ensuivait un partenariat avec cette dernière, toujours installée à Fès en attente des papiers nécessaires pour rejoindre son mari émigré en Italie. Le partenariat entre les deux femmes fonctionnait de la manière suivante. Lorsque Rama apprenait qu'un pèlerin de Dakar partait pour la *ziyâra* à Fès, elle contactait Mariama pour passer commande chez cette dernière. Mariama se procurait alors les marchandises commandées (surtout des babouches) et les livrait au pèlerin séjournant à Fès qui, à son retour au Sénégal, les remettait à Rama. En plus d'utiliser le voyage des pèlerins pour acheminer la marchandise, les deux femmes se faisaient aussi transporter leurs biens par le biais de jeunes commerçants qui faisaient le va-et-vient entre le Maroc et le Sénégal et sur lesquels nous reviendrons plus loin[10].

Cet exemple montre bien comment la zaouïa d'Ahmad al-Tijânî peut jouer le rôle d'espace-réseau pour pèlerins sénégalais à la recherche de partenariats commerciaux. C'est dans l'espace de la zaouïa que Rama et Mariama se rencontrèrent et que le projet d'affaire naquit. Bien que les activités commerciales de ces deux femmes soient de faible ampleur, comparées aux activités que mènent les commerçantes sénégalaises avec Casablanca (Marfaing, 2007 : 167), la pratique du pèlerinage tijânî semble faire aussi de Fès un lieu de ravitaillement pour les marchés sénégalais du Sénégal et d'Europe et de construction de réseaux sociaux transnationaux.

Commerçants itinérants sénégalais dans le quartier de la zaouïa

Parallèlement à ces flux de pèlerins-commerçants ou en interrelation avec ces derniers, le quartier de la zaouïa est devenu également un espace de circulation pour petits commerçants et vendeurs ambulants sénégalais. Ces commerçants itinérants se connectent aux circulations des pèlerins pour s'installer et prendre ancrage dans le quartier.

---

10. Entretien effectué à Dakar, le 13 octobre 2010.

Trajectoire d'une commerçante sénégalaise : entre économie du bazar et sociabilités autour de la zaouïa

Je rencontre Fatou pour la première fois en juin 2009. Âgée d'une quarantaine d'années, elle fait désormais partie du décor de la rue de la zaouïa où elle a choisi de s'installer quotidiennement. À quelques mètres du sanctuaire, elle étale chaque jour son petit stand de marchandises composé de tissus, d'encens, de crèmes mentholées, de quelques habits africains et de bijoux plaqués or. Le matin, elle s'installe sur une marche à l'entrée d'un dépôt, alors que l'après-midi elle occupe le devant d'une banque de la même rue qui ferme ses portes en début d'après-midi. Après avoir divorcé de son premier mari, cette mère de trois enfants émigre d'abord au Liban où elle séjourne deux années grâce à un contrat de travail dans le restaurant d'un hôtel. Puis, voulant se rapprocher de ses trois filles restées au Sénégal, elle cherche une activité dans un nouveau pays d'immigration. Le commerce avec le Maroc se présente alors comme une opportunité lui permettant de circuler entre le Sénégal et le Maroc et revoir plus souvent ses filles. Après avoir fait plusieurs aller-retour entre Dakar et Casablanca, elle s'installe en 2005 à Rabat où elle propose à la vente des tissus et d'autres petits articles d'origine sénégalaise dans une rue commerçante de la médina. Mais très vite, elle n'est plus la seule commerçante sénégalaise offrant ces produits, en raison d'une très forte concurrence. D'où la recherche d'un nouveau marché qui l'amène à Fès où elle s'installe en 2008.

Aujourd'hui encore Fatou circule entre le Sénégal et le Maroc avec des étapes dans différentes villes mauritaniennes et marocaines pour écouler ses marchandises. Durant ses premiers séjours à Fès, elle logeait chez un Sénégalais installé dans la ville et qui joue le rôle d'intermédiaire pour pèlerins. Lors de son troisième séjour, elle trouve par son biais un logement chez une riveraine qui vivait seule et cherchait de la compagnie. Ce logement lui plaît et, pour fuir la concurrence et les prix élevés de location de Rabat, elle décide de se fixer dans la médina de Fès. Les trois premiers voyages de Fatou à Fès avaient eu lieu dans le cadre du *miloud*, fête célébrant la naissance du Prophète et qui représente un moment-clef pour les pèlerins tijânî-s marocains et ouest-africains. Mais en plus de la découverte de Fès, le pèlerinage à la zaouïa avait aussi permis à Fatou de s'ancrer dans la ville puisqu'elle utilisa les filières et les réseaux des pèlerins pour trouver son logement. Mais le choix du quartier de la zaouïa comme lieu d'installation fut également conditionné par la présence du sanctuaire. C'est en effet sur l'insistance de son mari, un fervent tijânî vivant en Espagne qu'elle avait épousé trois ans après le début de ses va-et-vient entre le Maroc et le Sénégal, qui préférait savoir son épouse proche de son saint, que Fatou choisit ce lieu d'hébergement. En plus de la protection « spirituelle » voulue par le mari, il faut ajouter la présence continue de pèlerins sénégalais dans les environs de la zaouïa qui rend son installation dans le quartier plus sûre. Car selon Fatou, l'atout de ce logement serait non seulement la proximité des bazars, mais aussi le sentiment de sécurité qu'elle ressent dans cette partie de la ville, au point de ne pas devoir se soucier de l'absence d'un titre de séjour. Durant ses premiers séjours au Maroc, elle quittait le pays tous les trois mois en traversant la frontière avec la Mauritanie pour rentrer à nouveau au Maroc, justifiant ainsi son statut de touriste[11] et préservant sa situation de régulière. En 2010, elle décida de prolonger son séjour jusqu'à cinq mois en m'assurant que les autorités marocaines – surtout à Fès – étaient très indulgentes vis-à-vis des Sénégalais et qu'elle trouverait une manière de régulariser son titre de séjour sur place.

Manifestement, la forte fréquence des visites de Sénégalais à Fès pour les besoins du pèlerinage a banalisé la présence de Subsahariens dans le quartier de la zaouïa, au point que les contrôles y sont beaucoup plus rares que dans d'autres espaces de la ville[12]. S'y ajoute le fait que la présence de pèlerins sénégalais dans les environs de la zaouïa contribue aussi à faciliter l'échange et l'intégration de Fatou dans le

---

11. Depuis 2002, il existe une route qui relie le Sénégal au Maroc en passant par la Mauritanie. Les Sénégalais n'ont pas besoin de visa pour entrer au Maroc mais doivent demander une carte de séjour après trois mois passés dans le pays. Quitter le pays après trois mois et revenir permet de ne pas devoir solliciter un titre de séjour, qui par ailleurs n'est pas facile à obtenir pour un étranger sans activité professionnelle dans le secteur formel de l'emploi.
12. Depuis 2005, des rafles de la police marocaine ont lieu régulièrement dans les villes marocaines durant lesquelles des migrants subsahariens en situation irrégulière sont arrêtés et expulsés du pays.

quartier. L'habitude de côtoyer des Sénégalais se reflète aussi dans l'acceptation de Fatou par les habitants et les commerçants de la rue. Elle connaît tous les marchands, donne l'impression d'avoir trouvé sa place et semble être totalement intégrée parmi les autres vendeurs. Lorsqu'un marchand s'absente quelque temps de son magasin, il le lui confie. Lorsqu'elle a besoin de quelque chose, elle se sert chez les vendeurs comme si elle était chez elle. Cette économie du bazar crée un cadre social dans lequel les identités ne jouent pas un rôle central dans les transactions économiques, « une "aire morale" dans laquelle les acteurs acceptent non pas de laisser leurs identités aux vestiaires, mais de soumettre ces identités à une grammaire économique qui les rend compatibles et permet de donner un prix aux choses, quelles que soient par ailleurs leurs qualités sociales (Péraldi, 2001 : 19). »

Beaucoup de clients et de vendeurs du quartier passent en effet des commandes de miel du Sénégal dont Fatou coordonne l'acheminement avec les pèlerins. Reste que les tissus de bazin de différentes couleurs étaient la marchandise la plus demandée. Ce tissu étant à la mode à Fès pour la confection de djellabas pour femmes, les marchands de tissus de la ville commençaient aussi à se ravitailler directement chez elle et chez les autres commerçants-circulants sénégalais[13]. Mais, en plus du contexte économique du bazar qui favorise l'installation de cette commerçante dans la rue marchande, Fatou semble être fortement intégrée parmi les riverains. Chaque guide touristique qui passe dans la rue la salue, et la plupart des voisins viennent la voir. Elle entretient des relations très amicales avec eux, partage régulièrement leur repas et ne passe pas une seule fête sans être invitée. Mais, selon elle, son acceptation dans le quartier ne se serait pas faite sans l'adoption des comportements d'une tijânî-e pieuse, notamment le respect d'un code vestimentaire. Elle m'explique : « Ici on m'appelle *hajja*[14], je ne peux pas m'habiller comme je veux. À Rabat, je partais au marché en jean et basket. Ici ce n'est pas possible. » À chacune de nos rencontres à Fès, elle portait une longue robe ample. Autrement dit, habiter à proximité de la zaouïa suppose des restrictions dans sa façon de s'habiller. En revêtant l'habit de la femme pèlerine, Fatou arrive à préserver sa

---

13. Entretien avec une commerçante sénégalaise installée à Fès, Fès, le 1er avril 2010.
14. Désignation d'une femme ayant fait le pèlerinage du *hajj* à La Mecque.

réputation dans le quartier, et la nécessité d'enfiler cet habit sous-entend que son acceptation comme femme seule dans cet espace ne se serait pas faite sans cette adaptation à l'image d'une pieuse tijânî-e. Sans être une fervente pratiquante, Fatou montre néanmoins un certain intérêt pour la zaouïa, la fréquente régulièrement et entretient des liens amicaux avec les adeptes femmes du quartier. Dans la rue, elle se présente aussi comme une tijânî-e et est souvent interpellée par des jeunes du quartier s'intéressant à cette *tarîqa*, comme si elle en était une représentante.

Ainsi, si le pèlerinage tijânî facilite l'installation de commerçantes sénégalaises dans le quartier, il semblerait qu'il conditionne aussi leurs comportements et modes vestimentaires. En même temps, l'image que la zaouïa véhicule sur ses visiteurs sénégalais, majoritairement perçus par les riverains comme de pieux musulmans pratiquants (Berriane, 2012a : 72), est utilisée par Fatou pour préserver sa réputation dans le quartier. Son comportement de tijânî-e pratiquante lui donne ainsi une raison d'être dans les environs de la zaouïa. En plus de cette circulation de pèlerins très visible dans le quartier de la zaouïa, c'est aussi le développement de structures d'accueil destinées aux pèlerins qui facilitent la présence et l'ancrage des commerçants sénégalais dans ce quartier.

Structures d'accueil pour pèlerins et circulation de commerçants

Depuis le début des années deux mille, la *ziyâra* ouest-africaine connaît une reprise considérable. Cette reprise a été promue par une politique de l'État marocain en faveur de la zaouïa d'Ahmad al-Tijânî en tant que centre confrérique. À cela il faut ajouter l'action des grands cheikhs tijânî-s sénégalais qui a incité les agences de voyage du même pays à organiser des pèlerinages collectifs au sanctuaire de Fès (Berriane, 2012b : 131-150 ; Lanza, 2012 : 1-12). Par ailleurs, depuis 2005, on observe l'apparition d'un produit de tourisme spirituel porté par les promoteurs de Fès qui se traduit entre autres par le développement d'activités d'hébergement pour pèlerins (hôtels, logement chez l'habitant) dans les environs de la zaouïa (Berriane, 2012a : 57-75). Il faut souligner entre autres le développement de l'hébergement chez l'habitant dans le cadre d'un programme de mise en tourisme spirituel de la médina appelé *Ziyarat Fas*. Or, l'existence même de ces nouvelles structures d'hébergement va contribuer à l'ancrage des commerçants itinérants sénégalais dans le quartier.

À partir de l'automne 2009, cette concentration de commerçants dans le quartier de la zaouïa se fait plus visible. En témoigne l'exemple d'un groupe de jeunes commerçants sénégalais qui ont utilisé les réseaux des pèlerins pour s'installer dans la médina de Fès. En effet, la première forme d'hébergement à laquelle ils s'adressent n'est autre qu'une famille d'accueil du programme *Ziyarat Fas* chez qui ils séjournent deux mois. Ce passage par le canal de la *ziyâra* va jouer un rôle essentiel pour l'insertion de nouveaux venus. Ce n'est qu'après cette première phase qu'ils loueront le rez-de-chaussée d'une maison du quartier, qui depuis fait fonction de logement et de dépôt de marchandises de commerçants itinérants. Je visite cette maison en juin 2010 après avoir sympathisé avec une jeune commerçante, Amina, qui y habite. Cette dernière, comme les autres, se déplace régulièrement en car entre le Maroc et le Sénégal, pour acheminer de nouvelles marchandises. Le jour de ma visite, un grand colis contenant des bijoux artisanaux, des gandouras et d'autres produits sénégalais venait d'être acheminé par une de ses associées. Amina est au Maroc depuis quatre mois. Comme Fatou, Amina a vécu une rupture matrimoniale et a émigré au Nigeria à la recherche d'un travail avant de se tourner vers le Maroc. Elle fit son premier voyage au Maroc en compagnie d'une amie de Dakar, elle-même déjà commerçante, puis entre en contact avec les autres jeunes Sénégalais avec qui elle partage aujourd'hui le logis en question. Mais, en plus de Fès, Amina fréquente – comme ses associés – d'autres villes marocaines comme Casablanca, Rabat et Marrakech. Le nombre de commerçants qui habitent dans cette maison fluctue ainsi considérablement.

Cette fréquentation par des commerçants de structures d'accueil destinées à des pèlerins n'est pas l'exclusivité du quartier de la zaouïa. Rappelons à ce propos qu'une maison fut offerte par le roi Mohammed V aux pèlerins et étudiants sénégalais comme lieu d'hébergement dans les années cinquante dans un autre quartier de la médina, Sidi Boujida. Appelée « Maison du Sénégal » ou « Dâr al-Kittânî » en référence à son ancien propriétaire, cette demeure qui relève du habous public, bien que vétuste en partie, est squattée par des familles maroco-sénégalaises. Elle représente par ailleurs à la fois un « point de chute et lieu-ressource » et un espace relais pour migrants subsahariens et commerçants sénégalais (Timéra, 2009 : 181). Ainsi Fès représente pour ces commerçants itinérants un point d'ancrage et un nœud dans un réseau qui s'étend sur toutes les villes marocaines, principalement les villes touristiques. Mais Fès se distingue cependant des autres villes par la possibilité d'habiter une maison en plein centre de la médina et donc d'être proches des bazars et du cœur commercial de la ville. Lorsque ces commerçants sont à Marrakech, ils habitent dans un petit hôtel ; à Casablanca et Rabat, ils s'installent chez les Sénégalais dans les quartiers périphériques de la ville[15].

À Fès, le quartier de la zaouïa représente donc un point fixe parmi d'autres dans la circulation de ces commerçants, qui se caractérise néanmoins par les facilités d'ancrages qu'il offre. Cependant, à part l'utilisation des filières et des personnes-relais liées au sanctuaire, l'intérêt de ce groupe pour la zaouïa est très limité. Contrairement à Fatou, ces derniers ne se soucient nullement de leur réputation dans le quartier. Le fait qu'il s'agisse ici d'un groupe de jeunes hommes et de jeunes femmes qui se partagent les mêmes espaces de vie a d'ailleurs été vivement critiqué par les riverains. Les contacts avec ces derniers sont très rares et se limitent à des transactions commerciales[16].

Commerce et migrations : quel type d'installation ?

Ce qui est remarquable chez ces commerçants-circulants, c'est le taux élevé de femmes. Laurence Marfaing avait montré comment les femmes sénégalaises s'étaient engagées dès les années cinquante dans le commerce informel entre le Maroc et le Sénégal, notamment grâce à la dimension religieuse que prenait le séjour au Maroc et qui permettait aussi à des femmes de faire le voyage (Marfaing, 2007 : 165). Mais la féminisation de ce secteur d'activités est aussi due à « la détérioration des conditions de vie et de travail en Afrique et la globalisation des marchés du travail (Bredeloup, 2012 : 26) ». Alors

---

15. Entretien avec une commerçante sénégalaise installée à Fès, Fès, le 10 juin 2010.
16. Discussion de groupe avec quatre riveraines proposant le logement chez l'habitant, Fès, le 18 juin 2011.

que les premières femmes à s'investir dans le commerce « de long cours » étaient avant tout les premières épouses libérées de leurs obligations maternelles, on remarque aujourd'hui une diversification du profil à la fois matrimonial et socio-éducatif de ces dernières (*ibid.* : 27-28). Un phénomène qui s'observe aussi à Fès. En même temps, le commerce avec le Maroc n'est plus aussi attractif pour les grandes commerçantes sénégalaises que par le passé. La faillite de la compagnie aérienne Air Afrique en 2000 et les contrôles de plus en plus stricts des bagages à main à l'aéroport de Casablanca font en sorte que les quantités de marchandises envoyées ont considérablement baissé (Marfaing, 2007 : 168-169). Ces changements ont contribué à faire du Maroc la destination privilégiée pour les commerçants sénégalais qui n'ont pas beaucoup de capital ni de réseaux sociaux transnationaux leur permettant de se déplacer vers d'autres marchés commerciaux comme Dubaï, l'Europe ou les marchés asiatiques (*ibid.* : 169). L'amélioration des liaisons routières entre Dakar et Casablanca a probablement aussi contribué à encourager ce type d'entreprise commerciale et l'intégration des « petits » commerçants dans cette économie (Wippel, 2004 : 36). Des cars de passagers proposent aujourd'hui des voyages entre le Sénégal et le Maroc et sont également utilisés pour le transport de marchandises. Et c'est en effet par cette route que les commerçants rencontrés à Fès voyagent et acheminent leurs marchandises[17].

En même temps, les commerçants ambulants sénégalais circulant au Maroc et à Fès combinent plusieurs activités commerciales et ont des projets migratoires en constante reconfiguration. La circulation et l'installation temporaire de commerçants sénégalais à Fès peut aussi jouer le rôle de tremplin et préparer une installation plus durable au Maroc du commerçant ou de ses proches. Fatou, par exemple, compte faire venir ses trois filles au Maroc lorsqu'elles auront terminé leurs études à Dakar. Ne voyant que peu d'opportunités pour elles au Sénégal, elle souhaiterait que ses filles trouvent un emploi dans un centre d'appels. Elle a par ailleurs déjà organisé l'émigration vers le Maroc de trois de ses proches. Lors d'un de ses voyages en 2010, elle

---

17. Entretien avec une commerçante sénégalaise installée à Fès, Fès, le 1er avril 2010.

est accompagnée du mari de sa nièce, un tailleur qui s'installe à Fès avec une machine à coudre pour offrir ses services dans la confection d'habits à la coupe africaine. Bien qu'ayant trouvé une demande notamment auprès des Marocains de Fès pour ce type d'habits, il se reconvertit quelques mois plus tard dans la vente ambulante et écoule la marchandise de Fatou lorsqu'elle rentre au Sénégal. Lors d'un deuxième voyage de retour avec son mari en voiture, Fatou est cette fois-ci accompagnée de deux jeunes Sénégalaises à la recherche d'emplois fixes au Maroc et pour qui elle organise un recrutement comme domestiques à Casablanca.

En plus de jouer le rôle de médiateurs pour les migrations de leurs proches, les commerçants, une fois à Fès, diversifient eux aussi leurs activités professionnelles pour augmenter leurs revenus. Ainsi, lorsqu'un grand groupe de pèlerins arrive, les commerçantes sénégalaises du quartier prennent en charge leur restauration. Les femmes travaillent aussi occasionnellement comme coiffeuses et tressent les cheveux d'étudiantes africaines de la ville ou de jeunes Marocains adeptes de musique *hip hop*. Les commerçants titulaires d'un baccalauréat essaient par ailleurs de trouver un travail fixe dans un centre d'appels[18]. D'autres, enfin, tentent de se placer comme domestiques[19]. On peut donc se demander si les mobilités de pèlerins et commerçants-circulants ne participent pas aussi à la transformation du Maroc en pays d'immigration et au redéploiement de réseaux commerçants sénégalais vers le Maroc[20], même si le quartier de la zaouïa lui-même ne représente pas en soi un espace d'ancrage permanent.

Nos observations ont en effet montré que ces mobilités ne donnent pas lieu à une fixation définitive de pèlerins-commerçants ou de migrants dans le quartier de la zaouïa. Les riverains se rappellent de quelques étudiants sénégalais qui avaient séjourné dans le quartier

---

18. Entretien avec une commerçante sénégalaise, le 1er septembre 2010 à Fès.
19. Entretien avec une commerçante sénégalaise installée dans le quartier de la zaouïa, Fès, le 10 juin 2010.
20. Il faut rappeler aussi les activités des "aventuriers" sénégalais qui, coincés au Maroc, travaillent comme relais pour commerçants sénégalais et vendeurs ambulants, cf. Pian, 2005 : 167-182.

avant de retourner dans leur pays à la fin de leurs études ou de s'installer dans des quartiers de la ville nouvelle. À l'exception des commerçants-circulants majoritairement sénégalais et d'un marabout sénégalais qui joue depuis 2000 le rôle d'intermédiaire pour pèlerins de passage, la *ziyâra* n'a pas non plus abouti à une fixation durable et visible d'anciens pèlerins dans le quartier de la zaouïa. Jusqu'à l'été 2011, date qui correspond à mon dernier séjour à Fès, le quartier de la zaouïa ne représentait qu'un point de fixation temporaire pour les commerçants. Ainsi les commerçants investissent des « territoires circulatoires » dans lesquels la zaouïa et son quartier jouent le rôle de lieu d'ancrage. Il s'agit ici d'un espace-temps urbain qui se manifeste « comme une vaste centralité et substitue la fluidité de l'organisation multipolaire (Tarrius, 1999 : 127) » des populations mobiles que sont ces commerçants. Bien que le quartier de la zaouïa représente en ce moment un lieu d'ancrage, cela peut changer rapidement car « une grande labilité caractérise les lieux d'articulation entre territoires circulatoires et espaces locaux, de telle sorte que tel emplacement, marché, rue commerçante peuvent disparaître rapidement pour apparaître tout aussi rapidement dans un autre quartier de la ville (*ibid.*) ».

Conclusion

À travers l'analyse des circulations vers Fès en relation avec le pèlerinage tijânî, la zaouïa d'Ahmad al-Tijânî apparaît comme un espace traversé par différents groupes de populations mouvantes et avec des modes de circulation différents. Bien que ne jouant qu'un rôle économique marginal pour le commerce transnational, la ville de Fès est intégrée, à travers sa zaouïa, dans les circuits de pèlerins-commerçants, de commerçants et de vendeurs ambulants sénégalais. De la même manière, la zaouïa connecte les circulations de commerçants sénégalais venus du Nord et venus du Sud faisant de celle-ci, en quelque sorte, un *hub* où les commerçants-pèlerins circulent, se croisent, se rencontrent et s'installent parfois le temps d'une saison.

La filière de la *ziyâra* a fait de la zaouïa et de son quartier un lieu d'ancrage dans les territoires circulatoires des commerçants itinérants sénégalais, territoires circulatoires qui s'étendent du Sénégal aux villes marocaines et se connectent parfois à partir de Fès sur des circulations euro-africaines. Ce lieu d'ancrage sert comme support aux réseaux commerçants et est une référence pour ces « collectifs mobiles (*ibid.*) » qui sont ici plus souvent ethniques que confrériques. Mais le quartier de la zaouïa est également un support particulier, marqué par une présence africaine de longue durée, des structures d'accueil pour une clientèle subsaharienne et une certaine acceptation et habitude des riverains à voir l'étranger africain. Cet étranger africain se caractérise néanmoins par son aspect éphémère. Commerçants et pèlerins ne font toujours que passer. Ces étrangers transforment l'espace autour de la zaouïa mais tout en étant – comme les pèlerins – en constante circulation. En somme, si le pèlerinage encourage la circulation de commerçants sénégalais, il ne mène pas à leur sédentarisation dans l'environnement immédiat de la zaouïa.

Références bibliographiques

BERRIANE J., 2012, « Ahmad al-Tijani and his Neighbors. The Inhabitants of Fez and their Perceptions of the Zawiya », *in* P.A. Desplat, D.E. Schulz (dir.), *Prayer in the City : The Making of Muslim Sacred Places and Urban Life*, Bielefeld, Transcript Verlag, p. 57-75.

BERRIANE J., 2012, « La ziyâra des Tijanes sénégalais vers Fès : les diverses facettes d'un pèlerinage transnational », *Hesperis-Tamuda*, vol. XLVVII, Fascicule unique, p. 131-150.

BERRIANE J., 2014, *La zaouïa d'Ahmad al-Tijânî à Fès : pratiques, représentations et enjeux autour d'un sanctuaire soufi au rayonnement transnational*, thèse de doctorat, Berlin, Freie Universität Berlin.

BERRIANE M., 1993, « Le moussem au Maroc : tradition et changements », *Géographie et cultures*, n° 7, p. 27-51.

BOESEN E., MARFAING L., 2007, « Introduction : vers un cosmopolitisme par le bas ? », *in* E. Boesen, L. Marfaing (dir.) : *Les nouveaux urbains dans l'espace Sahara-Sahel : un cosmopolitisme par le bas*, Paris, Karthala-ZMO, p. 7-22.

BREDELOUP S., 2012, « Mobilités spatiales des commerçantes africaines : une voie vers l'émancipation ? », *Autrepart*, n° 61, p. 23-39.

CHIFFOLEAU S., 2005, Madoeuf, A., « Introduction », *in* S. Chiffoleau, A. Madoeuf (dir.), *Les pèlerinages au Maghreb et au Moyen-Orient : espaces publics, espaces du public*, Beyrouth, Institut français du Proche-Orient, p. 7-35.

HARRAK F., 1994, *West African Pilgrims in 19th century Morocco. Representation of Moroccan Religious Institutions*, Rabat, Institute of African Studies.

KANE A., 2007, « Les pèlerins sénégalais au Maroc : la sociabilité autour de la Tijaniyya », *in* E. Boesen, L. Marfaing (dir.), *Les nouveaux urbains dans l'espace Sahara-Sahel*, Paris, Karthala-ZMO, p. 187-208.

LANZA N., 2012, « Routes et enjeux de la Tijaniyya sénégalaise au Maroc : une zaouïa rbatti sur la voie de Fès », Centre Jacques-Berque, série Études et essais, n° 8, p. 1-12.

LETOURNEAU R., 1987, *Fès avant le Protectorat*, Rabat, Éd. La Porte, .

MARFAING L., 2004, « Von der Pilgerfahrt nach Fès zum Handel in Marokko: Senegalesische Händler und Händlerinnen in Casablanca », *in* S. Wippel (dir.), *Wirtschaft im Vorderen Orient*, Berlin, Klaus Schwarz Verlag, p. 235-260.

MARFAING L., 2007, « Constructions spatiales et relationnelles dans un espace urbain : commerçantes sénégalaises à Casablanca », *in* E. Boesen, L. Marfaing (dir.), *Les Nouveaux urbains dans l'espace Sahara-Sahel : un cosmopolitisme par le bas*, Paris, Karthala-ZMO, p. 159-186.

PAGES-EL KAROUI D., 2005, « Le *mouled* de Sayyid al-Badawî à Tantâ : logiques spatiales et production d'une identité urbaine », *in* S. Chiffoleau, A. Madoeuf (dir.), *Les pèlerinages au Maghreb et au Moyen-Orient : espaces publics, espaces du public*, Beyrouth, Institut français du Proche-Orient, p. 237-264.

PÉRALDI M., 2001, « Introduction », *in* M. Péraldi (dir.), *Cabas et containers : activités marchandes informelles et réseaux migrants transfrontaliers*, Paris, Maisonneuve et Larose, p. 7-31.

PÉRALDI M., 2012, « Le Maghreb, laboratoire des nouvelles migrations », *in* A. Antil, M. Mokhefi (dir.), *Le Maghreb et son Sud : vers des liens renouvelés*, Paris, CNRS Éd., p. 113-132.

PIAN A., 2005, « Aventuriers et commerçants sénégalais à Casablanca : des parcours entrecroisés », *Autrepart*, n° 36, p. 167-182.

SAMBE B., 2010, *Islam et diplomatie : la politique africaine du Maroc*, Rabat, Marsam.

SIMENEL R., 2010, « Le grand commerce de la baraka : les moussem du Sud marocain », *in* F. Mermier, M. Péraldi (dir.), *Mondes et places du marché en Méditerranée*, Paris, Karthala, p. 215-226.

TARRIUS A., 1999, *Les nouveaux cosmopolitismes : mobilités, identités, territoires*, La Tour d'Aigues, Editions de l'Aube.

TIMERA M., 2009, « Aventuriers ou orphelins de la migration internationale : nouveaux et anciens migrants "subsahariens" au Maroc », *Politique africaine*, 2009/3, n° 115, p. 175-195.

VILLALON L.A., 1995, *Islamic Society and State Power in Senegal. Disciples and citizens in Fatick*, New York, Cambridge University Press.

WIPPEL S., 2004, « Le renouveau des relations marocaines avec l'Afrique subsaharienne : la formation d'un espace économique transsaharien ? », *in* L. Marfaing, S. Wippel (dir.), *Les relations transsahariennes à l'époque contemporaine : un espace en constante mutation*, Paris, Karthala-ZMO, p. 29-60.

WRIGHT Z.V., 2005, *On the Path of the Prophet. Shaykh Ahmad Tijani and the Tariqa Muhammadiyya*, Atlanta, The African-American Islamic Institute.

À la recherche du lien ténu : la mobilisation du religieux dans les réseaux commerçants et migratoires entre Yiwu et Le Caire

Anne Bouhali [*] *et Olivier Pliez* [**]
[*] Géographe, post-doctorante au Labex Dynamite, UMR Prodig
[**] Géographe, directeur de recherche au CNRS, au LISST
(UMR 5193 – CNRS, EHESS, UT2J)

Plusieurs travaux exploratoires ont récemment mis en lumière la relation existant entre la religion, le commerce transnational et la migration internationale dans différentes places marchandes comme en Chine (J. Armijo et L. Kassem, 2012 ; A. Simone, 2007 ; B. Simpfendorfer, 2009), plus particulièrement à Yiwu (O. Pliez, 2010), ou au Caire en Égypte, dans les liens qui les unissent à l'Afrique subsaharienne (Bava et Pliez, 2009). Pour autant, une enquête plus poussée et multi-située ne peut que conduire à constater que ces liens sont ténus, alors que les échanges marchands transnationaux entre Égypte et Chine sont en pleine expansion et que l'islam est convoqué comme dénominateur commun aux acteurs impliqués dans ce négoce. En faisant ressortir les lieux et les échelles pertinents permettant d'envisager leur éventuel entrecroisement, il s'agira de comprendre de quelle manière ce lien entre religion, commerce transnational et migration internationale s'exprime entre deux places marchandes connectées entre elles par la « route de la soie » égyptienne.

Il nous importera de comprendre quand et comment les identités confessionnelles sont mobilisées dans le commerce transnational qui relie la Chine à l'Égypte. C'est affaire d'acteurs : migrants certes mais surtout importateurs, intermédiaires, traducteurs, restaurateurs, étudiants… C'est aussi affaire de lieu. Le quartier situé à côté de la prestigieuse mosquée Al Azhar au Caire, connu sous le nom du Mûskî, et la ville-marché de Yiwu en Chine, le premier marché de gros du pays, sont ainsi emblématiques de la manière dont la religion est – mais pas toujours – mobilisée dans le cadre des activités marchandes. Il s'agit bien sûr de produits spécifiques et des lieux où ils sont écoulés. La religion agit aussi comme facilitateur de relations en permettant la formation de réseaux, de publicité et parfois aussi de marketing urbain. Elle devient alors route musulmane.

Le commerce des articles religieux : un banal produit globalisé ?

Religion et commerce s'articulent tout d'abord autour d'un objet : le produit religieux, qu'il s'agit de définir et pour lequel il est nécessaire de s'interroger sur ses éventuelles spécificités par rapport à un article non religieux. Cela pose également la question de l'étude de cet objet du point de vue du géographe, c'est-à-dire selon une entrée par l'espace, en l'occurrence par ses lieux de vente et de négoce.

Un article religieux se définirait par son lien avec la pratique cultuelle. On pense ici aux vêtements prévus pour la pratique ou pour les fêtes religieuses, aux tapis de prière, aux chapelets pour prier ou ceux plus décoratifs, voire aux livres religieux, ou encore aux icônes dans le cadre de cultes chrétiens notamment. Néanmoins, plusieurs entretiens avec des commerçants égyptiens ont permis d'étendre la définition de l'article religieux et de ne pas la cantonner aux articles utilisés pour la seule pratique religieuse : est religieux tout ce qui fait référence à la religion et non pas les seuls objets du culte. Ainsi, les nombreux bibelots et objets de décoration faisant référence aux lieux saints des religions monothéistes ou portant le nom de Dieu et de son Prophète sont qualifiés par ces commerçants de produits religieux.

Définir ce qu'est un article religieux à Yiwu ajoute encore à la confusion. Dans cette ville où sont vendus en gros des produits manufacturés destinés au monde entier, les articles religieux sont à première vue des articles parmi d'autres dans les divers marchés de la ville. À l'intérieur de l'International Trade City, le principal hall d'exposition de produits de la ville, les étages spécialisés dans les bijoux et objets décoratifs consacrent une large place aux articles religieux les plus divers. Les versets du Coran inscrits sur divers objets de décoration intérieure comme des lampes, des réveils ou des cadres éclairés, voisinent avec divers types de support (chapelets, porte-clés, bougies...) à l'effigie des papes catholiques, de Bouddha ou de divinités indiennes (photo 1).

Photo 1. Vitrine d'un magasin dans le centre commercial de Yiwu en Chine. Dans les boutiques et les stands de ce supermarché asiatique, toutes les religions sont présentes, comme le montre la vitrine d'un de ces magasins, dans laquelle sont mis en valeur divers produits et icônes chrétiens, bouddhistes ou musulmans (cliché : O. Pliez, 2009).

L'offre de produits s'adressant à une clientèle de confessions différentes se retrouve également au Mûskî au Caire, mais de façon bien plus discrète. Quelques boutiques proposent ainsi des bibelots portant des références à la religion. Elles affichent en tête de gondole des produits à destination d'une clientèle musulmane, tandis qu'au fond de la boutique sont présentées quelques gammes de produits à destination d'une clientèle copte, avec des références à d'éminentes figures du clergé ou aux lieux saints du christianisme. Ainsi, un commerçant égyptien du Mûskî, dont la boutique est spécialisée uniquement dans la vente d'articles en lien avec les fêtes de la vie, affirmait[1] proposer à ses clients des produits religieux. Il s'agissait de babioles et d'objets de décoration principalement destinés à être offerts lors des naissances – œufs en porcelaine, petites coupelles

---

1. Entretien réalisé en arabe, avec l'aide d'une traductrice, en avril 2012 par A. Bouhali.

décoratives posées sur des trépieds, petites boîtes en porcelaine – portant des inscriptions qui faisaient référence à Dieu et au Prophète pour les femmes musulmanes, à Jérusalem pour les femmes coptes (photo 2). Ainsi, les commerçants définissent eux-mêmes comme étant un produit religieux tout ce qui comporte des inscriptions religieuses ou des images pieuses : noms de Dieu et/ou du Prophète calligraphiés, sourates, etc. Cela va ainsi des sourates du Coran calligraphiées en lettres d'or sur un panneau en bois destiné à décorer un intérieur aux bijoux de pacotille en passant par de petits corans en plastique à placer dans des vitrines décoratives (photo 2).

Photo 2. Deux exemples de produits religieux : à gauche, de petits objets décoratifs en porcelaine portant les noms de Dieu et du Prophète, destinés aux jeunes accouchées et vendus à côté de bibelots en plastique, roses pour les filles, bleus pour les garçons ; à droite, des petits Corans en plastique destinés à être placés dans des vitrines décoratives (clichés : A. Bouhali, mars et avril 2012).

Finalement, les articles religieux relèvent d'une très large gamme de produits, tout à fait banals, voire triviaux, qui sont de plus vendus côte à côte avec des produits se rapportant à des fêtes bien plus commerciales, bien souvent d'origine occidentale, comme par exemple la Saint-Valentin, qui jouit d'un très fort engouement auprès de la petite classe moyenne cairote depuis quelques années (Kreil, 2011).

À Yiwu et au Caire, des quartiers d'importateurs à la croisée de plusieurs filières commerciales

L'identification des produits nous amène à nous attarder sur les quartiers commerçants où ils sont vendus. Yiwu, où l'activité tourne autour de la vente en gros, et Le Caire, en bout de chaîne, où des quartiers sont dévolus à la vente en demi-gros et au détail des articles religieux, constituent deux situations différentes le long d'une même chaîne commerciale transnationale. Mais alors qu'à Yiwu se côtoient des professionnels de l'importation et du négoce où les Égyptiens, malgré leur forte présence, ne sont qu'un groupe de marchands arabes parmi d'autres dans une ville-marché construite à leur intention par les autorités chinoises, au Caire, les chalands sont en contact avec des détaillants et des commerçants en demi-gros.

Alabofandian ou El Maedah, un repère pour les commerçants arabes et/ou musulmans du monde entier à Yiwu

Vue de Chine, la ville de Yiwu est en effet l'un des lieux les plus pertinents pour observer les imbrications entre commerce, migration et religion. Des milliers de négociants africains, arabes et asiatiques se pressent dans le plus important marché de gros du monde, spécialisé dans le domaine de la vente de menus articles. Cette ville a en effet la réputation de savoir accueillir les hôtes musulmans ; en pratique ceux-ci sont très largement originaires de pays arabes.

Personne ne peut dire avec précision combien d'Arabes vivent ou passent par Yiwu chaque année. Mais l'importance des liens commerciaux entre Yiwu et les pays arabes a abouti au fait que 70 % des 11 000 résidents étrangers à Yiwu en 2010[2] sont des Arabes et que 200 000 acheteurs arabes visiteraient la ville chaque année[3]. Pour l'imam de la mosquée, près de la moitié des 35 000 musulmans vivant à Yiwu seraient étrangers, un grand nombre provenant de pays arabes[4]. La plupart des commerçants séjournent habituellement à Yiwu durant deux à cinq jours ; ils s'y promènent en tandem avec leur interprète, le plus souvent un-e jeune intermédiaire chinois bilingue (chinois/arabe), et traitent directement de leurs affaires avec leurs fournisseurs potentiels.

---

2. D'après le Département du commerce extérieur et de la coopération économique de Yiwu et son administration pour l'industrie et le commerce.
3. Orlando Crowcroft, « 200,000 Arab shoppers visit Yiwu every year, City's market a magnet for buyers looking for bargains », *Business News Editor*, June 1, 2011, Gulf news.
4. Pour aller plus loin : http://www.thenational.ae/news/world/asia-pacific/yiwu-is-the-fastest-growing-muslim-community-in-china#ixzz2Km2qtzMp

La présence de tant de commerçants musulmans a conduit à l'émergence d'un « quartier arabe » dans le centre-ville de Yiwu, un endroit où presque tout est écrit en arabe et en chinois. Cette zone a plusieurs dénominations : San Mao Chu, « quartier économique n° 3 », est la dénomination administrative en chinois d'un périmètre urbain récemment rebaptisé Exotic Street par la municipalité. On l'appelle plus communément en arabe Al Maedah (« la table »), en référence au premier restaurant égyptien construit à Yiwu, ou en chinois Alabofandian (« restaurant arabe »). Les commerçants algériens, égyptiens, irakiens, syriens, libanais... se rencontrent ici, dans les restaurants du quartier, après 17 heures 30 lorsque l'International Trade City ferme ses portes. Ce quartier a une fonction précise puisqu'il permet de résoudre un problème crucial pour les voyageurs de confession musulmane, à savoir où trouver de la nourriture hallal (conforme aux préceptes de l'islam), surtout dans un pays où les problèmes de communication linguistique sont un obstacle pour nombre d'étrangers et où l'alcool et le porc sont très répandus.

Yiwu attire de nombreux musulmans, commerçants originaires du monde arabe, d'Asie, d'Afrique ou membres de diasporas (Libanais et Palestiniens surtout) localisés dans les Amériques, en Europe, mais aussi Chinois. En effet, si Yiwu reçoit un grand nombre de migrants de l'intérieur de la Chine (au moins 1,5 million en 2012) qui viennent travailler dans les ateliers industriels, la migration des musulmans, principalement des régions autonomes du nord-ouest (Ningxia et Xinjiang), est principalement liée aux besoins de restauration des étrangers de confession musulmane qui séjournent dans la ville. Par exemple, les Ouïghours du Xinjiang, un groupe turcophone d'Asie centrale, a gagné une bonne réputation en tant que tueurs d'animaux et cuisiniers méchouis. On les trouve dans tous les restaurants hallal du quartier, où ils travaillent à leur propre compte ou pour le compte des gérants ou des propriétaires des restaurants d'Exotic Street. Si la plupart des résidents arabes de Yiwu ont appris quelques notions de chinois pour essayer de contourner le problème de la langue, de nombreux autres musulmans chinois proposent leurs services comme traducteur pour les commerçants durant leur séjour à Yiwu. Au sein d'un autre groupe, les Hui du Ningxia, eux aussi très présents à Yiwu, les diplômés, qui ont appris la langue arabe soit en suivant une formation religieuse dans leur région d'origine, soit en bénéficiant d'une bourse qui leur a permis d'étudier en Égypte ou en Arabie saoudite, ont trouvé une niche commerciale rémunératrice dans la traduction entre les langues arabe et chinoise à destination des importateurs.

Le religieux dans la ville de Yiwu : images et discours

Si la restauration hallal est un marqueur confessionnel fort, la mobilisation du référent religieux est très prégnante dans la ville, dans la rhétorique des enseignes des boutiques autant que dans la mise en scène urbaine qui ressort du quartier de Maedah. C'est dans un petit périmètre, au cœur même du secteur des restaurants arabes, que quelques rues concentrent des boutiques spécialisées dans la vente d'articles religieux musulmans. L'une d'elles, *Hayida*, annonce : « The company mainly products Islam nation's wears and dresses. » Souvent, l'ambiguïté entre les désignations arabe et musulman se retrouve à différents niveaux, comme sur le panneau publicitaire annonçant, en arabe, « l'inauguration d'une école privée pour les musulmans et les Arabes ». C'est cependant surtout en période de Ramadan que la marque de l'islam se diffuse au-delà de ces quelques rues, lorsque des affiches sont distribuées indiquant les heures de prière à la mosquée de Yiwu, qui a été construite par les autorités municipales au début des années deux mille lorsque la Chine, en entrant à l'OMC en 2001, a permis à Yiwu de partir à la conquête d'acheteurs non plus seulement chinois mais aussi étrangers.

L'islam comme marqueur commercial apparaît bien ici comme l'émanation des attentes d'une communauté commerçante en demande d'équipements confessionnels autant que comme le levier mobilisé par les édiles locaux pour rendre la destination de Yiwu attractive auprès d'un marché de consommation fort d'1,5 milliard de fidèles. Ils manifestent ainsi leur volonté de proposer des conditions d'hospitalité que les grandes places d'approvisionnement d'Amérique du Nord et d'Europe occidentale ne semblent plus pouvoir apporter dans le contexte tendu des rapports post-11 septembre 2001, dans un environnement de très forte concurrence pour attirer les acheteurs des marchés émergents.

Le quartier du Mûskî au Caire, une centralité commerciale et religieuse

Les produits religieux, bien souvent achetés en Chine, sont ainsi très largement commercialisés dans le quartier du Mûskî situé dans la vieille ville du Caire (carte 1).

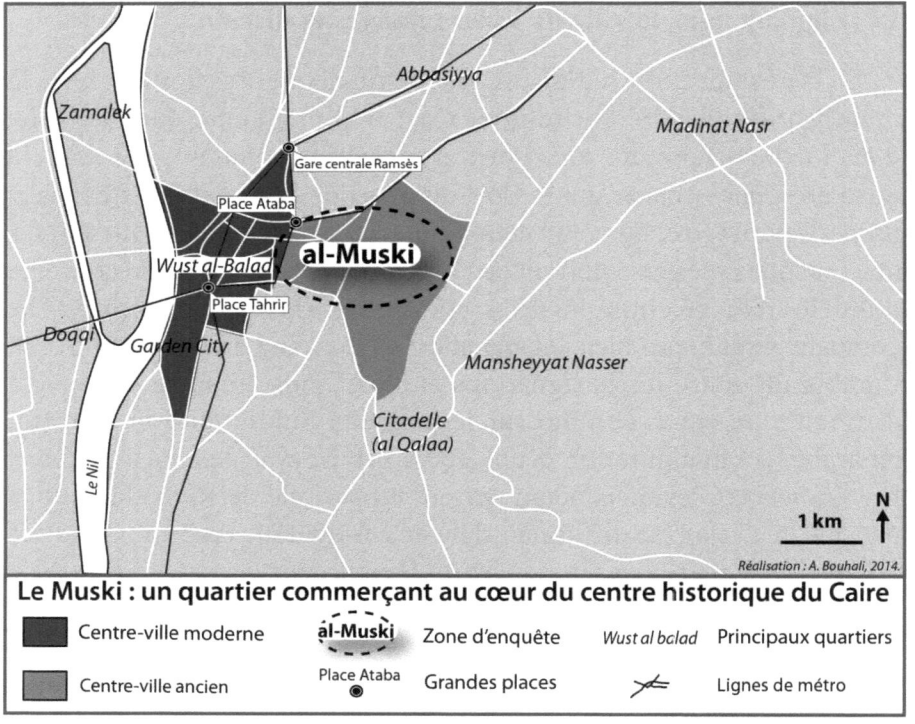

Carte 1. Le Mûskî, un quartier commerçant au cœur du centre historique du Caire (réalisation : A. Bouhali, 2014).

Cette centralité commerçante, qui existe depuis plusieurs siècles (Raymond, 1993), est encore aujourd'hui une des grandes, si ce n'est la plus grande, places marchandes traditionnelles de la ville. Il s'agit d'un marché de vente en demi-gros et au détail de produits pour la maison (vaisselle, linge de maison, tissus d'ameublement, etc.) et la personne (habillement, cosmétiques, jouets, etc.), dont la clientèle appartient dans sa grande majorité aux petites classes moyennes et aux classes populaires qui sont à la recherche de produits de consommation courante et surtout bon marché. Le Mûskî est également un grand centre commerçant qui rayonne sur le pays : les grossistes que l'on y trouve commercialisent bien souvent leurs produits dans toute l'Égypte (carte 2).

Carte 2. Le Mûskî : des espaces commerciaux spécialisés (réalisation : A.Bouhali, 2014, 2017).

En fait, « Mûskî » est un terme général qui englobe plusieurs quartiers (Madœuf, 1997). Le Mûskî proprement dit est une petite partie du quartier commerçant, située entre la rue al-Azhar et la rue du Mûskî ; mais on parle généralement du Mûskî pour inclure les quartiers qui vont des jardins de l'Azbakiyya à la grande mosquée Al Azhar. Les zones principalement commerçantes sont celles indiquées sur la carte 2, et plus particulièrement le quartier al-Yahûd[5], connu pour être spécialisé dans les vêtements.

La vente d'articles religieux dans le quartier est plutôt rare et a tendance à être noyée sous le flot des marchandises *made in China* de tous les types et de toutes les couleurs. Mais leur localisation est très particulière, contrairement aux autres produits plus classiques tels que les vêtements ou les jouets, dont les lieux de vente répondent à l'organisation générale du quartier et à la spécialisation des rues par grands types de produits. Les articles religieux sont présents de façon sporadique dans toute la place marchande, mais ils sont précisément localisés à proximité des espaces du religieux, c'est-à-dire autour des grandes mosquées du quartier comme Al Azhar et Al Hussein, mais aussi de simples salles de prière, plus petites. Ils sont très fréquemment vendus aux portes des lieux de culte sur des présentoirs que l'on installe le matin et que l'on démonte le soir après l'heure de la dernière prière, ou bien sur des petites carrioles (photo 3). Les articles réellement religieux, ou ayant une forme de religiosité – chapelets décoratifs ou non, mais aussi porte-bonheur contre le mauvais œil – sont associés à des produits non religieux, comme les bijoux fantaisie ou les jouets. Mais ils sont également vendus dans de petites boutiques spécialisées, essentiellement regroupées autour d'Al Azhar et d'Al Hussein (carte 2). Dans les rues qui entourent la mosquée Al Hussein, on peut remarquer la juxtaposition de boutiques en dur, associant produits cultuels et produits touristiques – en raison de l'immédiate proximité du marché du Khan al-Khalili, haut lieu touristique au Caire –, et de petits stands de commerçants ambulants, proposant bijoux de pacotille, religieux ou non, et produits cultuels traditionnels comme l'encens.

---

5. L'ancien quartier juif du Caire.

Photo 3. Petite carriole ambulante, associant à la vente de chapelets celle de bijoux fantaisie et de jouets (cliché pris à côté de la mosquée Al Hussein, à proximité de l'entrée réservée aux femmes, A. Bouhali, mars 2012).

Ainsi, dans les rues qui entourent la mosquée Al Hussein, on peut remarquer la juxtaposition de boutiques en dur, associant produits cultuels et produits touristiques – en raison de l'immédiate proximité du marché du Khan al-Khalili, haut lieu touristique au Caire –, et de petits stands de commerçants ambulants, proposant bijoux de pacotille, religieux ou non, et produits cultuels traditionnels comme l'encens. Ces stands se massent aux portes de la mosquée, tant du côté de la grande entrée que du côté de l'entrée latérale réservée aux femmes, afin de profiter du flux des fidèles les vendredis ou des flux plus quotidiens des touristes musulmans. Un vendeur travaillant dans une boutique exclusivement spécialisée dans la vente d'articles religieux (tapis de prière, chapelets, chapeau de prière musulman, etc.) ainsi qu'une commerçante propriétaire de sa boutique proposant entre autres choses des articles religieux ont tous les deux souligné, lors d'un entretien[6],

---

6. Entretiens réalisés, avec l'aide d'un traducteur, en avril 2012 par A. Bouhali.

la place non négligeable pour leurs affaires du tourisme religieux originaire du Golfe. Dans les ruelles situées derrière la mosquée Al Hussein et le long de la rue Al Azhar, on trouve également de nombreux marchands de livres religieux, en lien avec la proximité du complexe universitaire Al Azhar, grand centre de formation religieuse pour les musulmans sunnites. Les abords de la mosquée sont eux-mêmes spécialisés dans le produit religieux, et plus spécifiquement dans les livres et les tableaux décoratifs calligraphiant en lettres d'or des sourates du Coran.

Mais la vente de ces produits religieux est souvent associée à celle de produits à destination d'une clientèle touristique. En effet, ces espaces anciens sont également ceux de la mise en tourisme du Caire islamique, en lien avec la patrimonialisation de la vieille ville (Salin, 2002). Territoires du religieux et du tourisme ont ainsi tendance à se superposer, les commerçants essayant de bénéficier de ces deux types de clientèle afin de maintenir autant que possible une activité stable et viable économiquement. C'est le cas de la propriétaire d'une boutique située dans l'ombre d'Al Hussein, à proximité d'une des entrées secondaires destinées aux fidèles masculins. Elle propose dans sa boutique une gamme extrêmement variée de chapelets, de toutes les matières et de toutes les couleurs, aux côtés desquels on pouvait encore trouver en avril 2012 des statuettes de Néfertiti et autres Toutankhamon. Néanmoins, du fait de l'effondrement des flux touristiques au Caire, en lien avec la profonde instabilité politique du pays et les peurs que cela suscite dans les principaux bassins touristiques que sont les pays occidentaux, cette commerçante avait de plus en plus de mal à vendre ces babioles inspirées de l'Égypte ancienne et envisageait de se spécialiser uniquement dans la vente de produits religieux. D'après elle, elle pouvait ainsi mieux profiter du tourisme religieux qui, lui, ne faiblissait pas grâce à une clientèle venue du Golfe. C'était d'ailleurs chose faite en avril 2013 : les articles touristiques avait totalement disparu de sa boutique, laissant la place aux articles religieux dont la valeur commerciale est plus sûre en ces temps troublés.

En plus d'investir les espaces du religieux, ces articles investissent également les temps du religieux, et plus particulièrement ceux des fêtes. Cela a été le cas lors du *mûlid* d'al Hussein d'avril 2012, fête commémorant chaque année la naissance d'Hussein, petit-fils du prophète Mohamed. Cette commémoration est l'occasion de deux jours et deux nuits de fête, dans la mosquée mais également dans toutes les ruelles alentours, dans lesquelles sont dressées les tentes des confréries soufies venues de toute l'Égypte célébrer l'événement. Cette fête, qui, d'après A. Madœuf (2005), est une « des formes d'expression d'un islam « traditionnel » populaire », associe une intense religiosité et un côté « fête foraine » où les enfants ont une place de choix. C'est un des moments de l'année où ils se voient offrir des présents.

Ainsi, l'article religieux est soumis à un calendrier de vente bien particulier : au quotidien, sa présence dans les espaces marchands est plutôt faible. Mais au moment des fêtes religieuses, il inonde les espaces publics sous la forme de stands proposant des produits sur des nattes posées à même le sol au pied des mosquées, ou bien vendus à la sauvette par des commerçants ambulants (photo 4). La rue, pourtant large, est entièrement occupée par des vendeurs qui proposent à même le sol des jouets ou des vêtements ou des bijoux et chapelets décoratifs dans de petites carrioles.

Photo 4. À côté de la mosquée Al Hussein, la rue est encombrée par des stands associant produits religieux, jouets et sucreries pour les enfants (A. Bouhali, mars 2012).

Lors du *mûlid*, les produits religieux envahissent les ruelles et la place devant la mosquée Al Hussein, ainsi que les trottoirs autour d'Al Azhar, comme le montre la photo 5 sur laquelle on remarque que les boutiques temporaires et les stands ont envahi l'esplanade, proposant divers types de produits religieux : tableaux décoratifs, bibelots avec des inscriptions religieuses servant à la décoration intérieure, vaisselle, etc. Mais ils sont largement associés à la vente de jouets et à celle de pâtisseries, fruits secs et autres bonnes choses à grignoter, produits dépassant à vue d'œil les produits cultuels.

Photo 5. En face de la mosquée Al Azhar, en plus des petites boutiques habituelles, la placette est envahie par des stands proposant des articles religieux (A. Bouhali, mars 2012).

Les grossistes pratiquant l'import-export dans le créneau des produits religieux insistent sur l'importance des fêtes pour le commerce des articles confessionnels, les *mûlid-s* mais aussi la période du Ramadan, qui correspondent à un boom de l'activité commerçante et à un accroissement des importations en provenance d'Asie, en vue de répondre à la demande des Cairotes et, plus largement, des Égyptiens. Hors de ces pics d'activité, ce commerce marche au ralenti durant le reste de l'année, se limitant aux objets de décoration ou en lien avec les fêtes de la vie (mariage, baptême, anniversaire…). Ainsi, un grossiste spécialisé dans l'article religieux, dont la boutique est située dans la *hârat* (le quartier) al-Yahûd, aujourd'hui espace de vente en gros, disait être un des rares commerçants spécialisés dans l'article religieux, car il s'agirait avant tout d'une niche commerciale[7]. Ce commerçant a ainsi développé une stratégie commerciale singulière. Il relaie les baisses de la vente d'articles religieux par la vente d'objets de décoration en lien avec des fêtes beaucoup plus profanes comme la Saint-Valentin, en vogue en Égypte depuis une dizaine d'années (Kreil, 2011).

Sur la photo suivante (photo 6), on voit ainsi cette association cocasse entre des éléments décoratifs portant des sourates du Coran, des babioles en forme de cœur rouge plutôt kitsch et des objets portant l'inscription *I love you*, reliquats de la précédente Saint-Valentin.

Photo 6. Vitrine d'une boutique du Mûskî spécialisée dans l'article religieux, proposant également des articles pour la Saint-Valentin (A. Bouhali, avril 2012).

---

7. Entretien réalisé avec l'aide d'une interprète en mars 2012.

Ainsi, l'article religieux est bien souvent un produit banal, dont la vente relève d'espaces et de rythmes plus singuliers que ceux des autres produits vendus dans ces marchés chinois et égyptiens. En changeant d'échelle de lecture, on peut pointer la construction de routes transnationales du commerce des articles religieux et poser la question de leurs liens avec la migration, et notamment la migration africaine.

Les migrations le long des routes transnationales : des liens ponctuellement pertinents.

Route de la soie et rôle de l'identité religieuse dans la constitution de réseaux commerçants transnationaux

L'évocation d'une renaissance des routes commerciales de la soie est de plus en plus mobilisée par les observateurs du renouveau des liens commerciaux entre la Chine et le monde arabe (Simpfendorfer, 2009). Les routes de la soie sont bien évidemment des métaphores. Elles sont une assise économique, celle des chaînes de valeur globale qui, de l'approvisionnement en matières premières à la consommation en passant par la production et la distribution, articulent par des connections en réseau toutes les étapes, depuis la fabrication jusqu'à la vente finale d'un produit. Des PMI disséminées dans les campagnes chinoises aux multiples lieux où les menus articles sont vendus au détail, une vaste palette d'acteurs s'inscrit sur cette route, mettant en avant des compétences où le religieux devient opportunité commerciale. La mobilisation du religieux agit alors comme un opérateur permettant de caractériser la chaîne économique et plus seulement les produits que l'on y fait circuler, en contribuant à la mise en avant des points de contact (religieux, langue, hallal...) en lien avec le religieux.

C'est ainsi qu'un repère de premier plan pour les communautés de commerçants musulmans transnationaux s'est forgé à Yiwu dans les mailles des accords géopolitiques et commerciaux, qui ont défini le renouvellement des relations de la Chine avec le monde arabe après le 11 septembre 2001. La géopolitique a en effet récemment incité la Chine à faciliter ou à activer des liens entre différents mondes arabes – Asie centrale, Moyen-Orient, Maghreb et diasporas – les liens commerciaux plus anciens du monde arabe avec les pays développés s'étant complexifiés, voire tendus, ces dernières années.

Les réseaux mondiaux peuvent se matérialiser dans des endroits apparemment inattendus tels que le déjà mentionné Exotic Street à Yiwu, où la mondialisation s'opère quotidienne. Ici, les gens partagent le même objectif : gagner de l'argent rapidement. La plupart d'entre eux partagent la même identité religieuse, celle de l'islam, sur laquelle se sont construites de nombreuses foires, entretenue entre autres par des magazines spécialisés, comme l'hebdomadaire chinois en langue arabe *As-Sin al-Yom* (la Chine aujourd'hui), que l'on trouve chez les petits marchands de journaux au Caire et qui s'adressent avant tout à un lectorat constitué de ces marchands égyptiens travaillant avec la Chine. Des voyages organisés à destination de ces mêmes commerçants sont également un moyen de profiter, mais aussi de renforcer, cette identité musulmane, propice au développement du commerce transnational, entre Chine et Égypte notamment.

Au Caire, des liens bien plus ténus entre migrations et commerce d'articles religieux

Même si le rôle de l'islam dans les circulations commerçantes transnationales entre Chine et Égypte a été mis en lumière, et plus particulièrement à Yiwu, la relation entre migrations et commerce d'articles religieux est bien moins évidente dès que l'on étudie cette activité économique au Caire. Les acteurs impliqués dans ce commerce transnational, au bout de la route égyptienne de la soie, sont ainsi majoritairement Égyptiens, comme l'ont montré les enquêtes et entretiens menés pendant trois mois en 2012, dans les ruelles du quartier du Mûskî et ailleurs au Caire. Les migrants étrangers n'y participent qu'à la marge, malgré leur présence dans ce quartier liée à la mosquée Al Azhar, qui draine de nombreux étudiants musulmans étrangers, notamment africains, voire chinois (Bava et Pliez, 2009).

Ainsi, la présence chinoise, malgré ce que l'opinion commune affirme, est extrêmement discrète dans le quartier du Mûskî et n'a pas de liens évidents avec le commerce des biens religieux. Elle est un peu plus visible dans le marché de gros des marbres et des granits, situé au sud de l'agglomération, à proximité du quartier de Maadi. Cette zone industrielle est spécialisée dans la découpe de la pierre servant à la construction et au parement décoratif. Ainsi, nous avons pu visiter au printemps 2012 une usine spécialisée dans la taille du marbre, dans laquelle la moitié de la main-d'œuvre employée était chinoise, de même que le gérant de l'entreprise et sa femme, son associée. Un entretien avec un jeune Égyptien travaillant comme traducteur pour cette entreprise a confirmé que la présence chinoise est relativement importante dans cette activité, mais que la loi égyptienne réduit la part de cette main-d'œuvre étrangère à la moitié de celle de l'entreprise. Toujours d'après cet interprète égyptien, certains de ces travailleurs chinois sont d'actuels ou d'anciens étudiants d'Al Azhar qui se sont reconvertis dans le travail du marbre, afin de s'enrichir avant de repartir en Chine. Ainsi, il y a bien une présence d'immigrants chinois au Caire, mais celle-ci est a priori sans aucun lien avec le commerce des produits religieux.

Conclusion

Si la dimension religieuse de certains réseaux économiques ou migratoires transnationaux est vérifiée et étayée par de nombreuses recherches, l'association entre les trois termes – religion, commerce transnational et migration internationale – pose problème dès lors que l'on tente de les entrecroiser sur un terrain ou de les appliquer à un groupe précis.

En ce qui concerne le Caire, nous avons certes relevé la présence de migrants commerçants, chinois ou africains, mais l'activité marchande semble dominée par des commerçants plus ou moins grands, surtout égyptiens, qui prennent en charge la circulation de produits, religieux ou autres, dans la ville et à travers le pays.

Pour autant, un espace de circulation transnational s'est construit en une quinzaine d'années, dont l'entrée par le commerce des produits religieux permet de soulever quelques pans. Il évoque ainsi une place modeste des migrations mais une forte imbrication entre différentes formes de mobilité, celles des touristes, occidentaux ou arabes, qui, au Caire, sont des chalands convoités par les importateurs, celles des étudiants qui deviennent des intermédiaires en mobilisant leurs compétences linguistiques et/ou ethniques au service des commerçants transnationaux. Ceux-ci apparaissent comme les acteurs centraux de dispositifs marchands qui articulent plusieurs mondes sociaux en mobilisant ou en s'inscrivant, souvent de manière ténue, dans une route dont l'islam est un des dénominateurs communs.

Références bibliographiques

ARMIJO J., KASSEM L., 2012, « Turning East: The social and cultural implications of the Gulf's increasingly strong economic and strategic relations with Chin », *The Singapore Middle East Papers*, vol. 1 « Asia and the Gulf », http://www.mei.nus.edu.sg/wp-content/uploads/2012/06/vol.-1-The-Gulf-and-Asia1.pdf, [en ligne], page consultée le 24 avril 2013.

BAVA S., PLIEZ O., 2009, « Itinéraires d'élites musulmanes au Caire : d'Al Azhar à l'économie de bazar », *Afrique contemporaine*, 2009/3, p. 187-207.

BELGUIDOUM S., PLIEZ O., 2012, « Construire une route de la soie entre l'Algérie et la Chine », *in* P. Cabanel (dir.), *Routes, diaspora, histoire et sociétés*, n° 20, décembre, p. 115-130.

BERTONCELLO B., BREDELOUP S., 2013, « De Hong Kong à Guangzhou, de nouveaux « comptoirs » africains s'organisent », *Perspectives chinoises,* 2007, [en ligne], URL : http://perspectiveschinoises.revues.org/2053 page consultée le 24 avril 2013.

KREIL A., 2011, « La Saint-Valentin au pays d'al-Azhar : éléments d'ethnographie de l'amour et des sentiments amoureux au Caire », *in* M. Gross, S. Mathieu, S. Nizard (éd.), *Sacrés familles : changements religieux, changements familiaux*, Toulouse, Erès, p. 71-83.

MADŒUF A., 1997, *Images et pratiques de la ville ancienne du Caire : les sens de la ville*, thèse de doctorat en géographie, Tours, Université François Rabelais.

MADŒUF A., 2005, « Éphéméride de la ville en fête : une lecture des *mouleds* du Caire », *in* S. Chiffoleau, A. Madœuf (éd.), *Les Pèlerinages au Maghreb et au Moyen-Orient : espaces publics, espaces du public*, Beyrouth, IFPO, p. 289-309.

MARCHAL R., 2007, « Hôtel Bangkok-Sahara », *in* F. Adelkhah, J.F. Bayart (éd.), *Les Voyages du développement*, Paris, Karthala, p. 184-218.

PLIEZ O., 2010, « Toutes les routes (de la soie) mènent à Yiwu (Chine) : entrepreneurs et migrants musulmans dans un comptoir économique chinois », *Espace géographique*, n° 39, p.132-145.

RAYMOND A., 1993, *Le Caire*, Paris, Fayard.

SALIN É., 2002, *Les Centres historiques du Caire et de Mexico : représentations de l'espace, mutations urbaines et protection du patrimoine*, thèse de doctorat en géographie, Nanterre, Université Paris X.

SIMONE A.M., 2007, « The Muslim street is everywhere (and soon coming to a theater near you) », *Geoforum*, Vol. 38, Issue 4, p. 593-596.

SIMPFENDORFER B., 2009, *The New Silk Road: How a rising Arab World is turning away from the West and Rediscovering China*, New-York, Palgrave Macmillan.

Les migrants subsahariens au Maroc et sur la route de l'Europe : de l'altérité au cosmopolitisme ?

Mehdi Alioua
Professeur-assistant en sociologie à Sciences-Po
de l'Université internationale de Rabat

De chez soi aux marges de l'Europe, la frontière...

L'épaisseur d'une muraille compte moins que la volonté de la franchir (Thucydide).

C'est par des images dramatiques et anxiogènes que les frontières du sud de l'Europe et les migrants qui tentent de la traverser apparaissent dans les journaux télévisés. Comme si cela communiquait la réalité de cette frontière confuse, trouble, qui serait sinon trop floue pour être identifiée. Comme si cela résumait les politiques d'État, absurdes, absconses qui l'érigent, en la préservant des « indésirables » (Agier, 2008) alors qu'elle est déjà traversée de toutes parts (Withol de Wenden, 1999), « régulièrement » ou pas. Comme si cela suffisait à rendre compte de l'expérience migratoire aujourd'hui. Car les migrants, en général, et ceux originaires des pays d'Afrique subsaharienne en étape au Maroc, dont il sera question ici, réussissent tant bien que mal à passer cette frontière, la traversant par des routes et s'installant dans des *étapes* où les regards de l'officialité ne les attendaient pas. Et ce, malgré les répressions qu'ils subissent, malgré la dangerosité de ces parcours, malgré les morts qu'ils laissent derrière eux. Car c'est le coût humain de ces passages, de ces transgressions, de ces mobilités transnationales non autorisées qui est exorbitant, intolérable. Plus de 30 000 migrants sont morts aux frontières de l'Union européenne[1]

---

1. http://www.lemonde.fr/international/visuel/2015/08/28/morts-aux-frontieres-le-triste-bilan-de-la-forteresse-europe_4739448_3210.html

et sûrement quelques centaines de plus, au moment où ce texte sera publié. Mais tous ces drames et leur lot quotidien d'images tragiques de corps sans vie et le brouhaha médiatico-politique qui l'accompagne ne doivent pas nous faire perdre de vue l'essentiel : les migrants aux frontières de l'Europe – ou devrais-je écrire les survivants ? – malgré la multitude ont des histoires de vies composées de projets migratoires, d'espoirs de refuge et de rêves de réussite qui se rejoignent souvent. Le point commun de toutes ces populations, de tous ces projets, de tous ces itinéraires migratoires : la quasi-impossibilité d'obtenir le visa Schengen pour se rendre directement, et en toute sécurité, dans le pays où les migrants sont pourtant presque certains qu'ils finiront par y trouver une place. Tous savent que pour réussir ils doivent « prendre la route de l'Europe ». Aujourd'hui, passer la frontière d'un pays européen où l'on désire se rendre se fait de plus en plus loin et en plusieurs étapes : tout ce qui compte, c'est de mettre un pied dans l'espace Schengen, peu importe comment. Ce mode migratoire n'est qu'un mode d'adaptation à la réalité ambivalente de la frontière européenne. Ma proposition ici est de montrer combien ces populations errantes et exclues du « droit à avoir des droits » (Arendt, 2005) du fait de normes politico-culturelles assignant à certaines catégories de mobilités un statut inférieur de non-citoyenneté, voire de dangerosité (criminalisation de l'émigration dite « illégale »), peuvent, par leurs actions et leurs transgressions (notamment des frontières) défaire ces normes et devenir, sans tout à fait en avoir conscience, un mouvement d'une puissance d'agir transformatrice.

Malgré les murs, les grillages, les systèmes de surveillance sophistiqués, cette frontière est plus ouverte qu'on ne le pense, ou du moins, semi-ouverte (Morice, Potot, 2010). Depuis la généralisation du régime des visas Schengen, puis de leurs restrictions, auxquels sont confrontés la plupart des Africains qui désirent migrer en Europe, la migration transnationale par étapes, que je nomme « transmigration » (Alioua, 2011), est devenue une solution pour les migrants africains qui ouvrent, ou rouvrent, de nouvelles routes migratoires depuis l'Afrique subsaharienne jusqu'en Europe en passant par le Sahara puis la Méditerranée. Ainsi, des milliers de migrants subsahariens s'introduisent et se relocalisent collectivement chaque année au Maghreb et y implantent des étapes qui depuis leur établissement, dans les années quatre-vingt-dix, servent toujours de relais migratoires aux nouveaux venus : ces étapes ont une histoire sociale qui se sédimente dans les trajectoires migratoires. Mes recherches sur les réseaux transnationaux que produisent ces mouvements migratoires posent alors, sans opposer construction et matérialisation, la question de la conception de configurations socio-spatiales non limitées, mais dans un contexte géopolitique où les frontières ne sont pas aussi poreuses que le suppose le terme de transnational et où les répressions, notamment aux zones frontalières, sont d'une violence insoupçonnée par le grand public.

L'instauration du système Schengen a eu un impact considérable sur les routes et les formes migratoires en Afrique méditerranéenne. En effet, les migrants ont dû s'adapter en prospectant de nouvelles destinations, renforçant ainsi les migrations Sud-Sud (Wihtol de Wenden, 2013), autant qu'en cherchant de nouvelles portes d'entrée et en produisant de nouvelles stratégies de contournement. Ainsi, des pays d'émigration, comme ceux du Maghreb, deviennent aussi des pays d'installations, longues ou temporaires. Les catégories de migrants elles-mêmes se brouillent, complexifiant le phénomène. Par exemple, le regroupement familial est devenu le principal critère d'entrée régulière en Europe, renforçant les liens migratoires transnationaux préexistant au détriment d'autres catégories ; ce qui a placé les Marocains dans le haut des classements des primo-arrivants dans les principaux pays-membres, soulignant ainsi combien la diversité des destinations participe à celle des itinéraires migratoires, favorisant par-là même les circulations transnationales. Ou encore, depuis Schengen, les migrants économiques, réfugiés, commerçants, étudiants venus d'Afrique subsaharienne sont systématiquement renvoyés à un même système de tri, et beaucoup passent par les mêmes routes sahélo-sahariennes (Bredeloup, Pliez, 2005) pour tenter leur chance dans un pays méditerranéen en attendant de rejoindre les rives européennes.

Pour ces migrants subsahariens vivant en Afrique méditerranéenne, passer sans visa la frontière européenne prend des années, ce qui vide de son sens la notion de transit. Mais celle d'immigration reste insatisfaisante pour rendre compte de ce qui se passe dans cette région. Pour ces populations, la migration se déroule durant plusieurs années et dans plusieurs pays qui n'avaient pas prévu leur venue ni leur installation. La dimension spatio-temporelle (Tarrius, 1989) doit donc être impérativement replacée dans ce contexte où les trajectoires migratoires sont rythmées par des étapes au cours desquelles les migrants se réorganisent, le temps de passer la frontière qui s'érige devant eux. Ils doivent à chaque étape de leur parcours se loger, travailler, commercer, se soigner, parfois même défendre leurs droits (Alioua, 2009), avant d'essayer de passer à une nouvelle étape.

Vue de l'intérieur, l'UE semble travaillée par deux logiques apparemment contraires : une force d'intégration posant la question des limites de l'UE, de la gestion de ses frontières extérieures et de ses politiques de voisinage, pendant que des forces nationales se réveillent pour résister à cette intégration. Mais vues de l'extérieur, notamment de l'Afrique méditerranéenne, ces deux logiques n'apparaissent pas en contradiction radicale : peu à peu, une seule frontière a été imposée aux pays limitrophes, là où il y en avait auparavant autant que de nations.

L'intégration européenne permet donc de défendre les intérêts nationaux des États-membres, et certaines velléités aux relents nationalistes dans ces derniers obligent l'UE à prendre en compte le modèle étatique-national, pour le calquer sur le fonctionnement communautaire, notamment en matière de sécurité et de gestion des frontières extérieures. On peut alors interpréter les politiques migratoires restrictives mises en œuvre dans l'UE, au niveau national comme au niveau communautaire, et celles qu'elle tente d'imposer aux pays voisins, comme un moyen de se définir sur les plans politique, identitaire et territorial, notamment par une délimitation stricte du « dedans » et du « dehors ». Aussi, non seulement la migration joue un rôle dans la construction d'un « nous » collectif européen, mais, avec la coopération imposée aux pays limitrophes en matière de contrôle et de répression des flux migratoires[2], elle participe à externaliser la frontière européenne, elle recompose à la fois le cosmopolitisme au sein de toutes ces sociétés et leurs liens avec la migration en général.

---

2. http://www.migreurop.org/IMG/pdf/Migreurop-rapportoct2011.pdf

De l'errance organisée à la transmigration

C'est dans ce contexte ambivalent, où s'articulent circulations migratoires, mobilités transnationales, crispations territoriales et durcissement des contrôles aux frontières, que le Maghreb est traversé par différentes dynamiques migratoires dont le point commun, bien qu'elles soient produites par des populations aux origines différentes ou avec des projets migratoires différents, est la mise en place de réseaux migratoires transnationaux qui s'étalent dans le temps et l'espace, leur permettant, tant bien que mal, de contourner les frontières de l'Europe ou alors de trouver un projet alternatif. Ces fortes recompositions, impliquant non seulement les populations maghrébines, mais aussi des populations originaires d'Afrique subsaharienne et du Moyen-Orient, sont en effet les résultats de réseaux migratoires, plus ou moins formels, plus ou moins organisés, mais qui présentent la particularité d'articuler, sur des espaces distants, des jeux d'acteurs en interaction avec des environnements différenciés et induisant des rencontres d'un nouveau genre. Ces populations espèrent subvenir à leurs besoins en utilisant la circulation et la dispersion dans l'espace et tentent leur chance dans les pays d'Afrique méditerranéenne qui offrent parfois quelques opportunité économiques ou, comme le Maroc, permettent aux réfugiés d'avoir un statut. Mais la majorité de ces migrants espèrent pouvoir passer et circuler en Europe à partir de l'Afrique. Ainsi, aux portes de l'Europe, les formes, les temps et les territoires de la migration se reconfigurent sous l'action de populations mobiles cherchant de nouvelles destinations, mais aussi de nouvelles manières de contourner les contraintes territoriales, les frontières et les injonctions des États-nations. Les migrations internationales deviennent en effet une question qui se mondialise, qui revêt une multiplicité de réalités et où la dimension individuelle, les initiatives et les projets sont à remettre au centre des observations de cette expérience sociale. De plus, comme les migrations se transnationalisent aussi, impliquant ainsi de plus en plus de pays et les rendant interdépendants, cela participe à une reformulation politique de la gouvernance des États-nations qui constatent que la maîtrise de leurs frontières et leur emprise territoriale ne sont plus aussi prégnantes qu'avant. Pourtant, malgré certaines velléités de bouclage ou de filtrage aux frontières, comme celles de l'UE qui tente de renforcer ses contrôles migratoires, jamais les flux d'hommes et de femmes, d'idées et d'images (Appadurai, 2005), de marchandises (Tarrius, 2015) et de capitaux n'ont été aussi intenses qu'aujourd'hui. Partout autour de nous, dans le monde entier, à tous les niveaux sociopolitiques et avec toutes sortes d'échelles de pouvoir et d'impact sur les territoires et les rapports sociaux, se forment des acteurs transnationaux, parmi lesquels certaines populations migrantes, pauvres et marginales mais aux initiatives individuelles et collectives importantes, qui tentent de s'extraire de la contrainte territoriale afin de réaliser dans la mobilité transnationale leurs projets. Les migrants, quel que soit leur statut, sont en effet des acteurs de mises en relation entre différents lieux : ils connectent des territoires, construisent des réseaux multiples, favorisent la circulation de biens et de services et charrient avec eux leurs univers relationnels et les réseaux sociaux qui les supportent. Lorsque les frontières leur sont fermées, la nature des flux change, de nouvelles formes de déplacement apparaissent et modifient l'espace migratoire tout en l'élargissant. Parallèlement, d'anciens pays d'émigration deviennent des espaces d'immigration et inversement. Face à cette dynamique, les distinctions habituelles entre pays d'émigration et pays d'immigration, entre les migrations de travail et les déplacements multiples, entre les migrations définitives et les migrations temporaires ne suffisent plus à caractériser les mutations en cours.

C'est dans ce contexte que des dizaines de milliers d'Africains subsahariens tentent de réaliser leur projet migratoire : ils utilisent la dispersion dans l'espace comme une ressource où, pour le dire avec leurs mots, « ils vont chercher leur vie ». Le rêve pour seul bagage, des dizaines de milliers de migrants[3] parcourent l'Afrique par étapes, se dirigeant vers l'Europe, traversant le Sahara et passant par les pays du Maghreb où ils s'installent, généralement pour un temps plus long que lors de leurs précédentes étapes (Alioua, 2005). Fuyant la misère, la guerre et le chômage ou se sentant tout simplement à l'étroit dans

---

3. Venus majoritairement des pays d'Afrique de l'ouest, Sénégal en tête, mais avec un nombre important de Congolais de RDC et de Syriens.

une société où ils ne trouvent pas leur place[4], ils prennent, depuis l'Afrique, la route de l'Europe. Effectuant des parcours de milliers de kilomètres, ils cherchent des solutions pour leur projet personnel en contournant les législations des pays traversés et en ré-agençant leur *itinéraire migratoire*, devenant ainsi en cours de route, au moins le temps de leur périple, *transmigrants*. Les *transmigrants* réalisent la figure de l'étranger dont parlait Simmel au XIXe siècle finissant : celui dont les populations sédentaires ne savent pas s'ils prendront place parmi elles ou s'ils poursuivront plus avant leurs déplacements. Au départ, ils font groupe avec des parents et des voisins, ce qui justifie pour certains la désignation de « migration ethnique », voire de *diaspora* ; puis durant le temps long de la *transmigration*, des étapes urbaines, des recrutements, ils partagent leur destinée, affective, sociale, politique ou commerciale (Tarrius, 2015), avec toutes sortes « d'étrangers » qui deviennent leurs nouveaux proches, leurs nouveaux compagnons : l'altérité se substitue progressivement à l'identité pour qualifier le lien dans leur nouveau monde social, et la désignation initiale « ethnique » ne se justifie plus.

En effet, le phénomène migratoire dont nous parlons ici ressemble à la *transmigration* (Tarrius, Missaoui, Qacha, 2013), car une de ses formes essentielles réside dans l'enchaînement des nombreuses étapes nationales et urbaines où ils se rencontrent. Pourtant, ce n'était pas la volonté première de ces migrants, même si certains, très minoritaires, avaient déjà ce projet en tête. En voulant « aller chercher leur vie » ailleurs malgré les politiques migratoires restrictives édictées par les pays de l'UE, puis par certains pays africains, ils ont dû s'adapter à un mode de vie quasi semi-nomade pour échapper aux contrôles, voire aux répressions d'État. C'est par imitation (Tarde, 2001) et nécessité

---

4. Près des deux tiers des 300 migrants rencontrés lors de mes enquêtes sont de jeunes hommes de moins de 25 ans, et les frontières qu'ils veulent « passer » sont aussi, symboliquement, les frontières du passage de l'âge de l'enfance à celui de l'autonomie adulte : ces frontières sont perçues dans leur imaginaire comme la séparation entre l'impossibilité de changer d'état, de statut social et la mobilité leur ouvrant les portes du possible. D'où les formules « je vais chercher ma vie » et « l'aventure » pour qualifier leur migration.

qu'ils se sont mués peu à peu, dans la mobilité et dans l'urgence[5], en *transmigrants* : ils ont suivi des routes migratoires déjà « dessinées » et balisées d'étapes déjà établies par des migrants antérieurs, puis ils ont imité leur savoir-circuler, voire leur mode de vie. Cependant, à l'image de cette migration dite « clandestine » et « de transit », il ne s'agit pas là d'une catégorie stable, mais bien fragile et transitoire. Cette « aventure », telle qu'ils la nomment eux-mêmes, est une étape dans la vie de ces migrants subsahariens qui, à l'origine, se destinaient aux marchés du travail des pays d'Europe et pour certains des pays du Maghreb, principalement la Libye. Mais elle est suffisamment longue pour avoir des effets sur eux et sur certaines populations qui les voient passer et s'installer. C'est bien plus qu'un « entre-deux » : la dimension spatio-temporelle est primordiale pour appréhender cette « aventure » plus ou moins transitoire pour les personnes qui la produisent et la vivent (la subissent aussi), mais bien plus longue en tant que forme sociale (Simmel, 1999).

En effet, la majorité de ces migrants subsahariens finissent par passer en Europe, ils s'y installent ou poursuivent leur périple ; d'autres s'établissent dans les étapes africaines (notamment au Maghreb) et abandonnent leur « aventure » (du moins, pour un temps) ; d'autres encore rentrent chez eux, ou bien, plus dramatiquement, sont expulsés ou meurent[6]. Mais, tous les jours, de nouvelles personnes les remplacent : elles reprennent, à peu de chose près, les même routes, rythmées par les mêmes *étapes*, avec les mêmes stratégies, prolongeant le phénomène de transmigration. Ces migrants construisent ainsi une sorte de continuité territoriale, et c'est grâce aux réseaux qu'ils élaborent que cela est possible. Car ceux qui passent d'un espace de régulation à un autre indiquent à ceux qui suivent comment réussir

---

5. Certains Africains subsahariens que j'ai rencontrés s'étaient fait expulser du pays où ils travaillaient (Libye, Côte-d'Ivoire, Nigeria, France, Espagne, etc.) et se sont retrouvés en errance dans leur propre pays où ils se sentent étrangers, ou dans un pays dont ils ne sont pas les ressortissants où on les a arbitrairement et illégalement expulsés. Ils ont dû se réorganiser et se réinventer un projet. Malgré une terrible souffrance, certains réussissent à s'en sortir, notamment en devenant *transmigrants*.
6. GADEM, *La chasse aux migrants aux frontières sud de l'UE : conséquence des politiques migratoires européennes : l'exemple des refoulements de décembre 2006 au Maroc*. [http://www.migreurop.org/IMG/pdf/RAPPORT_GADEM_20_06_2007.pdf].

ce passage en se basant sur leurs propres expériences, nouant ainsi des relations déterritorialisées : ils partagent leurs expériences et leur carnet d'adresses (« les connexions » comme ils le disent). Mais cela suppose que les signes balisant ces routes soient reconnaissables par tous, c'est-à-dire qu'une conscience collective rapproche socialement tous ces individus et leur permettent d'interpréter les codes qu'ils élaborent. Tous ces signes sont en effet le résultat d'une multitude de relations sociales qui, liées les unes aux autres, forment des réseaux sociaux transversalement aux nations, mais se solidifiant lors des étapes, et leur confèrent une conscience collective : ces migrants deviennent en cours de route, dans la mobilité choisie ou contrainte, des transmigrants[7]. Car, ainsi distribuées, de telles informations sur la route à suivre et la manière de vivre en mobilité migratoire contribuent à l'acquisition d'une des dimensions du *savoir-faire nomade* des transmigrants: instituer des circulations en repérant des routes déjà existantes ou en en dessinant de nouvelles pour pouvoir y circuler, y repasser ou faire passer ceux qui suivent.

De l'altérité au cosmopolitisme : la lutte des migrants subsahariens au Maroc

Depuis les événements de septembre et octobre 2005 à Ceuta et Melilla, quand plusieurs Africains sont morts sous les balles des forces espagnoles en tentant de traverser la frontière, ces collectifs de migrants ont pris une dimension particulière en passant de la seule fonction d'entraide à une forme de mobilisation politique. Au Maroc, plusieurs associations, telles que le Conseil des migrants subsahariens au Maroc ou l'Association Lumière sur l'émigration clandestine au Maghreb, se sont montées et leurs membres non seulement militent en faveurs du respect de leurs droits fondamentaux, même s'ils ne veulent pas s'installer durablement, mais défendent également au niveau international les droits d'asile et de libre circulation. Et ils ont le soutien d'une partie importante de la société civile marocaine

---

7. Ce qui ne limite en rien ni leur exclusion ni la précarité de leur situation mais signale leur capacité d'action collective, d'adaptation, de contournement et d'innovation.

et de plusieurs pays africains, de militants des droits de l'homme et d'ONG internationales. Malgré leur précarité et leur marginalité, ils continuent d'apparaître dans l'espace public et ils contribuent aux nombreux débats sur la migration. En effet, au Maroc qui, faut-il le rappeler, est un des plus importants pays d'émigration au monde, la migration est un important sujet de débats politiques. Les migrants subsahariens ont donc non seulement trouvé là la possibilité de faire connaître leur cause, mais ils ont participé à révéler aux Marocains certaines contradictions de leur société, alimentant d'autant plus les débats. La perte de droits fondamentaux du seul fait d'avoir traversé une frontière sans autorisation ou prolongé un séjour irrégulièrement ne s'est donc pas traduite directement par une disparition de l'espace public ou par une plus grande invisibilité. Cette aptitude à faire entendre leur voix est le signe de la capacité des migrants, certes relative et fragile, de négociation, mais également le signe des soutiens de militants locaux et internationaux qui ont réussi à articuler leurs revendications avec celles des migrants sans papiers en Europe et des réfugiés. C'est aussi le signe de la place importante de la migration au Maroc et même du processus de démocratisation de ce pays, car c'est bien une caractéristique majeure de la démocratie que de permettre l'existence d'espaces ouverts à la lutte pour le droit des catégories subalternes ; et même lorsque leur inclusion ne peut faire disparaître une inégalité insoluble, la relative égalité que la lutte politique encourage permet au moins de la limiter. Les migrants qui se sont mobilisés politiquement ont alors commencé en même temps à investir internet (pour y piocher des informations et des idées autant que pour y faire connaître leur cause) et les espaces militants « classiques » en se liant avec des acteurs locaux (défenseurs des droits de l'homme, féministes, mouvements de revendication d'identité culturelle, etc.).

Ainsi, pour vivre dans ce pays alors qu'ils n'y étaient pas invités, il a fallu que ces migrants subsahariens trouvent des relais sociaux locaux, des personnes qui les acceptent, qui coopèrent avec eux, qui commercent avec eux, qui les logent, qui les soignent, qui les renseignent, et même qui les soutiennent face aux contrôles policiers de l'État. Mais il a fallu en même temps que l'État marocain ne soit pas dans une logique de répression aveugle et sourde aux critiques citoyennes. Il a fallu qu'il y ait des militants, des journalistes, des ONG qui alertent l'opinion publique et réussissent à faire prendre conscience à l'État marocain de l'impasse sécuritaire et de la responsabilité de respecter les droits et la dignité des migrants. Avec la venue de cette « nouvelle altérité » au Maroc, de ce migrant « pauvre » qui rappelle à beaucoup de Marocaines et de Marocains un ami, une sœur, un parent, une voisine ou un enfant qui sont partis valise à la main vers d'autres cieux, les questions d'égalité, de justice sociale, de respect des droits fondamentaux indépendamment des origines, d'antiracisme, de discrimination et de liberté de critiquer librement les autorités étatiques, qui déjà travaillaient ce pays en voie de démocratisation, ont été décuplées. De nouvelles ONG spécialisées sur cette question ont alors été créées, comme l'AFVIC ou le GADEM (Groupe antiraciste d'accompagnement et de défense des migrants et des étrangers au Maroc). Il a fallu inventer de nouveaux répertoires d'action et d'organisation. En mars 2014, une campagne antiraciste nommée « Je ne m'appelle pas *azzi* » (Je ne m'appelle pas négro) débutait au Maroc. Une première dans le royaume, mais également dans l'ensemble du monde arabe. Lancée par le collectif *Papiers* pour tous, elle a permis de mettre sur la place publique un problème qui fait souvent l'objet de déni de la part des Marocains : la place des migrants subsahariens dans une société où les discriminations raciales et les violences ne cessent de croître.

Le rôle de la société civile fut crucial pour inverser la tendance, et la lutte a fini par payer : en septembre 2013, dix ans après la promulgation de la loi 02-03, la décision de changer la donne ouvre la voie au changement à la suite du rapport du Conseil national des droits de l'homme (CNDH) remis au roi Mohammed VI et intitulé « Étrangers et droits de l'homme au Maroc : pour une politique d'asile et d'immigration radicalement nouvelle », où sont recensées toutes les violences à l'encontre des migrants subsahariens, même les plus graves et infamantes pour les autorités. Le Maroc s'engagea alors à mieux reconnaître le statut de réfugié et à élaborer une politique d'intégration en y associant la société civile. Il lança une vaste campagne de régularisation administrative qui débuta en janvier 2014. Le Maroc s'engagea également à mieux respecter les conventions internationales qu'il avait ratifiées en mettant ses lois en adéquation avec sa Constitution de 2011. Dans celle-ci, les droits de l'homme sont reconnus dans leur intégralité et leur indivisibilité et est consacrée expressément l'égalité des droits entre nationaux et ressortissants étrangers établis au Maroc (article 30). Si trois nouvelles lois concernant l'immigration, l'asile et la traite des êtres humains sont en projet, la loi 02-03 n'a, elle, toujours pas été abrogée. Non seulement la remise à niveau du cadre juridique tarde, laissant un vide, mais aucune politique d'intégration claire ni aucune décision de lutte contre le racisme n'ont été présentées. Il y a pourtant près de 30 000 migrants qui ont demandé à être régularisés, les plus nombreux étant les Sénégalais (28 %), les Syriens (18 %) et les Nigérians (8 %). Tous les jours de nouvelles personnes arrivent au Maroc. Si ces groupes de migrants réussissent à faire entendre leur voix alors qu'ils sont en situation d'exclusion, d'exil, voire d'errance, c'est qu'ils disposent de ressources insoupçonnées dans ce domaine. Mais si leurs luttes ont permis que le Maroc leur fasse une place en les sortant de la clandestinité juridique, ceci n'est que le début d'une longue histoire migratoire en train de s'écrire sous nos yeux.

Un monde en mouvement : du cosmopolitisme aux droits cosmopolitiques ?

Cette transmigration nous renseigne sur les désirs d'émancipation individuelle de ces transmigrants subsahariens dont nous essaierons ici de dévoiler certaines logiques qui les sous-tendent ainsi que les stratégies mises en œuvre pour y parvenir. Elles soulignent également combien ces dynamiques migratoires définies par de nouveaux seuils d'individualisation de la vie sociale et par la construction de nouvelles formes d'agrégation de la vie collective, dans lesquelles les logiques collectives et individuelles se croisent en des lieux toujours plus complexes, bousculent les ordres sociaux et politiques institués par le système démocratique dont l'État-nation est l'agencement historique. Ce n'est effectivement plus simplement la localité, le territoire ou la nation, ni seulement les cadres légaux et les institutions des États qui délimitent les prérogatives de l'intégration sociale et politique, que le sociologue doit prendre en compte pour comprendre comment les individus construisent collectivement des actions sociales qui les lient les uns aux autres dans des formes particulières d'interdépendance, parfois à cheval sur plusieurs territoires, sur plusieurs pays. Car, avec la globalisation et la contraction du monde, de nouveaux espaces de circulation et de confrontation, qui sont connectés par un ensemble de liens sociaux denses et complexes, émergent et débordent quasi systématiquement les cadres locaux et nationaux institutionnalisés de socialisation et de production identitaire. Dans un monde où la contrainte territoriale n'est alors plus aussi prégnante qu'avant et où les initiatives individuelles et collectives sont importantes, même chez des populations *a priori* pauvres ou marginales, l'action sociale devient possible partout sur la terre, directement ou à distance, matériellement ou virtuellement. Cela a un effet extrêmement important sur le plan politique puisque la distance a cessé d'être cette ressource d'État qu'elle a été pendant des siècles : l'autorité de l'État-nation reposait en partie sur la distance, car elle donnait un sens au territoire national et une fonction médiatrice à l'État dès que les individus cherchaient à communiquer entre eux (Babie, 1999). Même si l'État-nation reste l'institution principale de mise en œuvre des politiques de gestion des populations, des territoires et des richesses, ses frontières sont de plus en plus poreuses. Non pas que celles instituées historiquement ne soient plus effectives, mais elles n'ont plus le même monopole sociologique dans la réalité que nous observons, et, peut-être, demain n'auront-elles plus le même monopole politique.

Il faut alors un effort de déterritorialisation de la pensée et surtout de dénationalisation des cadres d'analyse pour comprendre les nouvelles formes de socialisation et d'action collective à l'œuvre dans les phénomènes de mobilité transnationale. Surtout que les États nationaux, face à cette prolifération d'acteurs transnationaux et à la porosité de leurs frontières, tentent de se réorganiser transnationalement. La reconfiguration territoriale et la réorganisation transnationale de la gouvernance (pour l'instant plus bureaucratique que politique) à l'œuvre avec la construction européenne sont un bon exemple de la volonté des États de continuer à être les acteurs principaux sur la scène locale comme sur la scène globale ; et cela est très parlant en ce qui concerne la gestion des frontières extérieures de l'UE, de sa politique migratoire et de sa politique de voisinage. Mais si on assiste en effet à une accélération sans précédent de la transnationalisation de la gouvernance à l'échelle mondiale, est-ce que pour autant il peut émerger une transnationalisation de la contestation et de la lutte politique, sans lesquelles il n'y a pas de démocratie, s'émancipant du cadre politique national et étatique et créant un espace public de même dimension que celui de cette nouvelle forme de gouvernance ? Nous n'avons pas la prétention de répondre de manière définitive à cette question, mais l'exemple des résistances transnationales face à la politique européenne d'externalisation des contrôles des flux migratoires aux pays limitrophes, dans lesquels les transmigrants subsahariens jouent un rôle important, est déjà un début de réponse. « Tout plaquer » et prendre la route est une aventure à haut risque. En ce sens la transmigration, pleine d'incertitudes, d'espoirs et de risques intériorisés et partagés, est une épreuve moderne (Martuccelli, 2006). Le côté irrationnel en apparence, côtoyer la mort, la dangerosité, renvoie en effet à l'idée d'épreuve, voire même pour ce qui concerne la traversée du Sahara, d'épreuve initiatique. « Lorsque nous sommes sortis du désert, à quelques kilomètres d'Alger, nous avons su, là, que nous avions changé... nous nous sentions encore plus comme des frères parce que le désert, c'est une épreuve, c'est trop dur ! Et puis, tout était différent... vraiment, le Maroc et tout, ce n'est pas comme chez nous », racontait Geremia. Les transmigrants subsahariens continuent donc à circuler sur ces routes migratoires africaines et européennes à la recherche d'une vie meilleure en implantant dans les étapes où ils s'installent, par choix autant que par obligation (ils s'y sentent parfois bloqués), de véritables relais migratoires, signifiant que les frontières sont bien plus mobiles qu'on ne le pense, suggérant que les limites sont bien plus perméables que ne le laissent supposer ces politiques d'État. Indiquant que les marges, les périphéries et les centralités, que le visible et l'invisible, l'officialité et le clandestin, que le dedans et le dehors, qu'ici et là-bas, que le licite et l'illicite (Têtu-Delage, 2009) se mêlent à tel point qu'on ne peut plus vraiment aujourd'hui les séparer « objectivement ». Mais on ne peut comprendre ce mouvement ambivalent, ce qui le rend éminemment moderne, qu'en le recadrant dans une dimension spatio-temporelle (Tarrius, 2001) : c'est parce que ce sont des transmigrants, c'est-à-dire des migrants qui vivent dans la mobilité[8] par étapes, qu'ils gardent espoir, reproduisant à chaque départ d'une étape et à chaque arrivée dans une autre le même processus. C'est ce mouvement qui les a menés jusqu'au Maroc. C'est ce mouvement qui, espèrent-ils, les mènera en Europe et leur permettra d'y vivre. C'est ce processus ambivalent où la débrouille alterne avec la galère, où la migration est scandée par des étapes, où à la réussite succède l'échec (par exemple, à la réussite que constitue l'accumulation d'un petit capital pour passer une frontière peut succéder l'échec du passage de celle-ci ou celui d'une autre frontière, ailleurs), constituant l'expérience sociale de la transmigration, qui participe à faire de ces populations migrantes des individus, au sens de sujets. Le fait que cette forme migratoire soit particulièrement longue renforce encore plus le caractère transnational et semi-nomade de ses acteurs qui sont obligés de mobiliser du lien afin de faire face aux situations de précarité et de répression qu'ils subissent. Dès lors, le sentiment que les trajectoires migratoires tendent à se confondre produit un processus identitaire : venir d'un même endroit, passer par les mêmes espaces, circuler sur les mêmes territoires avec les mêmes pratiques pour se diriger vers les mêmes lieux, bref avoir le même projet migratoire, c'est faire partie du même mouvement historique. Ce n'est pas seulement la manière dont ces dynamiques modifient la vie matérielle de ces populations qui interpelle, mais également la manière dont elles tendent à donner un rôle inédit à l'imagination et à l'utopie. Situations où ces acteurs sont obligés de s'inventer dans leur sentiment d'abandon, dans leur errance ou leur exil, un monde à eux, en usant par exemple de toutes les images que la globalisation fait circuler et en se les réappropriant. C'est de la sorte que s'est constituée la cause du droit à la mobilité.

Ainsi, si la vie en transmigration est en effet souvent très dure, dénuée de protection, vie instable où règne l'exclusion, voire la répression étatique, elle est aussi, et parfois en même temps, mutation

---

8. C'est-à-dire des mobilités à la fois spatiales, sociales et économiques qui inscrivent les personnes qui les pratiquent dans plusieurs lieux en même temps, et qui maintiennent entre celles-ci des liens plus ou moins forts. Il y a dans ce mouvement une construction sociale, économique et territoriale qui émerge, avec pour fonction de faciliter toutes ces mobilités.

permanente, innovation, coopération, voire solidarité : elle est une transformation sociale. Car les transmigrants s'approprient leurs espaces migratoires qu'ils balisent d'étapes en créant du lien : la marge devient refuge, « l'errance organisée » devient vivable, l'étape aménagée devient habitable. Dès lors, les articulations entre ces étapes engendrent une économie de la circulation, voire, depuis les mobilisations politiques et depuis qu'ils entretiennent des liens avec des organisations militantes nationales et internationales les soutenants et leur servant de relais, elles créent une forme de *consistance cosmopolitique* reliant l'Afrique subsaharienne, le Maghreb et l'Europe.

Références bibliographiques

AGIER M., 2008, *Gérer les indésirables : des camps de réfugiés au gouvernement humanitaire*, Paris, Flammarion.

ALIOUA M., 2011, *L'Étape marocaine des transmigrants subsahariens en route vers l'Europe : l'épreuve de la construction des réseaux et de leurs territoires*, thèse de sociologie, https://tel.archives-ouvertes.fr/tel-00639285/document.

ALIOUA M., 2007, « Nouveaux et anciens espaces de circulation internationale au Maroc : les grandes villes marocaines, relais migratoires émergents de la migration transnationale des Africains subsahariens au Maghreb », *REMMM*, n° 119-120, p. 39-58.

ALIOUA M., 2009, « Le passage au politique des transmigrants subsahariens au Maroc », *in* A. Bensaâd (éd.), *Le Maghreb à l'épreuve des migrations subsahariennes*, Paris, Karthala, p. 279-303.

ALIOUA M., 2010, « Transmigrants subsahariens et externalisation des frontières de l'Europe», *Droit et société*, vol. XX, Paris, LGDJ/Lextenso, p. 181-197.

APPADURAI A., 2005, *Après le colonialisme : les conséquences culturelles de la globalisation*, Paris, Payot.

AUGÉ M., 1992, *Non-lieux : introduction à une anthropologie de la surmodernité*, Paris, Seuil.

BADIE B., 1999, *Un Monde sans souveraineté*, Paris, Fayard.

BOURDIEU P., 1980, *Le Sens pratique*, Paris, Minuit.

BREDELOUP S., PLIEZ O. (éd.), 2005, « Migrations entre les deux rives du Sahara », *Autrepart*, Paris, Armand Colin et IRD-éditions.

BUTLER J., 2005, *Humain, inhumain : le travail critique des normes*, Paris, vol. 4, n° 36, Editions Amsterdam.

CLOCHARD O. (éd.), 2009, *Atlas des migrants en Europe : géographie critique des politiques migratoires*, Migreurop, Paris, Armand Colin.

MARTUCCELLI D., 2006, *Forgé par l'épreuve : l'individu dans la France contemporaine*, Paris, Armand Colin.

MORICE A., POTOT S. (éd.), 2010, *De l'ouvrier immigré au travailleur sans papiers : les étrangers dans la modernisation du salariat*, Paris, Karthala.

SIMMEL G., 1999, *Sociologie : études sur les formes de la socialisation*, Paris, PUF.

TARDE G., 2001, *Les Lois de l'imitation* (1890), *Œuvres*, t. 2, vol. 1, Les empêcheurs de penser en rond.

TARRIUS A., 2000, *Les Nouveaux cosmopolitismes*, La Tour-d'Aigues, L'Aube.

TARRIUS A., 2002, *La Mondialisation par le bas : les nouveaux nomades de l'économie souterraine*, Paris, Balland.

TARRIUS A., MISSAOUI L., QACHA F., 2013, *Transmigrants et nouveaux étrangers : hospitalités croisées entre jeunes des quartiers enclavés et nouveaux migrants internationaux*, Toulouse, Presses universitaires du Mirail.

TARRIUS A., 2015, *Etrangers de passage : Poor to poor, peer to peer*, La Tour-d'Aigues, L'Aube.

TÊTU-DELAGE M.T., 2009, *Clandestins au pays des papiers : une expérience auprès des sans-papiers algériens*, Paris, La Découverte.

WITHOL DE WEDEN C., 1999, *Faut-il ouvrir les frontières ?* Paris, Presses de Sciences-Po,.

WITHOL DE WEDEN C., 2009, *La Globalisation humaine*, Paris, PUF.

Structures éditoriales du groupe L'Harmattan

L'Harmattan Italie
Via degli Artisti, 15
10124 Torino
harmattan.italia@gmail.com

L'Harmattan Hongrie
Kossuth l. u. 14-16.
1053 Budapest
harmattan@harmattan.hu

L'Harmattan Sénégal
10 VDN en face Mermoz
BP 45034 Dakar-Fann
senharmattan@gmail.com

L'Harmattan Mali
Sirakoro-Meguetana V31
Bamako
syllaka@yahoo.fr

L'Harmattan Cameroun
TSINGA/FECAFOOT
BP 11486 Yaoundé
inkoukam@gmail.com

L'Harmattan Togo
Djidjole – Lomé
Maison Amela
face EPP BATOME
ddamela@aol.com

L'Harmattan Burkina Faso
Achille Somé – tengnule@hotmail.fr

L'Harmattan Côte d'Ivoire
Résidence Karl – Cité des Arts
Abidjan-Cocody
03 BP 1588 Abidjan
espace_harmattan.ci@hotmail.fr

L'Harmattan Guinée
Almamya, rue KA 028 OKB Agency
BP 3470 Conakry
harmattanguinee@yahoo.fr

L'Harmattan RDC
185, avenue Nyangwe
Commune de Lingwala – Kinshasa
matangilamusadila@yahoo.fr

L'Harmattan Algérie
22, rue Moulay-Mohamed
31000 Oran
info2@harmattan-algerie.com

L'Harmattan Congo
67, boulevard Denis-Sassou-N'Guesso
BP 2874 Brazzaville
harmattan.congo@yahoo.fr

L'Harmattan Maroc
5, rue Ferrane-Kouicha, Talaâ-Elkbira
Chrableyine, Fès-Médine
30000 Fès
harmattan.maroc@gmail.com

Nos librairies en France

Librairie internationale
16, rue des Écoles – 75005 Paris
librairie.internationale@harmattan.fr
01 40 46 79 11
www.librairieharmattan.com

Lib. sciences humaines & histoire
21, rue des Écoles – 75005 Paris
librairie.sh@harmattan.fr
01 46 34 13 71
www.librairieharmattansh.com

Librairie l'Espace Harmattan
21 bis, rue des Écoles – 75005 Paris
librairie.espace@harmattan.fr
01 43 29 49 42

Lib. Méditerranée & Moyen-Orient
7, rue des Carmes – 75005 Paris
librairie.mediterranee@harmattan.fr
01 43 29 71 15

Librairie Le Lucernaire
53, rue Notre-Dame-des-Champs – 75006 Paris
librairie@lucernaire.fr
01 42 22 67 13